Ina Hullmann

Psychologie der Leichtigkeit

Wissen & Leben
Schattauer

herausgegeben von Wulf Bertram

Wulf Bertram, Dipl.-Psych. Dr. med, geb. in Soest/Westfalen, Studium der Psychologie, Medizin und Soziologie in Hamburg. Zunächst Klinischer Psychologe im Universitätskrankenhaus Hamburg Eppendorf, nach Staatsexamen und Promotion in Medizin Assistenzarzt in einem Sozialpsychiatrischen Dienst in der Provinz Arezzo/Toskana, danach psychiatrische Ausbildung in Kaufbeuren/Allgäu. 1986 wechselte er als Lektor für medizinische Lehrbücher ins Verlagswesen und wurde 1988 wissenschaftlicher Leiter des Schattauer Verlags in Stuttgart, 1992 dessen verlegerischer Geschäftsführer. Im gleichen Jahr gründete er zusammen mit Thure von Uexküll und medizinischen Fachkollegen die Akademie für Integrierte Medizin, deren Vorstand er seitdem angehört. Aus seiner Überzeugung heraus, dass Lernen ein Minimum an Spaß machen müsse und solides Wissen auch unterhaltsam vermittelt werden kann, konzipierte er 2009 die Taschenbuchreihe »Wissen & Leben«. Bertram hat eine Ausbildung in Gesprächs- und Verhaltenstherapie sowie in Psychodynamischer Psychotherapie und arbeitet neben seiner Verlagstätigkeit als Psychotherapeut in eigener Praxis.

Für sein Lebenswerk, seine »wissenschaftlich fundierte Verlagstätigkeit im Sinne des Stiftungsgedankens«, wurde Bertram 2018 der renommierte Wissenschaftspreis der Margrit Egnér-Stiftung verliehen, deren Ziel es ist, zu einer humaneren Welt beizutragen, in welcher der Mensch in seiner Ganzheitlichkeit im Mittelpunkt steht.

Ina Hullmann

Psychologie der Leichtigkeit

In 5 Schritten Wahrnehmungsperspektive und Bewusstsein erweitern

Schattauer

Ina Hullmann
Psychologin FSP
Praxis für Coaching
www.inahullmann.com

Bibliografische Information der Deutschen Nationalbibliothek
Die Deutsche Nationalbibliothek verzeichnet diese Publikation in der Deutschen Nationalbibliografie; detaillierte bibliografische Daten sind im Internet über http://dnb.d-nb.de abrufbar.

Schattauer
www.schattauer.de

Printed in Germany
Cover: Bettina Herrmann, Stuttgart
unter Verwendung einer Abbildung von © Adobe Stock/juliasudnitskaya
Gesetzt von Kösel Media GmbH, Krugzell
Gedruckt und gebunden von Friedrich Pustet GmbH & Co. KG, Regensburg
Lektorat: Maren Klingelhöfer, Heidelberg
ISBN 978-3-608-40038-0

Auch als E-Book erhältlich

Leichtigkeit bedeutet …

Freiheit, Lebensfreude, Wohlwollen, Dankbarkeit,
und sich weitende Perspektiven im Denken.

Aufgrund unserer Wahrnehmung durch mentale
Scheuklappen
erkennen wir nur einen kleinen Ausschnitt der Realität,
was alltägliches Problemdenken erzeugt
und Erkenntnisse auf neuen Ebenen verhindert.

Wenn wir alte Glaubenssätze, Mentalblockaden
oder indoktrinierte »Denkstopper« hinterfragen,
können wir die Grenzen unseres Denkens weiten,
einen größeren Ausschnitt der Wirklichkeit und
eine realistischere Sichtweise der Welt erfahren.

Erlauben Sie sich, frei, keck und kritisch
vermeintliche Grenzen zu überdenken!
Statt auf der Insel der Problemsicht zu erstarren,
tauchen Sie ein in freie, verspielte Leichtigkeit
und baden Sie im Ozean der Möglichkeiten!

Geleitwort

Stellen Sie sich vor, wir würden Ordnung in Gemälde wie van Goghs Nachtcafè oder Sinfonien wie Beethovens 5. bringen, sie sozusagen gründlich aufräumen. Wir könnten dann alle Pinselstriche von dick zu dünn und nach Farbtönen von links nach rechts oder von oben nach unten aufreihen, ebenso die krummen von den einigermaßen geraden trennen, die Helligkeiten ordnen und die Gegenstände und Lebewesen vielleicht nach Größe oder Wichtigkeit sortieren. Bei Sinfonien könnten wir die Instrumente separieren und in eine bestimmte Reihenfolge bringen, vielleicht zuerst Blech, dann Holz, die gezupften vor den gestrichenen, aber auch die Töne in Gruppen sammeln und die Lautstärken in Stufen aufsteigend oder abfallend ertönen lassen. Mit dem Effekt: Faszination und Ausstrahlung dieser Kunstwerke sinken auf null und darunter, ihre Attraktion wendet sich ins Gegenteil. Bei Kunstwerken führt der Entzug von Wirkung zum Totalschaden, im Coaching kann diese Form der »Dehypnose« chronische Problemtrancen entschärfen.

Nicht nur unsere Klientinnen und Klienten, wir alle kennen den mächtigen Sog ängstlicher und entwertender Gedankenspiralen, bohrender Selbstzweifel und zermürbender Teufelskreise, hartnäckiger Blockaden in re-traumatisierenden Erinnerungen oder pessimistischer Befürchtungen auf der emotionalen Wiederholspur, die uns immer wieder in ihren Bann ziehen können. Diesen übermächtigen Gedanken und Gefühlszuständen können wir so den Stecker ziehen und ihrer destruktiven Wirkung berauben: gründlich aufräumen, ordnen und ab in die mentale Kommode von Kapitel 2! Aber nicht um sie zu bagatellisieren oder gar vergessen zu wollen, sondern um ein unheilvolles chaotisches Zusammenspiel zu beenden; denn erst dann kann jedes Problem und jede Ressource in der eigenen Qualität, Schwere und Leichtigkeit wohlwollend gewürdigt werden.

Ina führt ihre LeserInnen mit Leichtigkeit durch die grundlegenden Prozesse eines wirkungsvollen hypnosystemischen Coachings. Sie beschreibt die verschiedenen Ebenen des Bewusstseins, den Zusammenhang von wohlwollender Haltung und Selbstwirksamkeit so nachvollziehbar, dass diese Erkenntnisse auch erfahr- und lernbar werden. Dafür war es hilfreich und sinnvoll, einige Male den Tellerrand der klassischen Psychologie zu verlassen und in die Welten der Philosophie, Neurobiologie und Quantenphysik einzutauchen um alte Mindsets zu hinterfragen, einengende Glaubenssätze zu lockern und um den »Ozean an Möglichkeiten« erahnen zu können. Aber auch um zu erkennen, dass wir im hypnosystemischen Ansatz das materielle »Ursache-Wirkung«-Denken bereits ebenso überwinden können wie die Quantenphysik die Gesetze der Schwerkraft und der Mechanik. Wie Photonen rückwirkend zwei unterschiedliche Wege gleichzeitig zurückgelegt haben können und dann als Welle erscheinen, können sich Menschen mit chronischen Beeinträchtigungen oder Schmerzen das Bewusstsein erarbeiten sich belastet und gleichzeitig selbstwirksam zu fühlen. Schwierigste Vergangenheiten können so als entbehrungsreicher Überlebenskampf und gleichzeitig als Bereicherung und Förderung der eigenen Entwicklung integriert werden. Die »Psychologie der Leichtigkeit« kann auf diesem langen, vielleicht nie endenden Entwicklungsweg gleichsam Motivation und Belohnung, Ruhe und Veränderung sein.

Kann ich so ein besserer Coach oder zufriedener Mensch werden?

Viel – *leicht!*

Dr. Peter Hain im Juli 2020
Psychotherapeut, Ausbilder, Gründungsmitglied und Past Präsident der Gesellschaft für klinische Hypnose und Hypnotherapie Schweiz, GHYPS, Leiter der hypnosystemischen Fort- und Weiterbildungen am IEF Zürich

Vorwort

Als ich dem Schattauer Verlag im Februar 2018 dieses Buchprojekt vorstellte, hatte ich noch keinen blassen Schimmer, wieweit mich meine Recherchen führen würden. Ich habe eine wahre Abenteuerreise angetreten: von der Psychologie und Neuroforschung über die Quantenphysik bis hin zu antiken und modernen Bewusstseinsmodellen. Ich selbst wurde streng wissenschaftsgläubig erzogen, allerdings musste ich auf meiner geistigen Reise gezwungenermaßen mein Weltbild erweitern und stehe nun an dem Punkt, wo sich der Bogen wieder schließt und aus der neu gewonnenen Perspektive alles viel verständlicher und sogar logischer wird. Gerne möchte ich Sie nun zu diesem spannenden Abenteuer einladen und Sie mithilfe dieses Buchs auf der Grundlage wissenschaftlicher und psychologischer Erkenntnisse in die Leichtigkeit des Seins führen.

Dieses Buch enthält fünf Kapitel, die jeweils in vier Unterkapitel unterteilt und somit sehr systematisch aufgebaut sind. Von Kapitel 1 bis 5 besteigen Sie quasi einen mentalen Lift, der Sie Stufe für Stufe zu einer erweiterten Sichtweise und einem größeren Verständnis der Zusammenhänge bringt. Die meisten Lifte bewegen sich gleichmäßig und in angenehmem Tempo von einem Stockwerk zum nächsten, was durchaus sinnvoll ist. Wenn ein Lift zu schnell oder sprunghaft nach oben fährt, so bekommen die Passagiere nicht selten unangenehmen Druck auf den Ohren – ein klares Zeichen dafür, dass sie sich nicht an den veränderten Luftdruck anpassen konnten. Auf vergleichbare Weise können LeserInnen mental überfordert sein, wenn sie zu viele Informationen auf einmal aufnehmen. Lesen Sie also bitte alle Kapitel in der entsprechenden Reihenfolge und führen Sie die Übungen durch, da diese Ihre Erkenntnisse konsolidieren werden.

Kapitel 1 wird Sie mit der Magie der Leichtigkeit und den entsprechenden Wirkungen auf Körper und Psyche bekannt machen. Kapitel 2 leitet Sie an, sich innerlich zu ordnen, so dass Sie in einen Zustand der Ruhe gelangen, sich emotional stabilisieren und schließlich Ihr psychisches Immunsystem auf Vordermann bringen. Die Selbstanalyse Ihres Glaubenssystems ist Schwerpunkt von Kapitel 3, in dem auch wesentliche Erkenntnisse der Naturwissenschaften und verschiedene Weltbilder thematisiert werden, die entweder in die Leichtigkeit des Seins führen oder eben genau dies verhindern. In Kapitel 4 erfahren Sie alles Wissenswerte über verschiedene Bewusstseinszustände sowie über Meditation und Kontemplation. In Kapitel 5 können Sie schließlich Ihre persönlichen Leichtigkeitstankstellen finden und sich auf Basis der vorangegangenen Übungen und Erkenntnisse ein persönliches Trainingsprogramm zusammenstellen, das Sie Schritt für Schritt und Tag für Tag zu mehr Leichtigkeit bringen wird.

Viel Spaß auf Ihrer persönlichen Reise zu mehr Leichtigkeit wünscht Ihnen

Ihre Ina Hullmann

Inhalt

1 Die Magie der Leichtigkeit

Jede hinreichend fortschrittliche Technologie ist von Magie nicht zu unterscheiden.
Der einzige Weg, die Grenzen des Möglichen zu finden, ist, ein klein wenig über diese hinaus in das Unmögliche vorzustoßen.

(Arthur C. Clarke, Physiker und Autor)

1.1 Mit Leichtigkeit große Sprünge machen

Schweres mit Leichtigkeit meistern

»Stell dir vor, du wärest leicht wie eine Feder. So leicht, dass du sogar Mühe hast, wieder auf den Boden runterzukommen.« Mit diesen und ähnlichen Vorstellungsbildern werden beim Ballett Tänzer auf die körperlichen und mentalen Höchstleistungen, auf ihre diversen Pirouetten und Sprünge vorbereitet. Das geistige Hineinversetzen in einen Zustand schwereloser Leichtigkeit hilft – zunächst mental – für einen kurzen Moment, die Schwerkraft zu überwinden. Man könnte durchaus sagen, es ist ein Erfolgskonzept von Tänzern schlechthin. Selbstverständlich weiß jeder, der sich mit Tanzen oder Leistungssport allgemein auskennt, dass hinter dieser Leichtigkeit auch eine gute Portion Training und Know-how steckt. Und dies gilt auch für die Leichtigkeit, mit der wir unserem Alltag begegnen.

Leichtigkeit und Humor bleiben leider oft in unserem Leben auf der Strecke. In Krisenzeiten oder wenn wir besonderen emotionalen Belastungen ausgesetzt sind, klingt es zunächst wie Hohn, wenn jemand von der Leichtigkeit des Lebens spricht. Wie kann man insbesondere schwere

Phasen im Leben mit mehr Leichtigkeit meistern? Warum kommen manche Menschen wie ein »Stehaufmännchen« nach Krisen schnell wieder auf die Beine und blicken lächelnd in die Zukunft? Was können wir von ihnen lernen?

Mit dieser Leichtigkeit als besondere Einstellung dem Leben und seinen Lektionen gegenüber beschäftige ich mich nun bereits seit einigen Jahrzehnten. Als Jugendliche wurde mir im Rahmen meiner klassischen Ballettausbildung bewusst, dass diese Fähigkeit, an alles mit Leichtigkeit heranzugehen, einerseits durch die entsprechende innere Einstellung und andererseits durch regelmäßiges Training zustande kommt. Nach meinem Studium übertrug ich schließlich diese Erkenntnisse auf meine Arbeit als Psychologin und Coach. Mich beschäftigte die zentrale Frage, wie man im psychotherapeutischen Kontext mit größtmöglicher Leichtigkeit schwere Themen, mit denen die Klienten in die Praxis kommen, lösen helfen könnte. Leichtigkeit als Grundhaltung (Abb. 1-1), als erweiterte Perspektive sowie gleichzeitig als große Ressource zu aktivieren, war damals allerdings noch eine völlig neuartige, aus Sicht mancher Kollegen sogar recht exotische Herangehensweise in der bis dato kopflastig ausgerichteten Psychotherapiewelt.

Abb. 1-1 Leichtigkeit

Eine peinliche Notfallintervention als Stimmungsaufheller
Als angestellte Psychologin und Berufseinsteigerin im Alter von gerade erst 24 Jahren bekam ich in meiner ersten Klinikanstellung eine Patientin zugeteilt, die mir von den anderen Psychologen meines Teams als »extrem schwierig und therapieresistent« angekündigt wurde. Die schick gestylte 35-Jährige kam zum vereinbarten Termin in mein Praxiszimmer, sie setzte sich, musterte mich von oben bis unten und platzte dann heraus: »Sie sind ja selber noch ein Kind, was soll das hier bei Ihnen bringen?« Ich bemühte mich verkrampft, so erwachsen und vernünftig wie möglich zu wirken. Die Frau schimpfte weiter, über das Personal der Klinik, die anderen Psychologen, das Essen und sogar über sich selbst. Alles sei eine einzige Katastrophe und die Hoffnung auf Besserung oder ein glückliches Leben habe sie bereits vor langer Zeit aufgegeben.
Plötzlich und völlig unvermittelt brach meine Klientin in Tränen aus. Dummerweise hatte ich keine Taschentücher zur Hand und sah mich verzweifelt nach etwas um, was ich ihr schnell zum Trocknen der Tränen und des aquarellartig verlaufenden Makeups reichen konnte. Da bemerkte ich die Toilettenpapierrolle, die die Putzfrau wohl aus Versehen in meinem Bücherregal stehenlassen hatte. Reflexartig griff ich nach ihr und stellte sie ohne Worte zwischen uns auf den Tisch. Meine Patientin stockte, schaute fast entsetzt auf den unliebsamen Toilettenartikel und polterte dann heraus: »Finden Sie etwa, dass ich Ihnen Scheiße erzähle?« (Originalton der Klientin). Peinlich berührt ob dieser vermuteten Geschmacklosigkeit starrte ich meine Klientin wohl recht fassungslos an. Dann prusteten wir beide plötzlich los und mussten schallend lachen. Erst Minuten später konnten wir uns wieder einigermaßen unter Kontrolle bringen, jedoch von einem ernsten Therapiegespräch konnte nun nicht mehr die Rede sein. Die Klientin schilderte mir ihre Leidensgeschichte, aber jeder längere Blickwechsel provozierte wieder ein Lachen, und so verging die Sitzung im Nu.
Meine Patientin verließ kichernd mein Büro und wischte sich gerade mit einem langen Klopapierfetzen die letzte Lachträne aus

den Augen, als ausgerechnet meine Chefin den Gang entlangkam. Sie stutze, sah der Klientin hinterher und fragte mich: »So ein Stimmungswandel – wie hast du das denn hinbekommen?« Ich konnte ein schelmisches Grinsen nicht unterdrücken und antwortete: »Mit Klopapier.«

Eine neue Arbeitshaltung im hypnosystemischen Coaching

Dieser Fall ist nun bereits über 25 Jahre her, war aber ein wichtiger Schlüsselmoment für mein Verständnis der Wirksamkeit von Leichtigkeit in Problemlöse- und Kommunikationsprozessen. Und diese Leichtigkeit, die damals, rein durch Zufall entstanden, in der schwierigen Situation hochwirksam zur positiven Wendung führte, wird heute sogar systematisch zur Wirksamkeitssteigerung eingesetzt. So ist Leichtigkeit ein entscheidendes Element in einem der modernen ressourcenorientierten Coaching-Ansätze – dem Hypnosystemischen Coaching –, der mittlerweile als CAS-Studiengang (Certificate of Advanced Studies) am renommierten IEF-Institut für Systemische Studien in Zürich anerkannt wird. In der Weiterbildung »Hypnosystemisches Coaching« werden zum einen die hochwirksamen Techniken der systemischen Hypnotherapie vermittelt. Neben dem ganzen Technikinstrumentarium wird aber auch auf diese ganz besondere Arbeitshaltung und Einstellung gesetzt. Jeder noch so komplexen Intervention liegt die Grundhaltung von Wertschätzung, Ressourcenaktivierung und heiterer Leichtigkeit zugrunde. Die Coaches lernen diese innere Haltung nicht nur in den Sitzungen, sondern auch in ihrem Lebensalltag zu kultivieren – auch als wichtigen Teil der Persönlichkeitsentwicklung und eigenen Psychohygiene.

Verbunden mit dem Ozean der Möglichkeiten

Leichtigkeit ist eine völlig natürliche, angeborene und auch wiedererlernbare Eigenschaft, die in erster Linie die Mühelosigkeit, Ungezwungenheit und Unbekümmertheit eines Zustandes oder einer Tätigkeit hervorhebt. Bildlich gesprochen ist diese mentale Grundhaltung eine erweiterte Perspektive, wie auf einen Ozean, der die kleinen Inseln umspült, auf der sich die typischen Alltagsprobleme inszenieren (Abb. 1-2). Von dieser erweiterten mentalen Perspektive aus geschieht die Lösung von Problemen nahezu fließend, denn wir erweitern unsere Sichtweise von der begrenzten Wahrnehmung einer kleinen Probleminsel und entdecken so Möglichkeiten, Ressourcen und Lösungen auf ganz neuen Ebenen. So schrieb eine ehemalige Seminarteilnehmerin, studierte Theologin und Pfarrerin:

> *Liebe Ina, ich bin sehr inspiriert und bereichert aus Deinem Seminar nach Hause gekommen. Du hast unglaublich viele starke Inputs in dieser so kurzen Zeit hineingegeben und durch Deine erfrischende, humorvolle Persönlichkeit und Authentizität das Lernen und Zuhören unglaublich leicht gemacht. Vor allem aber berührte mich eines: Dass Du »den Ozean um die Inseln« nie aus dem Blick verlierst und Deine eigene Leichtigkeit so transparent und überzeugend durch die Inhalte leuchten lässt. Danke dafür!*

Wohlwollender und gelassener Umgang mit sich und anderen

Es geht bei der Leichtigkeit vor allem auch um einen wohlwollenden und gelassenen Umgang mit sich selbst und anderen. Die angestrebte Grundhaltung entspricht den im Buddhismus gängigen vier positiven mentalen Eigenschaften, die man durch Training kultivieren kann: Wohlwollen, Mitgefühl, Freude und Gelassenheit. Leichtigkeit ist somit eine emotionale Qualität, basierend auf einer verinnerlichten Einstellung, aus der heraus wir unsere Möglichkeiten wahrnehmen und entfalten können – ein unglaublich ressourcenreicher Zustand. Diese besondere emotionale Grundhaltung führt fast automatisch zu Perspektivenerweiterungen und ist ein tragendes Element für alle Veränderungsprozesse. Dabei streben wir immer ein emotionales Klima von humorvoller und mitfühlender Leichtigkeit an, so dass Ressourcen spielerisch aktiviert und Lösungen aus dem unendlichen Ozean der Möglichkeiten geschöpft werden können. Gleichzeitig wird es durch diese Grundhaltung einfacher, Schweres zuzulassen, und Themen, die uns vielleicht emotional belasten, erträglicher zu machen. Mit humorvoller Leichtigkeit bekommen wir außerdem die nötige Distanz, Probleme aus einer übergeordneten Perspektive anzuschauen.

Abb. 1-2 Ozean der Möglichkeiten

Der nächste Fall hätte ohne meine innere Ausrichtung auf einen mentalen Zustand von wertschätzender Leichtigkeit auch ganz anders verlaufen können.

»Bist du nun die Klapsen-Frau oder nicht?«
Wahrscheinlich hätte ich die junge Dame, die mich damals während meiner Anstellung in einer Rehaklinik aufsuchte, beleidigt abgelehnt, wenn ich ihre etwas unpassende Begrüßung zu ernst genommen hätte. »Bist du die Klapsen-Frau?« hallte es mir damals schnippisch durch den langen Gang von der Anmeldung bis zu meinem Praxiszimmer laut entgegen. Die junge Frau stapfte mit bockigem Gesichtsausdruck und entsprechend abweisender Miene auf mich zu und machte aus ihrer »Begeisterung« für die Überweisung zu einer Psychologin kein Geheimnis. Fast angriffslustig musterte sie mich beim Näherkommen und gab nochmals bestimmt von sich: »Und, bist du jetzt die Klapsen-Frau oder nicht?« Ich überlegte einen Sekundenbruchteil, ob ich mir diesen Fall wirklich antun sollte, musste dann aber spontan lachen und antwortete der schwarz gekleideten Frau mit dem Totenkopftattoo am Hals: »Jo, das bin ich. ›Ne Tasse Tee gefällig?‹« Überrascht folgte sie mir in mein Büro und nahm Platz. Ich stellte ihr einen frischgebrühten Tee auf den Tisch und fragte beiläufig: »Na, wohl schlechte Erfahrungen mit Psychos gemacht?« Daraufhin murmelte sie genervt: »Und wie, ich war schon bei drei Psychotanten, die mich alle wieder rausgeschmissen haben. Die können mich mal alle.« Und nach einer Pause fügte sie traurig hinzu: »Mir kann eh keiner mehr helfen.« Nun stand der Frau die Verzweiflung ins Gesicht geschrieben.
Mit humorvoller Leichtigkeit konnte ich gleich in der ersten Gesprächsphase einen wertschätzenden Kontakt aufbauen. Dies war eine gute Basis dafür, dass sich die Klientin im Laufe des Gesprächs öffnete, da sie sich respektiert und verstanden fühlte. Ich konzentrierte mich im Wesentlichen darauf, mit viel Verständnis und Humor auf die junge Frau einzugehen. Dies ermöglichte eine Kommunikation auf Augenhöhe. Und natürlich setzte ich die ge-

nialen Techniken der systemischen Hypnotherapie ein, so dass meine Klientin aus ihrer langjährigen Problemsicht in eine wertschätzende Lösungssichtweise wechseln konnte.
Etwas später vertraute die junge Frau mir schließlich die jahrelang erlittenen demütigenden Missbrauchserfahrungen an, die sie in ihrer Kindheit hatte erleben müssen. Im weiteren Verlauf der Therapie schaffte sie es, sich in ihrem Leben wieder auf gesunde, sinnstiftende Ziele auszurichten. Und sie entschuldigte sich sogar für ihren missratenen Auftritt bei der Erstkonsultation, den ich ihr natürlich mit Humor und Leichtigkeit längst verziehen hatte.

1.2 Die Wirkung heiterer Leichtigkeit

Von Psychiatern und eierlegenden Klienten

Kommt eine Frau zum Psychiater und sagt: »Herr Doktor, meine Tochter denkt, sie sei ein Huhn.« Der Psychiater fragt: »Seit wann haben Sie dieses Problem denn bemerkt?« Die Frau: »Seit etwa 2 Jahren.« Psychiater entsetzt: »Und da kommen Sie erst jetzt?« Die Frau: »Wissen Sie, wir brauchten die Eier.«

Während Sie sich bei diesem Witz kognitiv vielleicht noch fragen, wer hier eigentlich wirklich verrückt ist – die Tochter oder die Frau selbst –, hat die Pointe bereits Ihre Großhirnrinde in den Humormodus geschaltet. Übrigens ist dies einer meiner Lieblingswitze, um die Mehrschichtigkeit von Kommunikationsprozessen und eine gedankliche Perspektivenerweiterung aufzuzeigen. Denn zunächst beginnt die Erzählung auf der einfachen Problemebene: Eine Mutter mit einer scheinbar psychisch kranken Tochter kommt zum Psychiater. Bis hierher läuft noch alles normal und entsprechend unserer Erwartungshaltung. Dann plötzlich die unerwartete Wendung: Nicht die Tochter, sondern anscheinend die Mutter selbst leidet an massiven

Wahnvorstellungen, bildet sich zumindest ein, dass ein eierlegendes Huhn ihre Tochter sei. Diese unerwartete Wendung in Form eines plötzlich erzwungenen Perspektivenwechsels löst also eine entsprechende emotionale Reaktion und Lachen, zumindest ein Schmunzeln, aus.

Derartige humoristische Pointen und deren perspektivenerweiternde Wirkung können für mentale Veränderungsprozesse genutzt werden. So schreibt mein früherer Ausbilder der Milton Erickson Gesellschaft für Klinische Hypnose, Bernhard Trenkle, in seinem *Ha-Handbuch der Psychotherapie*, dass die Nutzung humoristischer Geschichten und Metaphern für Veränderungsprozesse ein wesentliches Kennzeichen aller menschlichen Kulturen sei (Trenkle 1994).

Mit Humor das Denken zum Schweigen bringen

Besonders in Momenten, in denen das Leben mit all seinen Herausforderungen nur schleppend und mühsam vorangeht, man auf der Stelle tritt und sich ausgelaugt und schwer fühlt, kann man mit humorvoller Leichtigkeit eine mentale Perspektivenerweiterung erzeugen. Der Physiker und Autor Fritjof Capra schreibt zum Thema Humor:

> *In dem Sekundenbruchteil, in dem wir einen Witz verstehen, erfahren wir einen Augenblick der »Erleuchtung«. Es ist bekannt, dass dieser Augenblick spontan kommen muss, dass man ihn nicht durch Erklären des Witzes, d. h. durch intellektuelle Analyse, hervorbringen kann. Nur wenn wir die Pointe des Witzes intuitiv und unvermittelt erfassen, erfahren wir das befreiende Wissen, das der Witz hervorbringen soll (Capra 2012).*

Das Grundziel des Humors sei dabei, den denkenden Verstand zum Schweigen zu bringen und vom rationalen auf das intuitive Bewusstsein umzuschalten. Von einem erstarrten Problemerleben kommen wir so blitzschnell wieder in eine ressourcen- und lösungsorientierte Wahrnehmung. Dabei ist es vor allem wichtig, sprichwörtlich den Kopf frei zu bekommen, typische negative Gedankenhamsterräder zu stoppen und gleichzeitig wieder ganz im Moment anzukommen.

Auch der berühmte Psychiater und Begründer der Logotherapie, Viktor Frankl, stellte den großen Nutzen des Humors in den Vordergrund, um einen zielgerichteten Einstellungswandel bei seinen Patienten anzubahnen. Aus der Perspektive der modernen Positiven Psychologie steht der Humor von den vielen Stärken des Menschen an einer der obersten Stellen und ist ein bedeutender Faktor für die allgemeine Lebenszufriedenheit (Peterson & Seligmann 2004).

Die Einstellung zum Leben ist für Leichtigkeit entscheidend

Das *Lexikon der Psychologie* (Dorsch 2014) definiert die innere »Einstellung« des Menschen zum einen als die Art der inneren Ausrichtung und des selektiven Vorgehens, z.B. bei der Lösung einer Aufgabe oder eines Problems. Einstellung ist zum anderen aber auch die seelische Haltung gegenüber einer Person, einer Idee, Sache oder eines Ereignisses, verbunden mit einer persönlichen Wertung oder Erwartung. Nach dem amerikanischen Psychologen Gordon Allport, Professor für Sozialpsychologie an der Harvard University, ist die Einstellung »ein seelischer und nervlicher Bereitschaftszustand, der durch die Erfahrung organisiert, einen richtenden oder dynamischen Einfluss auf die Reaktionen des Individuums auf alle Objekte und Situationen ausübt, mit denen es verbunden ist« (Dorsch 2014). Bestimmte Einstellungen erzeugen über unser verinnerlichtes Bewertungssystem die entsprechenden Emotionen und Stimmungen. Oftmals ist uns gar nicht bewusst, dass unser westlich geprägtes Mindset (Denkweise, Glaubenssätze) auch viele negativen Stimmungen und Emotionen erzeugt, wie beispielsweise Neid, Angst, Wut, Ohnmacht oder allgemein ein Gefühl der Schwere.

Diese geistige Schwere kann sich auflösen, wenn man das eigene Mindset einer Überprüfung unterzieht und diejenigen Einstellungen, die einen gedanklich in emotionale Sackgassen führen, verändert. So gelingt es schließlich langfristig, den Zustand der Leichtigkeit im Alltag zu kultivieren, zu verinnerlichen und ihn jederzeit abrufbar zu machen (dazu mehr in Kapitel 3).

In meiner Praxis erlebe ich täglich, dass Menschen durch heftige Konflikte, Gedankenkreisen oder Herausforderungen des Alltags aus dem inneren Gleichgewicht geraten, manche rutschen sogar in eine handfeste Lebenskrise. Verständlicherweise ist man in einer solchen Phase verunsichert, ob man sein jeweiliges Problem überhaupt lösen kann und wenn ja, wie eine Lösung genau aussehen könnte. Dabei ist vor allem die innere Einstellung eines Menschen von entscheidender Bedeutung. Klienten beschreiben mir in meiner Praxis ihre Situation meistens als »schwere Belastung« oder »kaum auszuhalten«. In solchen Momenten sehnen sie sich nach Leichtigkeit und den dazugehörigen positiven Begleiterscheinungen. Wenn eine Situation als »schwer« empfunden wird, also ein »schweres Gewicht« hat, dann lässt sie sich aufgrund dieser Einstellung zunächst nicht so leicht bewegen oder verändern. Viele Klienten beschreiben, dass sie sich dann in der Schwere wie gefangen fühlen. Die Schwere drückt sie zu Boden, und sie können aktiv kaum eine Änderung herbeiführen.

Akzeptieren statt krampfhaft erstarrte Gegenwehr

Wenn wir von vornherein bereit sind, mit dem, was ist, umzugehen, anstatt uns pausenlos darüber aufzuregen, dass die Situation nicht unseren Erwartungen und Vorstellungen entspricht, dann entsteht eine natürliche Leichtigkeit. Dies hat viel mit Akzeptanz zu tun, man könnte es sogar als eine gewisse demütige Haltung gegenüber den Schwierigkeiten des Lebens bezeichnen. Denn Schicksalsschläge sind keine Seltenheit, und wir werden immer wieder vor neue Herausforderungen gestellt, mit denen wir lernen müssen, umzugehen. Das Annehmen dessen, was uns widerfährt, ist eine Grundvoraussetzung, um das Problem bewältigen zu können.

Der ständige Widerstand oder innere Kampf gegen das Erlebte, den viele meiner Klienten durchleben, verzehrt einen Großteil ihrer Kraft, viel Lebenszeit und Energie. Außerdem bringt sie dieser Kampf kein Stück weiter. Schicksalsschläge und schwierige Phasen können während eines Menschenlebens immer wieder einmal auftreten, denn wir haben keine absolute Kontrolle über unser Schicksal. Sehr wohl aber können wir lernen, unser Leben sinnvoll zu lenken. Es gibt großartige psychologische Techniken, um sich darin zu coachen, wie man mit widrigen Umständen oder Lebenskrisen selbstwirksam umgehen kann. Wichtig dabei ist auch der Grundsatz, dass das logische Durchdenken eben dieser Probleme zwar fundamental wichtig ist, es dabei aber auf die Dosierung ankommt. Ab einem bestimmten Punkt ist das geistige Wiederkäuen des Problems nicht mehr sinnvoll, da der Verstand an seine Grenzen kommt. Dann kann es passieren, dass wir das Denken, Erwägen und Beurteilen mit dem wirklichen Leben und Erleben einer Situation verwechseln, erklärt der Theologe und Zenmeister Dr. Alexander Poraj (Poraj 2016).

Optimistische Leichtigkeit macht Spaß

Das vielleicht einfachste Beispiel für verschiedene Wahrnehmungsperspektiven ist die optimistische versus pessimistische Sichtweise. Obwohl das Gleiche passiert oder die gleiche Sache wahrgenommen wird, bewerten Optimisten und Pessimisten es völlig anders. Während der Optimist mit Leichtigkeit das Glas noch halb voll sieht, beschwert sich der Pessimist, dass das Glas bereits halb leer ist. Die Frage ist nicht, welche Sichtweise die »Richtige« ist, sondern eher, welche Sichtweise in der entsprechenden Situation sinnvoller ist. Der Pessimist sieht oftmals nur das Schwere, die Einschränkung, das Störende oder auch die Fehler, was durchaus eine gute Eigenschaft sein kann. In bestimmten Situationen ist es sogar sehr wichtig, alle möglichen Einschränkungen und Fehler akribisch zu analysieren, Dinge auf Schwachstellen zu untersuchen und sich so gegenüber Gefahren abzusichern. Beim Kauf eines Gebrauchtwagens oder beim Durchlesen der Allgemeinen Geschäftsbedingungen ist dies ein durchaus sinnvolles Vorgehen. Bezogen auf das Leben generell, auf die tägliche Herangehensweise an Herausforderungen und Krisen ist diese Sichtweise aber nur bedingt von Vorteil. Nach einer ausreichenden Analyse aller Mankos ist es dann viel sinnvoller, wieder in den Optimismusmodus umzuschalten, um dem, was da auch immer kommen mag, mit spielerischer Leichtigkeit entgegenzutreten. Pessimist und Optimist haben in etwa gleich viele Probleme, aber der Optimist hat viel mehr Spaß im Leben (Abb. 1-3).

Eine optimistische Herangehensweise ist trainierbar,

bestätigt die Psychologie-Professorin Sonja Lyubomirsky, die an der Universität von Kalifornien, Riverside, zur Psychologie des Glücklichseins forscht. Sie bewies, dass es sinnvoll und auch möglich ist, sich um inneres Glück und Fröhlichkeit zu bemühen, und die Lebenszufriedenheit in unserer eigenen Hand liegt. Für unser Glücksempfinden sei zu 50 Prozent unsere Grundeinstellung verantwortlich, zu nur 10 Prozent seien es die Lebensumstände und zu erstaunlichen 40 Prozent könnten wir selbst aktiv Einfluss darauf nehmen. Auf Basis empirischer Studien gibt Lyubomirsky Empfehlungen, um das Lebensglück zu steigern, wie etwa die eigene Wertschätzung gegenüber dem Leben zu kultivieren, einen optimistischen Geist zu pflegen und sorgenvolle Grübeleien zu meiden (Lyubomirsky 2018).

Abb. 1-3 Optimismus

Krise oder Chance – die Bewertung macht's

Eine entscheidende Herangehensweise ist es also, die Ereignisse nicht ausschließlich negativ zu bewerten, sondern auch Chancen zur Weiterentwicklung zu erkennen. Prompt bewegt man sich wieder in eine ressourcenorientierte Lösungssicht, die Leichtigkeit erzeugt. Im Chinesischen bedeutet das Schriftzeichen für »Krise« ja bekanntlich auch gleichzeitig »Chance«. Jede Krisensituation beinhaltet gleichzeitig eine große Chance zur Weiterentwicklung, wenn wir uns den Herausforderungen optimistisch stellen, sie annehmen und uns unserer Ressourcen bedienen, um passende Lösungen zu finden.

Mehr noch: Das Leben ist eine Aneinanderreihung von Herausforderungen und Schwierigkeiten. Man kann diese Übungen, die uns das Leben stellt, ablehnen oder hassen, aber dies wird nichts an der Tatsache ändern, dass wir diese Aufgaben bewältigen müssen. Aus meiner Praxiserfahrung weiß ich, dass sich ein bestimmtes Thema oder Muster so lange im Leben wiederholen und in den Weg stellen kann, bis der Klient das Muster erkennt, seine Lernaufgabe annimmt und endlich zu lösen beginnt. Wenn wir also lernen, mit den Herausforderungen optimistisch und würdigend umzugehen, und diese als spannende Lernmöglichkeiten auffassen, beginnt sich die innere Haltung zu verändern, und es entstehen plötzlich neue Möglichkeiten und Leichtigkeit.

In der Psychologie nennt man diese Umdeutung eines Ereignisses von etwas Negativem in etwas Positives »Reframing«:

Als Reframing (= »neu rahmen«) wird das Anbieten eines neuen Bezugsrahmens für das Denken bezeichnet. Ein Bild kann mit einem neuen Rahmen ganz anders wirken und aussehen. Genauso kann eine Situation plötzlich ganz anders wahrgenommen werden, wenn jemand einen neuen Rahmen anbietet.

So beschreibt Hypnotherapeut und Autor Bernhard Trenkle die hypnotherapeutische Technik des Reframings. Auch ein Wechsel der Sichtweise könne also eine überraschende neue Perspektive beinhalten (Trenkle 1994). Man stellt ein Ereignis einfach in einen neuen Rahmen, durch eine neue Bewertung kann dann eine spielerische Leichtigkeit entstehen, mit der sich die gesamte Situation garantiert leichter ertragen lässt, unsere Wahrnehmung für neue Lösungen geöffnet werden kann und wir unsere Fähigkeiten wieder aktivieren können.

Leichtigkeit und Humor auf Augenhöhe

Douglas Abrams, Co-Autor des südafrikanischen Menschenrechtlers Desmont Tutu, schreibt: »Ich habe schon mit vielen Geistlichen zusammengearbeitet und habe die Vermutung, dass ungehemmtes Lachen und ein Sinn für Humor als universelles Richtmaß für spirituelle Entwicklung taugen.«

Die beiden Friedensnobelpreisträger Tutu und der Dalai Lama sind aus seiner Sicht Vorbilder für heitere Leichtigkeit und einen liebevollen, menschenwürdigen Humor. In der Zusammenarbeit und in vielen Diskussionen mit den beiden beobachtete Abrams bei ihnen die außergewöhnliche Kraft dieses humanistisch geprägten Humors, selbst bei schweren Themen. Die beiden kicherten, lachten und »diese Momente großer Leichtigkeit fügten sich ineinander mit tiefgründigen Augenblicken« (Abrams et al. 2016). Aus Sicht der beiden Geistlichen schaffe Lachen eine wichtige Verbindung zwischen Menschen, so dass man den Humor zur Hilfe nehmen könne, um trennende Schranken niederzureißen. »Letztlich geht es darum, über uns selbst lachen zu können, so Desmont Tutu, und uns nicht so ernst zu nehmen.« Dabei ginge es nicht um den Humor, der das Gegenüber herabwürdigt, sondern darum, dass Menschen auf Augenhöhe miteinander kommunizieren (Abrams et al. 2016).

Lachen und Humor scheinen also dabei zu helfen, besser mit Beziehungskonflikten sowie auch Ängsten und Stress umgehen zu können. Witze sind meistens genau deshalb lustig, weil sie unseren Erwartungen zuwiderlaufen, und der Humor hilft, das Unerwartete zu akzeptieren. Aber warum tun sich angesichts dieser vielen Pluspunkte eines würdevollen Humors viele Menschen so schwer damit? »Ich denke, viele halten es für nötig, ernst zu erscheinen, weil sie dann bedeutsam wirken; und sie meinen, sie erhalten mehr Respekt, wenn sie ernst sind«, antwortet Erzbischof Tutu. Wenn wir über uns selbst lachen können, zeigen wir, dass wir auf Augenhöhe mit anderen umgehen können. Es wäre aus Sicht der beiden Geistlichen wichtig, über sich selbst lachen zu lernen und sich selbst nicht allzu ernst zu nehmen. »Im Grunde geht es dabei um Bescheidenheit. Lach über dich selbst und sei nicht so aufgeblasen und ernst! Wenn wir uns auf die Suche nach dem Humor im Leben machen, werden wir ihn finden«, da sind sich Desmont Tutu und der Dalai Lama einig (Abrams et al. 2016).

Verspieltheit macht erfolgreicher

Humor, Heiterkeit und Verspieltheit – diese Begriffe haben eine große Schnittmenge mit der Leichtigkeit. Zumeist fördern oder aktivieren sie einerseits diesen von uns ersehnten inneren Zustand, andererseits ist eine Grundhaltung von Leichtigkeit ein Garant dafür, mehr Humor und Heiterkeit zu erleben. Allerdings gibt es wenige Spielarten des Humors, die auch völlig ohne Leichtigkeit auskommen, z. B. Sarkasmus oder auch Zynismus. Das heitere, lockere »Leichtsein«, nach dem sich die meisten meiner Klienten in Zeiten großer Herausforderungen sehnen, könnte man eher mit der spielerischen Auffassung von Kindern vergleichen, die die Härte und Schwere des Lebens mit ihrer kindlichen Leichtigkeit transzendieren. Grundsätzlich geht Leichtigkeit also auch mit einer Verspieltheit einher, auch wenn viele Akademiker oder Führungskräfte bei diesem Begriff zunächst vielleicht die Nase rümpfen, weil sie einen Mangel an Autorität befürchten. »Wer verspielt ist, kann sich leichter für neue Erfahrungen öffnen und den alltäglichen Herausforderungen stressfreier begegnen«, so fasst René Proyer, Professor für Differentielle Psychologie und Psychologische Diagnostik an der Universität Halle, seine Forschungsergebnisse zu diesem Thema zusammen. In seiner Studie *Being playful and smart* konnte er zeigen, dass verspielte Studierende bei einer schriftlichen Prüfung sogar bessere Noten erzielen (Proyer 2017).

Akademische Vorurteile gegenüber verspielter Leichtigkeit

In seinem Interview mit der *Deutschen Universitätszeitung*, beschreibt Professor Proyer die »Verspieltheit in der Wissenschaft« folgendermaßen:

> *Unbeschwerte Verspieltheit äußert sich beispielsweise darin, gerne zu improvisieren. Das kann sich auf verschiedenen Ebenen zeigen, Dinge auf sich zukommen zu lassen. Oder denken Sie etwa an Wissenschaftler, die ihre Lehre gut vorbereiten und die trotzdem in ihren Lehrveranstaltungen auch improvisieren, um mit ihrem*

Lehrtempo und den zu vermittelnden Inhalten auf die Studierenden adäquat reagieren zu können. Oder bei der intellektuellen Art der Verspieltheit, bei der man die Komplexität lieber mag als Einfachheit, Probleme gerne aus verschiedenen Blickwinkeln betrachtet und neue Analysemethoden ausprobiert.

Es steht allerdings außer Frage, dass gerade in diesem Bereich zunächst einige Vorurteile aus dem Weg geräumt werden müssen.

Wenn ich beispielsweise das Startmodul der Coachingausbildung unterrichte, welches den wenig akademischen Titel trägt »Mit Leichtigkeit innere Ordnung schaffen«, dann äußern besonders Teilnehmer mit akademischen Abschlüssen immer wieder ihre Vorbehalte und Zweifel gegenüber der von mir empfohlenen Leichtigkeit als Wirksamkeitskriterium in Coachingprozessen. Manche meinen, dass eine solche innere Haltung unmöglich sei angesichts der Schwere des Lebens (Abb. 1-4). Einige glauben, ihnen fehle die Legitimation, auch als Erwachsene noch heiter, leicht und verspielt sein zu dürfen. Eine Teilnehmerin fragte mich sogar einmal beinahe verzweifelt, ob sie den Kurs denn weiter besuchen dürfe, wenn sie diese wohl magische Eigenschaft bei sich nicht entdecken könne. Meine Erfahrungen decken sich also mit den Studienergebnissen von Professor Proyer, der in dem Interview mit der *Deutschen Universitätszeitung* genau auf diese Problematik eingeht: »Eine weit verbreitete Meinung, auch unter Wissenschaftlern, ist: Die Verspielten seien albern, kindisch, unrealistisch und unzuverlässig.« Proyers Forschungsergebnisse bestätigen aber das Gegenteil:

Intellektuell verspielten Menschen geht es überhaupt nicht ums Rumalbern, sondern darum, andere und neue Sichtweisen zuzulassen und vielfältige Lösungen zu finden. Verspielte scheinen sogar über eine höhere kognitive Flexibilität zu verfügen, die es ihnen ermöglicht, sich leichter auf unterschiedliche Themen einzulassen. Ihre Vorliebe für Komplexität und komplexe Fragestellungen ist gerade in der Wissenschaft von Vorteil. Das heißt aber nicht, dass alle Wissenschaftler verspielt sein müssen, um ihren Beruf gut ausfüllen zu können (Proyer 2017).

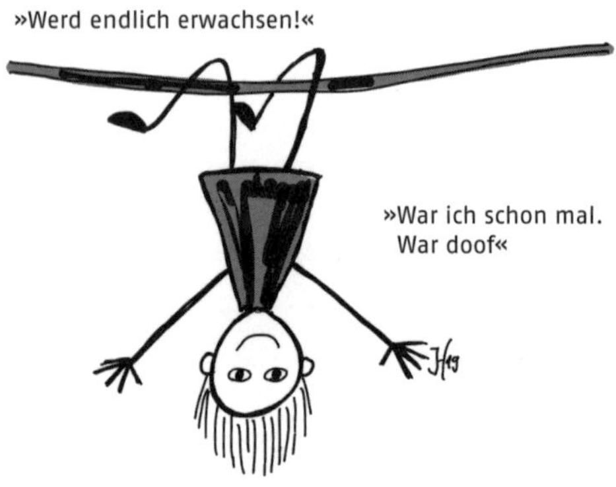

Abb. 1-4 Verspieltheit

Liebevoller Humor fördert Selbstheilkräfte

Seit Langem schon ist bekannt, dass Lachen nicht nur eine positive Wirkung auf unsere Stimmung hat, sondern auch auf unseren Körper, insbesondere auf das Immunsystem. Lachen kann nachweislich sogar chronische Schmerzen reduzieren. Humor ist ein kraftvolles Mittel, das jedem Menschen kostenlos zur Verfügung steht und eine wichtige Wirkung hat: ein Gefühl heiterer Leichtigkeit! Körpereigene Endorphine stimulieren beim Lächeln das Immunsystem und verändern so auch die innere Wahrnehmung. Humorvolle Interventionen, wie sie besonders in der modernen Hypnotherapie gebräuchlich sind, entfalten im Rahmen einer empathischen und würdigenden Haltung eine nachhaltig suggestive Wirkung. Sie stärken und aktivieren Ressourcen und schaffen Distanz zum Problemverhalten, so schreibt Dr. Peter Hain, Past-Präsident der Gesellschaft für Hypnose Schweiz (GHYPS). Der Psychotherapeut und Autor nutzt Humor, um systemische Muster, Wertungen und selbsthypnotische Induktionen zielgerichtet positiv zu verändern (Hain 2012):

> *Bei der Arbeit mit inneren Bildern, Metaphern und gemeinsam entwickelten Lösungsgeschichten kann gerade dieser liebevolle Humor die innere Beweglichkeit fördern, einen genussvolleren Zugang zu alten und neuen Ressourcen bieten und helfen, den als problematisch erlebten Kontext umzudeuten.*

Der Mitbegründer des hypnosystemischen Ansatzes und Leiter der Hypnosystemischen Tagungen in der Schweiz bestätigt durch seine jahrzehntelange Erfahrung mit dem Einsatz von Humor in psychotherapeutischen Prozessen, dass genau auf diese Weise Veränderungen und körpereigene Selbstheilungskräfte mühelos und mit mehr Leichtigkeit aktiviert werden können.

Mit Humor Probleme aus einer anderen Perspektive betrachten

Mit einem gut entwickelten Humor bekommen wir außerdem die nötige Distanz, um Probleme aus einer übergeordneten Perspektive anzuschauen. Der Schweizer Satiriker

Andreas Thiel definiert Humor sogar als wichtigsten Teil unseres Intellekts (Thiel 2015):

> *Der Humor ist jener Teil unseres Intellekts, der es uns erlaubt, Dinge von einer anderen Seite zu betrachten. Der Humor befähigt unseren Intellekt dazu, den Standort zu wechseln. Der Humor ist somit der wichtigste Bestandteil unserer Auffassungsgabe.*

Es ist also äußerst sinnvoll, mit Achtsamkeit einen liebevollen Humor zu entwickeln. Der Psychotherapeut und Autor Michael Metzner schreibt über die Wirkung eines achtsamen Humors: »Achtsamkeit und Humor, nur diese beiden Eigenschaften garantieren stabiles Glück und inneren Frieden.« Und weiter: »Ein Mangel an Achtsamkeit zeigt sich im Verlust von Lebendigkeit, das Fehlen von Humor in einer gewissen Verbissenheit und Engstirnigkeit oder auch Arroganz.« So erklärt Metzner die Zusammenhänge von Humor, Glück, Lebendigkeit und einem starken Immunsystem des Geistes (Metzner 2013).

1.3 Perspektiven mit Leichtigkeit erweitern

Aus der Regieposition auf das Drama schauen

Vor einigen Jahren habe ich einen erfolgreichen Unternehmer gecoacht, den man als großen Visionär und echten Kämpfer beschreiben könnte. Er hatte nun plötzlich Streit mit seinem wichtigsten Geschäftspartner bekommen. Der Konflikt eskalierte, so dass der Unternehmer und sein Partner Anwälte hinzuzogen, die fortan die Kommunikation zwischen den beiden übernahmen. Sie bekämpften sich nun regelrecht aufgrund einer Situation, die man als grobes Missverständnis auslegen könnte. Ich bat meinen Klienten, stellvertretend für sich selbst, alle weiteren beteiligten

Personen, die Firma und seinen Geschäftspartner beschriftete Papiere vor sich auf den Boden auszulegen und sie so anzuordnen, wie sich der Konflikt untereinander für ihn darstellte. In meiner Praxis habe ich für diese besondere Arbeit des hypnosystemischen Stellens mit Bodenankern sogar einen besonderen Raum reserviert.

Seine Aufstellung dieser Personen und der Firma zeigte deutlich, wie angespannt und kämpferisch die Auseinandersetzung geworden war. Ich bat meinen Klienten, sich im nächsten Schritt in einen etwas erhabenen Regiestuhl zu setzen und von oben mit einer guten Distanz auf das »Theaterstück« herunterzuschauen. Ihm wurde aus dieser erweiterten Perspektive recht schnell Entscheidendes bewusst und er sagte: »Jetzt wird mir einiges klar. Wir führen ja Krieg gegeneinander, statt uns beide wie ein Pferdegespann mit unserer Kraft für die Firma einzusetzen.« Seine wichtigste Erkenntnis aus dieser erweiterten Perspektive war es, nicht weiter gegeneinander zu kämpfen, sondern die Energie lieber zu transformieren und wieder der Firma zugute kommen zu lassen. Statt gegen etwas wolle er sich nun lieber für etwas einsetzen und er war etwas später auch bereit, ein klärendes, wertschätzendes Gespräch mit seinem Geschäftspartner zu führen. Der Perspektivenwechsel aus der erstarrten Sicht und Rolle des Kämpfers hin zum Regisseur, der von oben auf das Drama schaut und auch noch selbst aktiv Regieanweisungen geben darf, ermöglichte es ihm, mit Leichtigkeit neue Lösungen zu finden.

Gleiches Problem, völlig andere Sichtweise

Es gibt viele unterschiedliche Perspektiven und individuelle Sichtweisen, bezogen auf Politik, Religion, gesellschaftliche Verhältnisse sowie die Einstellung, die man zu sich selbst und zum Leben hat. Der Blickpunkt, von dem aus wir auf die verschiedenen Aspekte der Realität schauen, bestimmt, wie wir die Dinge bewerten, Fakten gewichten, Situationen interpretieren und welche Schlussfolgerungen wir ziehen. Ob wir uns angesichts der Lebensumstände schwer fühlen oder in die sprichwörtliche Leichtigkeit des Seins gelangen, hängt nicht zwangsläufig von der Realität an sich ab, sondern entspringt vor allem der Perspektive, aus der wir auf diese verschiedenen Aspekte des Lebens blicken. Das Ende einer Beziehung beispielsweise kann aus verschiedenen Sichtweisen unterschiedlich bewertet werden. Der eine erlebt sich aus seiner Perspektive vielleicht als Opfer, und der Partner wird entsprechend in der Rolle des Täters gesehen, der scheinbar alles zerstört hat. Ein anderer erlebt eine Trennung vielleicht in tiefer Trauer, aber wiederum auch als Chance, wieder neu anzufangen und sich deshalb verabschieden zu müssen von jemandem, mit dem er einfach zu wenig Gemeinsamkeiten und zu viele Konflikte hatte.

Wenn Klienten aufgrund von Trennungsproblematiken zu mir in die Praxis kommen, dann erlebe ich diese Menschen in einer sehr eingeengten Sichtweise, die sich oftmals verstärkt auf den Verlust, Vorwürfe oder Selbstvorwürfe, Schuld, eigenes Versagen oder Ängste fokussiert. Die typische Opferhaltung, mit der viele eine solche Trennung zu verarbeiten suchen, ist eine eher unvorteilhafte Perspektive, da sie außer Schuldzuschreibungen und negativen Gefühlen keine Lösungssicht ermöglicht. Auch bei vielen anderen Themen erlebe ich meine Klienten häufig in einer angstmachenden Einengung der eigenen Perspektive, die sie verstärkt in einen passiven, ohnmächtigen Zustand versetzt. Mit einer erweiterten Perspektive auf die entsprechende Situation könnte die gleiche Person zu einer differenzierten Bewertung gelangen, so dass sie beispielsweise die Trauer um einen schweren Verlust annimmt, eigene Fehler erkennt und die positiven Aspekte, die manch schwierige Veränderung mitbringt, wahrnimmt. Diese differenziertere, erweiterte Perspektive ermöglicht einen größeren Handlungsspielraum. Eine höhere Selbstwirksamkeit und die Anbindung an eigene Ressourcen ist wieder möglich. Mit der erweiterten Perspektive ist man grundsätzlich besser in der Lage, Trauer und Ängste zu überwinden, sich selbst zu reflektieren und Lösungen auf neuen Ebenen zu finden.

Unsere »geistige Brille« bestimmt unsere Wahrnehmung

Alles hängt quasi von unserer »geistigen Brille« ab, mit der wir auf die Welt schauen. Wie wir uns fühlen, was wir sehen, in Gesprächen heraushören oder erleben, hängt immer von der jeweiligen Perspektive ab. So, wie wir die Welt erleben, aber auch unsere Verdrängungsmechanismen, das, was wir nicht wahrhaben wollen, alles wird von der jeweiligen Sicht auf uns selbst, das entsprechende Ereignis und das Leben im Allgemeinen bestimmt. Es ist unmöglich, unserem Gegenüber ein Ereignis zu beschreiben und eine gleiche Schlussfolgerung oder Bewertung zu bekommen, wenn dessen Perspektive völlig anders ist. Es ist also in vielen Situationen erforderlich, dem Gegenüber zunächst zu ermöglichen, die gleiche Sichtweise einzunehmen und aus der gleichen Perspektive das Ereignis wahrzunehmen. Dabei ist es ebenso wichtig zu erkennen, ob das Gegenüber überhaupt geistig, emotional oder intellektuell in der Lage ist, den Perspektivenwechsel zu vollziehen, also sich in die Position eines anderen hineinzuversetzen.

Auch die Schlussfolgerungen, die wir aus dem ziehen, was wir erleben oder wissen, hängen von der jeweils eingenommenen Perspektive ab. Es gibt natürlich nicht nur die Ebene der persönlichen Perspektive, sondern auch unterschiedliche geografische, historische, politische, soziale und wissenschaftliche Perspektiven. Rainer Mausfeld, emeritierter Professor für Allgemeine Psychologie der Universität Kiel, beschreibt unsere persönliche Perspektive als eine »geistige Brille« (Mausfeld 2019). Unser Blick auf die Welt hinge genau von dieser »geistigen Brille« ab, durch die wir auf die Welt schauen, also von unseren eigenen Erfahrungen, aber auch von Indoktrinationen durch Gesellschaftssystem, Schule und Kirche, von unseren Normen und unseren Vorurteilen, von unseren Ängsten und Sorgen, von den Weltbildern und Vorurteilen der Gruppen, denen wir uns zugehörig fühlten, und von dem Bild, das wir von uns selbst und von unserer Rolle in der Welt hätten. In den folgenden Abschnitten werden wir alle diese Aspekte genauer beleuchten, die unsere persönliche geistige Brille formen.

Sich in die Perspektive des anderen einfühlen

Wenn Paare mit Beziehungsproblemen zu mir in die Praxis kommen, dann gebe ich ihnen meistens zunächst Gelegenheit, sich einmal völlig in die Position des anderen hineinzuversetzen, und dies eben nicht nur rein kognitiv, sondern auch emotional. Durch Coaching-Techniken, die ausschließlich die Möglichkeiten des kognitiven Verstandes nutzen, würde das niemals so intensiv und nachhaltig funktionieren. Aber mit hypnosystemischen Techniken ist es möglich, mit diesem viel größeren Informationspool zu arbeiten, diesen Rollenwechsel also inklusive aller geistigen Brillen, Einstellungen, Gefühle, Muster und Erfahrungen zu aktivieren, indem man gleichzeitig das geniale Unterbewusstsein einbezieht. So können sich beide ganzheitlich in die Perspektive des jeweiligen Gegenübers einfühlen.

Es gibt aber bei zwischenmenschlichen Konflikten nicht nur diese zwei gegensätzliche Standpunkte, sondern darü-

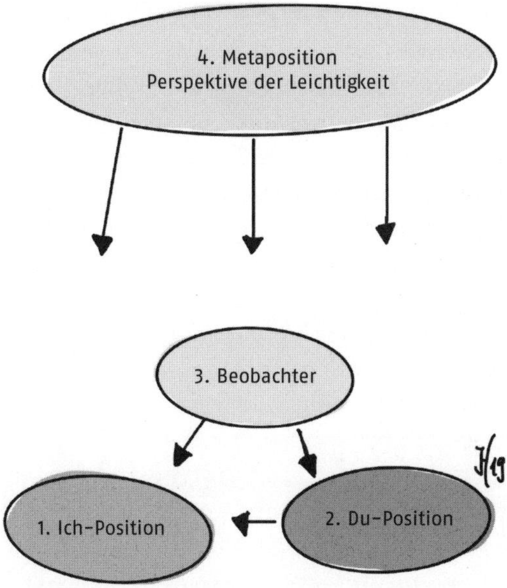

Abb. 1-5 Vier Wahrnehmungspositionen

ber hinaus verschiedene erweiterte Wahrnehmungspositionen, die bei der Bewältigung sämtlicher Verständigungsschwierigkeiten sehr nützlich sein können.

Die vier Wahrnehmungspositionen einnehmen

In der Psychologie spricht man auch von der sogenannten Beobachtungsperspektiven, um Interaktionen aus unterschiedlichen Sichtweisen zu verfolgen. Dabei unterscheidet das NLP beispielsweise vier verschiedene Wahrnehmungspositionen: In der *ersten Position* identifiziert sich der Handelnde völlig mit dem eigenen Wahrnehmen und Verhalten, ist also mit diesem assoziiert. In der *zweiten Position* identifiziert er sich mit dem Interaktionspartner, d. h., er nimmt die Interaktion aus dessen Blickwinkel wahr. Diese Position ist nötig, um sich in das Gegenüber einfühlen zu können. Die *dritte Position* ist die eines Beobachters, der die Interaktion zwischen der ersten und der zweiten Position verfolgen kann. Die *vierte Position* ist die eines Metabeobachters: Für ihn ist zu erkennen, ob der Beobachter in der dritten Position eher neutral oder parteiisch ist (Abb. 1-5; Trageser & Münchhausen 2000).

Viele Klienten beschreiben das Einnehmen der erweiterten Metaposition als besonders hilfreich und sinnvoll, wenn gleichzeitig Leichtigkeit, Humor und eine grundsätzlich wertschätzende und würdigende Haltung aktiviert wird. Sie beschreiben häufig aus dieser heiteren und leichten Metaposition neue Lösungsideen, sind wieder kreativer, zeigen weniger Widerstand gegen Veränderungen und fühlen sich insgesamt deutlich wohler. Sie sind sprichwörtlich in Verbindung mit dem Ozean der Möglichkeiten, obwohl sie sich gleichzeitig ganz realistisch auf der kleinen Insel des begrenzten Verstandes wahrnehmen und konkrete Problemlösungen erarbeiten.

Die vier Wahrnehmungspositionen

1. **Ich-Position:** Völlig assoziiert mit dem eigenen Erleben. Die Welt wird wahrgenommen durch die persönliche »geistige Brille«, Glaubenssätze und Wertungsmuster. Das eigene Weltbild wirkt durch das Denken und Handeln hindurch. Keine Unterscheidung zwischen Beschreibung und Bewertung.
2. **Du-Position:** Sich in die Perspektive des Gegenübers versetzen. Identifikation mit einer anderen Person, so dass die Welt mit deren Sinnen und aus ihrer Perspektive heraus wahrgenommen wird. Diese Position bietet die Möglichkeit, das Weltbild und die geistige Brille einer anderen Person nachvollziehen und hinter dem Verhalten des anderen die positive Absicht herausfinden zu können.

3. **Beobachterposition:** Höhere logische Ebene eines externen neutralen Beobachters. Ist rein beschreibend, ohne Bewertungen. Frei von den Weltanschauungen, geistigen Brillen und Glaubenssätzen der Positionen 1 und 2.
4. **Metaposition:** Weiterer Schritt in die Dissoziation zu den Positionen 1 bis 3. Von der Metaposition aus kann beobachtet werden, was in Position 1, 2 und 3 wahrgenommen wird. Erweiterte Perspektive der Leichtigkeit.

Gezieltes Umschalten der Wahrnehmungsebenen trainieren

Da wir nun bereits wissen, dass jede Wahrnehmungsposition je nach Anforderung sinnvoll sein kann, ist es als Nächstes bedeutsam zu erkennen, in welcher Situation welche Wahrnehmungsposition am sinnvollsten wäre. Nochmals ist es mir an dieser Stelle wichtig zu betonen, dass es kein Urteil zu fällen gibt über die Richtigkeit beziehungsweise Falschheit einer bestimmten Wahrnehmungsposition. Einzig und allein die Frage, welche geistige Brille oder Wahrnehmungsposition wir wann benötigen und am besten nutzen können, ist entscheidend.

Logischerweise bieten sich die erweiterten Positionen Beobachter- und Metaebene immer dann an, wenn es darum geht, Probleme zu lösen. Auch allgemein zur Bildung von Wissen und vor allem, um uns eine eigene Meinung zu bilden, sind diese neutralen Wahrnehmungspositionen von großer Bedeutung. Denn nur wenn wir über verschiedene Informationen aus unterschiedlichen Perspektiven verfügen, können wir uns auf möglichst neutraler Basis ein differenziertes Bild über einen Sachverhalt machen. Erst nach Sammlung dieser vielschichtigen Informationen und weiteren Verarbeitungsprozessen durch Nachdenken, Vergleichen und Abwägen sind wir überhaupt in der Lage, uns eine echte eigene Meinung bilden zu können. Um wirklich frei im Denken zu werden, müssen wir außerdem zunächst lernen, alle Anteile, die zu unserer anerzogenen, gesellschaftlich-politisch indoktrinierten geistigen Brille und zu unseren Konditionierungen im Unterbewussten gehören, herauszufiltern. Genauso können wir trainieren, in herausfordernden Situationen aus den eingeschränkten Wahrnehmungsebenen wie auf Knopfdruck auszusteigen. Es hat rein gar nichts mit Magie zu tun, zielgerichtet in einen Zustand der Leichtigkeit umschalten zu können und somit gleichzeitig eine erhöhte Präsenz und Handlungsfähigkeit zu aktivieren. Bevor Sie allerdings diese Techniken erlernen können, bedarf es einiger mentaler Vorbereitungen und wichtiger Informationen, die Ihnen in Kapitel 2, 3 und 4 vermittelt werden.

Technik wird als Magie bezeichnet, bevor sie verstanden wird

Der Philosoph Tommaso Campanella (1568–1639) definierte Magie folgendermaßen:

> *Alles, was die Wissenschaftler in Nachahmung der Natur oder, um ihr zu helfen, mit Hilfe einer unbekannten Kunst vollbringen, wird Magie genannt. Denn Technologie wird immer als Magie bezeichnet, bevor sie verstanden wird, und nach einer gewissen Zeit entwickelt sie sich zu einer normalen Wissenschaft (Campanella zitiert in Capra 2012).*

Auch der Physiker und Schriftsteller Artur C. Clarke war überzeugt davon, dass »Der einzige Weg, die Grenzen des Möglichen zu finden, ist, ein klein wenig über diese hinaus in das Unmögliche vorzustoßen«. Also geht es wieder darum, die Grenzen des Denkens zu erweitern und ganz neue Perspektiven zu eröffnen. Clarke stellte eine axiomatische Vorhersage auf, nämlich: »Jede hinreichend fortschrittliche Technologie ist von Magie nicht zu unterscheiden« (Clarke zitiert in Weber 2008). Für eine technologisch weniger entwickelt Art müsse ergo eine höher entwickelte Technologie immer wie »Magie« – also etwas unerklärlich, scheinbar übernatürlich Mächtiges – wirken. Beispielsweise wird eine Glasscheibe auf einen Eingeborenen, der abgeschieden in der Wildnis lebt, wohl wie Magie wirken, da er aufgrund mangelnden technischen Wissens keine andere Erklärung für das unsichtbare »Kraftfeld« haben kann.

Wie schnell etwas aus einer wissenschaftlich eingeschränkten Perspektive als Magie interpretiert wird, also bestimmten Personen und an sich natürlichen Prozessen übermenschliche Kräfte zugesprochen werden, zeigt die Geschichte der Samoa-Inseln und der dort entstandene »Cargo-Kult«.

Von Göttern, magischen Ritualen und dem Cargo-Kult

Im Zweiten Weltkrieg stationierten die Amerikaner Soldaten auf den abgelegenen Samoa-Inseln und legten dort Militärbasen an. Die lebensnotwendigen Versorgungsgüter wurden per Flugzeug einfach an Fallschirmen hängend über den Inseln abgeworfen. Auch die Ureinwohner wurden durch diese Frachtabwürfe aus der Luft mitversorgt. Als der Krieg vorbei war, wurden die Soldaten abgezogen, die Flughäfen geschlossen, und die beliebte Frachtflut versiegte mit einem Schlag. Die Ureinwohner, die natürlich kein technisches Verständnis von Luftfahrt hatten, sahen die Soldaten und Piloten als Götter mit magischen Kräften, die Nahrung vom Himmel regnen lassen können. Sie begannen, rituell deren Verhalten zu kopieren, in der Hoffnung, der »Cargo-Segen« würde wieder zu regnen beginnen. Die Kultausübenden bauten somit Flugzeuge aus Holz, Bambus und Stroh, trugen geschnitzte Kopfhörer aus Holz, setzten Signalfeuer mit Fackeln und unternahmen vieles mehr (Steinbauer 1971). Die Unfähigkeit, die fortgeschrittene Technik zu verstehen, beruht auf dem eingeschränkten Weltbild dieser von der Technologieentwicklung abgeschiedenen Inselbewohner. Die Bezeichnung »Cargo-Kult« steht heute in der Wissenschaft für das Nachahmen von Verhalten oder Mustern, ohne den dahinterliegende Sinn zu verstehen.

»Magische Hypnose« neuropsychologisch erklärt

Ähnlich ergeht es beispielsweise auch vielen Menschen, die ohne Hintergrundwissen mit der Hypnose konfrontiert werden. Hypnotische Phänomene beruhen vor allem auf veränderten Bewusstseinszuständen und sind neuropsychologisch und wissenschaftlich mittlerweile gut erforscht. Sie haben so wenig mit Magie zu tun wie die Schwerkraft, die Aerodynamik oder andere natürliche Phänomene. In der modernen Hypnotherapie erwecken manche Techniken, beispielsweise die hypnosystemischen Aufstellungen, bei denen Klienten mit bestimmten inneren Anteilen in Resonanz gehen und ein erweitertes Spektrum an Informationen wahrnehmen können, immer noch den Anschein einer Art von »Magie«. Aber diese Phänomene sind den bislang allgemein anerkannten wissenschaftlichen Theorien zeitlich voraus und mit einem erweiterten Weltbild besser erklärbar als mit einer nur auf die Materie begrenzten Sichtweise.

Der bekannte Biologe und Autor Rupert Sheldrake hat zu Beginn der 1980er Jahre die Hypothese der »morphischen Felder« formuliert, welche die erstaunlichen Phänomene, die auch im hypnosystemischen Coaching bei der Arbeit mit Bodenankern zu Tage treten, wissenschaftlich erklären kann. Allerdings gelingt diese Erklärung nur aus einer erweiterten Perspektive heraus. Auf seiner Website schreibt Sheldrake:

> *Morphische Felder sind, genauso wie die bereits anerkannten Felder der Physik, Einflussgebiete in der Raum-Zeit, innerhalb der und um die Systeme herum angesiedelt, die sie organisieren. […] Beim Menschen kann diese Art des kollektiven Gedächtnisses durchaus eng mit dem verwandt sein, was der Psychologe C. G. Jung das »kollektive Unbewusste« genannt hat.*

Es handelt sich also bei diesen Techniken um völlig natürliche, aber bisher noch nicht vollständig erforschte und anerkannte Natur- und Geistesphänomene, die mit Resonanz, dem kollektiven Unbewussten und Informationsfeldern zusammenhängen, deren tiefere Erforschung Gegenstand zukünftiger Wissenschaft sein wird.

Über Bühnenhypnose und andere Zirkusphänomene

Bühnenhypnotiseure nutzten zu allen Zeiten die Unkenntnis und den Aberglauben ihres Publikums, um natürliche Trancephänomene und daraus resultierende Wirkungen als angebliche Magie zu verkaufen. Je überzeugter der selbsternannte »Magier« dabei von seinen eigenen angeblich magischen Fähigkeiten ist, umso überzeugender und charismatischer tritt er vor seinem Publikum auf. Gleichzeitig aktiviert er bei seinem Gegenüber die entsprechende Suggestivwirkung, so dass ein in Hypnose erteilte Auftrag mit einer bestimmten Wahrscheinlichkeit vom Hypnotisanden erfüllt wird. Der Effekt der mentalen Fokussierung eines Menschen auf ein bestimmtes Ereignis oder Ergebnis beruht somit nicht auf Magie, sondern allein auf neuropsychologisch zu erklärenden Phänomenen.

Wir müssen unser eingeschränktes »normales« Weltbild verlassen, um die Naturgesetze, auf deren Basis die scheinbare Magie wirkt, wirklich begreifen zu können. Nach dem *Etymologischen Wörterbuch des Deutschen* lautet die Definition von Naturgesetz: »universelle, nicht vom Menschen geschaffene, bindende und unveränderliche Bedingungen, die die Konsequenzen des Verhaltens bestimmen« (Pfeifer et al. 1999). Doch Naturgesetze sind nicht nur in dem Spektrum gültig, welches durch unsere fünf Sinne wahrnehmbar ist (visuelles, akustische, olfaktorisches, gustatorisches und kinästhetisches Spektrum unserer Wahrnehmungsorgane), denn die menschliche Sinneswahrnehmung ist lediglich auf einen kleinen Ausschnitt der Realität beschränkt. Es gehören vor allem auch die universellen geistigen und feinstofflichen Naturgesetze, die nicht direkt über unsere Augen und Ohren erfahrbar sind, dazu. Erst durch die Erweiterung unserer materialistisch geprägten und sehr eingeschränkten Sichtweise auf die Welt um den teils noch unerforschten Bereich der mentalen, geistigen Aspekte werden bislang als magisch bezeichnete Phänomene auf einer höheren Bewusstseinsebene verstehbar.

Diesen bewusstseinserweiternden Schritt wagen wir gemeinsam erst in Kapitel 3, wenn Sie ausreichend Hintergrundwissen haben, um die Bewusstseinsebene der Leichtigkeit zu betreten. In Kapitel 4 wird noch näher auf den erweiterten Bewusstseinsmodus eingegangen, so dass Sie sich mit dem Ozean der Möglichkeiten verbinden können und Ihre wahre persönliche Wachstumszone erfahren.

1.4 Wissenschaft sorgt für mehr Leichtigkeit

Dem Spinnenfluch durch Wissenschaft begegnen
Eine Musik-Studentin kam zu mir in die Praxis, offiziell wegen einer starken Spinnenphobie. Die 26-Jährige erklärte mir, dass sehr häufig Spinnen direkt an der Wand über ihrem Bett sitzen würden, meistens sogar an exakt derselben Stelle. Zumindest würden die unliebsamen Krabbeltiere immer über ihrer Seite des Bettes sitzen, nie über der Seite ihres Freundes. Das würde sie mittlerweile so ängstigen, dass sie sogar schon an einen Fluch, der auf ihr laste, gedacht hätte.
Die gebildete Frau, die solchen abergläubischen Theorien gegenüber eigentlich eine gesunde Skepsis zeigte, hatte sich nun vor einigen Wochen von einer Freundin überreden lassen, ein Medium zu besuchen, um der Sache mit den Spinnen auf den Grund zu gehen. Bei diesem Treffen wurde ihr dann flugs bestätigt, dass es sich bei dem Ganzen tatsächlich um einen bösen Fluch, ja sogar um schwarze Magie handele. Meine Klientin hatte seit dieser Offenbarung des selbsternannten Wahrsagers immer ein dickes Buch neben dem Bett liegen, das sie notfalls in hohem Bogen nach den Tierchen werfen konnte. Ihre Angst war seit dem fatalen Urteil des Mediums natürlich noch verstärkt worden, so dass sie mittlerweile fast schon einen Verfolgungswahn entwickelte.
Sie fragte mich, ob ich an so etwas wie einen Fluch glaube. Ich antwortete ihr, dass ich ungern nur glauben, sondern lieber nach einer naturwissenschaftlichen Erklärung für die merkwürdigen Spinnenbesuche suchen würde. Sie stimmte mir zu, noch einmal gemeinsam detailliert zu analysieren, wie ihr Zubettgehritual genau aussehen würde. Und so erklärte sie mir, dass sie immer bei leicht geöffnetem Fenster schlafe und abends immer noch lange lese. Ihr Freund würde lieber mit Kopfhörern Musik zur Entspannung hören, so dass es auf der anderen Bettseite also dunkel sei, auf ihrer aber die Nachttischlampe leuchte. Diese warf einen besonders hellen Lichtkegel an die Stelle der Wand, an der häufig die Spinnen saßen. Da Spinnen ihrer Beute folgen und kleine Fluginsekten vom Licht angezogen werden, war nun klar, warum

ausgerechnet an dieser Stelle der vermeintliche Spinnenfluch zu Tage trat.
Die Klientin war nach unserer gemeinsamen Analyse der Fakten sichtlich erleichtert über diese logische Erklärung und konnte in den kommenden Wochen, in denen sie einfach das Licht im Flur länger brennen ließ und eine gedimmte Lichtquelle bei sich am Bett zum Lesen verwendete, tatsächlich keine Spinnenbesuche mehr über ihrer Bettseite verzeichnen. Eine Erweiterung der Wahrnehmungsperspektive in den wissenschaftsbasierten Bereich hinein ist also insbesondere in solchen Situationen hilfreich, die wir ansonsten mit einem veralteten Denkschema erklären würden. Meine Patientin konnte durch die logische Aufklärung des Phänomens wieder in einen Zustand von Leichtigkeit gelangen, und ihre Spinnenphobie, die ja durch die emotionsgeladene Bezeichnung »Fluch« völlige überbewertet worden war, ließ auch ganz von selbst wieder nach.

Warum falsche Glaubenssätze unsere Leichtigkeit zerstören

Um das Bild vom Anfang dieses Kapitels wieder aufzugreifen: Ein großer Sprung mit viel Leichtigkeit kann nur von einem festen Boden aus gelingen. Haben Sie schon einmal versucht, von einem sandigen oder nachgiebigen Boden in die Luft zu springen? Diese Analogie können Sie auf Ihr Denken übertragen. Unser Mindset – also unser persönliches Denksystem inklusive unserer geistigen Brille – besteht teils aus Erfahrungen, aus biografischem Wissen, gelernten Fakten und teils aus Glaubenssätzen, die wir uns im Leben angeeignet haben oder die uns eingeredet wurden. Glaubenssätze werden normalerweise nicht überprüft und können deshalb, auch wenn sie falsch sind, lebenslang unser Denken und unsere Entscheidungen beeinflussen. Wir übernehmen sie oft in jungen Jahren von unseren Eltern, älteren Geschwistern oder Lehrern, und so werden sie ungeprüft zu den Grundpfeilern unseres Denkens.

Manche inneren Überzeugungen von uns selbst sind so negativ und falsch, dass ein Scheitern quasi vorprogrammiert ist. In den letzten Jahren habe ich zum Beispiel mehrere Klienten betreut, die in der Grundschule von ihren Lehrern Sätze gehört haben wie: »Du bist dumm« oder »Du wirst versagen«. Solche Aussagen, noch ausgesprochen in einer Situation, in der der Schüler möglicherweise unter Druck steht und somit leichter beeinflussbar ist, kann sich zu einem fatalen Glaubenssatz entwickeln, schlimmstenfalls zu einer sich selbstfüllenden Prophezeiung, wie mir meine Klienten bestätigt haben.

Kaum einer dieser Glaubenssätze wurde je auf seine Richtigkeit geprüft, viele wirklich fatal falsche Glaubenssätze werden nicht einmal angezweifelt. Da diese Glaubenssätze oftmals also auf gefährlichem Treibsand gebaut sind, verderben sie uns unsere Leichtigkeit und die großen Sprünge und Entwicklungschancen im Leben.

Die magische Anziehungskraft von Problemen

Menschen geraten im Laufe ihres Lebens immer wieder einmal in Situationen und Konflikte, in denen sie ihren tiefsten, teils archaischen Ängsten ausgesetzt werden. Es gibt immer wieder Momente, in denen man herbe Verluste ertragen muss oder an sich selbst und den eigenen Fähigkeiten zweifelt. Beziehungsprobleme, Arbeitsplatzverlust, Rechtsstreitigkeiten, Ärger oder eine Trennung – diese Situationen stellen uns auf eine harte Probe. Und trotzdem haben wir immer die freie Wahl, wie wir das entsprechende Ereignis werten und interpretieren. Wir sind frei in der Wahl der Perspektive, von der aus wir das Erleben auf der kleinen Insel der Probleme wahrnehmen.

Wenn wir in einer Krise stecken, passiert meistens Folgendes: Die Wahrnehmung wird verengt, und wir schauen wie durch Scheuklappen. Das heißt, wir fokussieren uns in der Regel komplett auf das Problem und fixieren uns auch emotional immer stärker darauf. Wir sind von dem Geschehen so hypnotisiert und überwältigt, dass die gebündelte Aufmerksamkeit nur noch dem Problem gilt, vielleicht dem Schmerz oder der Angst, der Unsicherheit, dem Selbstzweifel, dem Verlust oder was auch immer das Thema emotional auslöst. In der modernen Hypnotherapie spricht man auch von einer sogenannten »Problemtrance«. Man könnte es sogar so ausdrücken, dass sich der Betreffende selbstständig erfolgreich unter Hypnose setzt, allerdings mit dem fragwürdigen Ziel, sich komplett nur noch auf das Problem zu konzentrieren und alles andere, Ressourcen und Lösungsmöglichkeiten, auszublenden. Um sein Problem allerdings lösen zu können, müsste er sich nur wieder in eine erweiterte Perspektive versetzen, also von der sogenannten Problemtrance in eine Lösungstrance wechseln, was eben nur durch die Erweiterung der eigenen Sichtweise möglich ist.

Die Negativitätsverzerrung überwinden

Übrigens ist die Tendenz, zu grübeln und uns gedanklich immer wieder mit unserem Ärger, Kummer und unseren Befürchtungen auseinanderzusetzen, ganz natürlich. Negative Erfahrungen werden tendenziell besser abgespeichert als positive. Neurowissenschaftler nennen das den »Negativitätsbias« oder die »Negativitätsverzerrung« des Gehirns. Der amerikanische Neuropsychologe Rick Hanson schreibt in seinem Buch *Selbstgesteuerte Neuroplastizität*: »Dieser Hang zum Negativen hat sich über viele Millionen Jahre der Evolution entwickelt und war eine gut gemeinte Unterstützung von Mutter Natur, damit unsere Vorfahren überleben konnten« (Hanson 2014). Aber genau dieses Prinzip führe heute zu überflüssigem Stress, unnötigen Sorgen, Schmerzen und Leiden und vielen vermeidbaren Konflikten mit anderen Menschen. Unser Gehirn ist also ausgezeichnet angepasst an ein Leben in ständiger Lebensgefahr durch potenzielle Angriffe von Säbelzahntigern. Aber leider gibt es keine biologisch eingebauten Programme zur Bewältigung moderner Anforderungen einer Zivilisationsgesellschaft, wie Werbeanrufe, Phishing-Mails und anderer elektronischer Gefahren. Der täglich mit dem Auto zu bewältigende Stau, der Termin- und Leistungsdruck – dies sind »Gefahren«, auf die unser Hirn keine angemessene eingebaute Reaktion kennt. Stresshormone, die im Körper den klassischen Flucht- oder Angriffsmodus aktivieren sollen, werden automatisch ausgeschüttet und versetzen uns in dauernde Alarmbereitschaft. Der aufgestaute Stress löst negative Gedanken aus, und diese verstärken die innere Alarmbereitschaft wiederum.

Der Psychologe und Neurowissenschaftler Dr. Rick Hanson fasst es treffend zusammen: »Das Gehirn wirkt wie Klett für negative Erfahrungen und wie Teflon für positive« (Hanson 2014). Die menschliche Tendenz, dem Negativen mehr Aufmerksamkeit zu schenken und das Positive seltener zu sehen, ist für die meisten Menschen der allergrößte Leichtigkeitsstopper. Diese biologisch eingebaute Spaßbremse hat natürlich auch ihren Sinn und zeigt Vorteile in entsprechend gefährlichen Situationen, beispielsweise, wenn Sie alleine im Wald übernachten oder in einem Kriegsgebiet unterwegs sind. In der Entwicklung der Menschheit hat uns diese Negativitätsverzerrung unseres Denkens wohl tatsächlich einen evolutionären Vorteil gebracht. In heutigen Zeiten, außerhalb von Kriegsgebieten und mit einer völlig neuartigen Stressbelastung durch Dauerbeschuss mit Informationen müssen wir diese veraltete Software dringend updaten. Es wäre also äußerst sinnvoll und zudem viel gesünder, den täglichen Stressmomenten mit heiterer Leichtigkeit entgegenzutreten.

Neuroplastizität – die Knetmasse unserer Gedanken formen

Wenn das Gehirn tendenziell für Negatives wie Klett regiert, so ist es aber gleichzeitig bezüglich seiner neuronalen Verschaltung so formbar wie Knetmasse. Forscher staunen darüber, wie stark sich die anatomischen Strukturen durch Erfahrung formen. Lutz Jäncke, Professor für Psychologie an der Universität Zürich, beschreibt die Neuroplastizität des Gehirns folgendermaßen (Jäncke 2013):

> *Neuronale Netzwerke können sich infolge intensiver Lern- und Umwelterfahrungen in großem Umfang reorganisieren. Die Grundlage der Neuroplastizität sind Anpassungsmechanismen, die sich von der molekularen über die zelluläre bis hin zur neuroanatomischen Ebene erstrecken.*

Und er fand heraus, dass sich auffällige anatomische Veränderungen im Gehirn häufig bei Profis, wie Musikern oder Leistungssportlern, zeigen, weil diese über lange Zeit intensiv trainieren. Jede Erfahrung, jeder Gedanke und jedes Gefühl beeinflusst, welche Nervenverbindungen im Gehirn und seiner »Gedanken-Landkarte« verstärkt werden. Dabei können wir selbst entscheiden, welche Gedankenstrukturen wir verstärken möchten, da sie eine vorteilhafte Wirkung mit sich bringen oder uns in gute Gefühlslagen versetzen. Aus einem zarten frisch gedachten neuronalen »Trampelpfad« kann nur durch wiederholtes Aktivieren des Denkmusters oder der zugehörigen neuronalen Vernetzung eine breite »Datenautobahn« werden. Je öfter ein Gedanke oder ein neuronales Netzwerk in gleicher Weise aktiviert wird, desto stärker kann es sich intern »verdrahten« und umso stärker wird dieses neuronale Muster abgespeichert. Und je besser verschaltet und abgespeichert, desto einfacher und schneller wird das Denken entsprechend dieses Musters verlaufen. Wir haben dann durch diesen Prozess der wiederholten Aktivierung eine neue Denkgewohnheit geschaffen, die irgendwann ganz automatisch und unbewusst genutzt wird. Dieser Prozess ist auch als sogenannte »Bahnung« bekannt. Das bedeutet, dass immer wahrscheinlicher dieselben Gedanken und Gefühle entstehen und die eigene subjektive Wahrnehmung bestimmen.

Wir können unser Gehirn also trainieren und unser Mindset selbstwirksam mitgestalten. Dies bedeutet auch, dass es ein gewisses Maß an Training erfordert, neue Gedankenpfade zu erschließen und zu konsolidieren. Doch diese Arbeit wird sich lohnen, denn wie die Studien der Psychologie-Professorin Sonja Lyubomirsky zeigen, ist eine Grundhaltung von optimistischer Fröhlichkeit sowie das Meiden sorgenvoller Grübeleien trainierbar. Ihre Forschung belegt, dass wir zu erstaunlichen 40 Prozent selbst aktiv Einfluss darauf nehmen können, wie wir unsere Gedanken und unser Mindset gestalten (Lyubomirsky 2018).

Leichtigkeitstraining als positives Neuroplastizitätstraining

Bei der Bewusstseinsentwicklung zu mehr Leichtigkeit geht es also darum, positive Emotionen zu kultivieren und diese neuronal zu verankern, um somit ein Gegengewicht zur Negativitätsverzerrung zu schaffen. Insgesamt kann man das Mindset sogar so umgestalten, dass Leichtigkeit, Humor, Optimismus, Verspieltheit und Wachstum entstehen können. Meinen Klienten, die oftmals auch aus technischen Berufen kommen, wie der IT oder dem Ingenieurwesen, erkläre ich meine Arbeit häufig als eine Anleitung zur Selbstprogrammierung von nützlichen und wohltuenden Gedächtnisstrukturen.

Anleitung zur Selbstprogrammierung

Einmal wurde ein Klient von seiner verzweifelten Ehefrau quasi an meiner Praxistür abgeben mit den Worten: »Helfen Sie ihm bitte, er kann nicht reden.« Der völlig eingeschüchterte IT-Berater nahm in meiner Praxis Platz und gab ehrlich zu: »Ich habe keine Ahnung, was meine Frau von mir will, und ich weiß auch nicht, was ich hier bei Ihnen sagen soll.« Ich erklärte ihm zunächst, dass meine Arbeit in etwa so funktionieren würde, wie die eines IT-Beraters, der seinem Kunden zeigt, wie dieser eine neue App aus dem Internet herunterladen könne, um neue Anwendungsmöglichkeiten zu testen. In seinem Fall würde seine Frau erwarten, dass er eine Kommunikations-App nutzen lerne, die sie bereits bei sich installiert habe. Auf seine begeisterte Frage hin, wo man diese neue App denn herunterladen könne, erklärte ich ihm, dass diese mentalen Apps nicht einfach vom Fließband bestellt werden könnten, sondern man sich seine ganz persönliche App selbst programmieren könne. Und ich könnte ihm zeigen, wie man das neuropsychologisch umsetzen könne. Auf Basis dieser Erläuterungen und der Analogie zu seiner beruflichen Tätigkeit konnten wir eine hochwirksame Coaching-Sitzung gestalten, die es ihm ermöglichte, die Beziehungsschwierigkeiten zu verstehen und darüber hinaus sogar eine eigene emotionale Blockade zu entdecken. Mithilfe dieser Metapher aus dem Technikbereich wurde einerseits für Leichtigkeit in der Sitzung gesorgt, andererseits konnten negative Erwartungen und Widerstände gelöst werden.

Durch Kreativität und Vorstellungskraft mentale Grenzen überwinden

Seit Jahrzehnten versuchen Neurowissenschaftler und Psychologen zu verstehen, was genau im Gehirn vor sich geht, wenn wir unserer Vorstellungskraft freien Lauf lassen, und was ihr Grenzen setzt. In einer neuen Studie im *Journal of Personality and Social Psychology* berichtet eine Forschergruppe um Psychologin Meghan Meyer vom Dartmouth College in New Hampshire, dass es Menschen mit kreativen Berufen leichter zu fallen scheint, mentale Barrieren zu überwinden und ungewöhnliche Ideen zu ersinnen. Das lasse sich zum Teil damit erklären, dass sie ihre innere Vorstellungswelt auf die ferne Zukunft, unbekannte Orte oder eine fiktive Wirklichkeit ausdehnen, indem sie auf ein bestimmtes Netzwerk im Gehirn zugreifen: den dorsomedialen Teil des Default-Mode-Netzwerks. Zu diesem Netzwerk gehören mehrere miteinander verbundene Hirnregionen, darunter der mediale präfrontale Cortex, der hintere singuläre Cortex, der Gyrus angularis und der Hippocampus. Einige Studien deuten darauf hin, dass diese Hirnregionen außerdem bei Zukunftsvisionen eine Rolle spielen. Demnach könnten bestimmte Schaltkreise im Default-Mode-Netzwerk dazu beitragen, dass wir aus unseren Erfahrungen schöpfen, wenn wir uns unbekannte Situationen vorstellen (Meyer zitiert nach Sheikh 2019).

Default-Mode-Netzwerk und Perspektivenerweiterung

Bei kreativen Menschen sind bestimmte neuronale Schaltkreise des Default-Mode-Netzwerks beteiligt, sobald sie sich Szenarien fernab von allem Bekannten vorstellen sollen, die sich nicht so einfach aus damit assoziierten Erfahrungen neu zusammensetzen lassen. So stellen sich Romanautoren »die Perspektive einer anderen Person in einer

Umgebung vor, die nicht zu ihrer eigenen unmittelbaren Realität gehört«, erkennt Meghan Meyer. Das dorsomediale Default-Mode-Netzwerk ist offenbar ebenfalls daran beteiligt, wenn wir über Perspektiven nachdenken, die sich deutlich von unserem eigenen Erleben unterscheiden. Deshalb könnte es Menschen auch dazu in die Lage versetzen, sich in andere einzufühlen und zukünftige Perspektiven einzunehmen, folgert der Psychologe Daniel Schacter von der Harvard University (Schacter zitiert nach Sheikh 2019). Die nächste spannende Frage ist nun also, wie sich die Aktivierung des dorsomedialen Default-Mode-Netzwerks trainieren lässt. Auf diese Weise könnten kreative Tätigkeiten und Trainingsprogramme nicht nur helfen, unsere Fantasie anzuregen. Sie würden uns gleichzeitig darin trainieren, die eigene Perspektive zu erweitern, so dass wir eine Haltung von Leichtigkeit einnehmen können und einander besser verstehen.

Der rechte Schläfenlappen und sein kreatives Potenzial

Um unsere Perspektive zu erweitern und kreative Ideen zu entwickeln, müssen wir unsere gewohnten Denkpfade verlassen. Wie das Gehirn dies genau ermöglicht, zeigen die Forschungsarbeiten von Caroline di Bernardi Luft von der Queen Mary University London (Gelitz 2018): Wenn bei Probanden der rechte Schläfenlappen stimuliert wurde, konnten sie mehr kreative Aufgaben lösen. Offenbar spielen dabei Alphawellen eine wichtige Rolle, dies sind Hirnwellen einer Frequenz zwischen 8 und 13 Hertz. Mit der verwendeten Methode, der transkraniellen Wechselstromstimulation, ist es auch anderen Forschern gelungen, psychische Vorgänge anzustoßen, wie etwa luzide Träume.

Die linke vordere Hirnhälfte erzeugt positive Gefühle

Richard Davidson, Professor für Psychologie und Psychiatrie der University of Wisconsin-Madison, führte umfangreiche Fallstudien an täglich meditierenden tibetischen Mönchen durch, um die Zusammenhänge von Meditation und Veränderungen des Gehirns zu erforschen. So wies er beispielsweise 2008 bei tibetischen Mönchen größere Aktivitäten im linken Stirnhirnlappen nach, die gemessenen Gammawellen waren mehr als 30-mal stärker ausgeprägt als bei der Kontrollgruppe. Dadurch fand Davidson heraus, dass die linke vordere Gehirnhälfte für positive Gefühle zuständig ist, während die rechte vordere Gehirnhälfte negative Emotionen entstehen lässt. In weiteren Experimenten mithilfe der bildgebenden Verfahren Magnetresonanztomografie und Positronen-Emissions-Tomografie konnte Davidson diese Ergebnisse bestätigen.

Das eigene Gehirn zu mehr Leichtigkeit formen

Im Gehirn kommunizieren Nervenzellen, sogenannte Neurone, miteinander und bilden dauernd neue Verbindungen. Wenn etwas öfter genutzt beziehungsweise gedacht wird, kann es besser verankert werden. Unser Gehirn wird auf diese Weise ständig auch zufällig geformt, und die meiste Zeit geschieht dieser Prozess völlig unbewusst. Neuroplastizität funktioniere dabei auf verschiedene Arten, erklärt Davidson: Das Gehirn kann neue Verbindungen aufbauen, neue Zellen produzieren und bestehende Verbindungen stärken, um effizienter zu arbeiten (Davidson 2019). Seine Forschungsarbeit in den letzten 30 Jahren zeigen, dass mentale Trainingsprogramme helfen, unser Gehirn auf anpassungsfähigere und vorteilhaftere Weise zu formen, indem wir gesunde Geistesgewohnheiten pflegen und so das Wohlbefinden im eigenen Leben fördern. Je öfter wir also die Haltung von Leichtigkeit trainieren, desto öfter aktiviert das Gehirn eine neue Verschaltung und desto besser organisiert und etabliert es diese im neuronalen Netzwerk (Abb. 1-6).

Davidson und seine Forschergruppe haben sich auch damit beschäftigt, ob Personen, die ängstlich, depressiv oder gestresst sind, willentlich andere Netzwerke im Gehirn aktivieren könnten, die z. B. mit Leichtigkeit oder Glücksgefühlen verbunden sind. Die Forschungsergebnisse belegen, dass ein solches Training positiver Emotionen möglich ist. Darüber hinaus seien auch prosoziale Fähigkeiten wie Empathie, Mitgefühl und Dankbarkeit trainierbar, und ein Mensch könne somit durch die Veränderung seiner inneren Einstellung zu einer freundlicheren, klügeren und mitfühlenderen Person werden (Davidson 2019).

Abb. 1-6 Leichtigkeit selbstgemacht

Positive Stimmung hilft, mit Leichtigkeit zu lernen

Erich Kasten, Professor für Psychologie am Institut für Medizinische Psychologie der Universität Lübeck, erklärt den Zusammenhang zwischen Emotionen und Lernfähigkeit: »Leichter merkt das Gehirn sich alles, was Gefühle auslöst.« Hierbei spielten Verschaltungen zwischen dem Emotionen verarbeitenden limbischen System und den Wissen speichernden Hirnarealen eine wichtige Rolle. Der Mandelkern (Amygdala) bewirke, dass gefährliche Reize besser gespeichert werden, der Nucleus accumbens werde bei freudigen Ereignissen aktiv. In positiver Stimmungslage werde derselbe Stoff also besser gelernt als in negativer (Kasten 2007).

Auch Gerald Hüther, international renommierter Professor für Neurobiologie, hat erkannt, dass das Lernen in guter Stimmung nachhaltiger und das so erworbene Wissen zukünftig kreativer einsetzbar ist. Unter Druck können wir hingegen kaum kreative Problemlösungen erdenken. Stress und Angst schalten unser Hirn in den Überlebensmodus, der kurzfristiges Kämpfen und Flüchten ermöglicht oder aber den »Totstellreflex« aktiviert. Damit ist unsere Denkfähigkeit wesentlich eingeschränkt und das Kreativitätszentrum in unserem Hirn deaktiviert. Im Zustand der Leichtigkeit verlässt das Gehirn den eingeschränkten Überlebensmodus und kann sein kreatives Potenzial und seine volle Leistungsfähigkeit wieder entfalten. Dies ist eine Voraussetzung, um die steigenden Lebensanforderungen im Alltag zu meistern. Im Zustand der Leichtigkeit sind wir mit unserer Tätigkeit eins, erleben geistiges Wohlbefinden und Lebensfreude. Insgesamt fühlen wir uns selbstbewusster, motivierter und leistungsstärker. Leichtigkeit wirkt also besonders in Stresssituationen wie ein natürliches Dopingmittel und ist in unserem beruflichen Alltag eine der besten Ressourcen überhaupt.

Meditation macht das Leben leichter

Meditation schafft im Gehirn die Grundvoraussetzungen für alle Gefühle von Glück und Leichtigkeit. Der international bekannte Neuroforscher Rick Hanson beschreibt eindrücklich, wie regelmäßige Meditationspraxis nicht nur die »Software«, sondern sogar die »Hardware« des Gehirns verändert und dadurch langfristig einen inneren Zustand von Leichtigkeit begünstigt. Mit regelmäßiger Meditationspraxis verbessert sich die Verschaltung im linken Frontallappen, deswegen nehmen auch ganz automatisch Zufriedenheit, Ausgeglichenheit und ein grundlegendes Gefühl von Leichtigkeit im Leben zu. Wir können mithilfe von Meditation also die Veränderungsmöglichkeiten unserer mentalen Landkarte nutzen und uns selbstständig »umprogrammieren«. Jede Stufe der persönlichen Entwicklung beim Meditationstraining erweitert die Wahrnehmung und führt so zu einer immer bewussteren Einstellung dem Leben gegenüber. Wie Sie Meditationsübungen genau einsetzen können, um Ihre Leichtigkeit im Leben zu pflegen, erfahren Sie in Kapitel 4.

Leichtigkeit macht mutiger und schmerzunempfindlicher

Wie wichtig gerade die psychischen Prozesse auch bei der Schmerzverarbeitung sind, zeigen aktuelle Experimente der Forschergruppe um Professor Folkers von der ETH Zürich. Die Forscher ließen ihre Probanden in einem Rollenspiel entweder als Held eine Prinzessin retten oder als Feiglinge durch ein Labyrinth irren. Das Ergebnis: Wer in die Rolle des Helden schlüpfte und mit Leichtigkeit, Mut und weiteren positiven Eigenschaften eines Helden seinen

Ausweg durch das Labyrinth suchte, tolerierte schmerzhaftere Reize. Bei Feiglingen sank die Schmerztoleranz hingegen. Das Gehirn kann also mit entsprechendem Input in eine Art »Heldenmodus« geschaltet werden und so mehr Leiden aushalten. Diejenigen, die im »Heldenmodus« Gefühle von Stärke, Selbstvertrauen und Leichtigkeit aktivierten, waren nicht nur signifikant unempfindlicher gegen die Schmerzreize als die Vergleichsgruppe. Sie lösten darüber hinaus die Aufgaben kreativer und schneller, als Personen, die vorher die »Loser-Geschichte« gehört hatten. Unser Schmerzempfinden sowie unsere psychophysische Belastbarkeit hat also ebenfalls viel mit der inneren Einstellung zu tun, mit der Perspektive, von der aus wir auf unser Leben und alle seine Herausforderungen schauen. Eine innere Einstellung von Leichtigkeit und Selbstwirksamkeit beeinflusst somit direkt unser Erleben, unsere Wahrnehmung sowie unser Verhalten in besonders herausfordernden Situationen. Der Studie von Folkers wurde übrigens der Förderpreis für Schmerzforschung verliehen.

Erweiterte Perspektive der Leichtigkeit ist erlernbar

Es geht also bei der Leichtigkeit besonders auch um positive Grundwerte, einen wohlwollenden, mitfühlenden und achtsamen Umgang mit anderen. Diese heiter-entspannte Grundstimmung führt fast automatisch zu Perspektivenerweiterungen und ist ein tragendes Element für alle Veränderungs- und Entwicklungsprozesse im Leben. Mit humorvoller Leichtigkeit können Ressourcen spielerisch aktiviert und Lösungen auf ganz neuen Ebenen aus dem Meer der Möglichkeiten geschöpft werden. Gleichzeitig erlaubt es diese Grundhaltung, Schweres besser zuzulassen und Themen, die emotional belasten, ertragbarer zu machen, ja sogar körperliche Schmerzen lassen sich leichter aushalten. Im Zustand der Leichtigkeit bekommt man außerdem die nötige Distanz, Probleme aus einer übergeordneten Perspektive anzuschauen. Und dieser Zustand ist erlernbar, das ist inzwischen wissenschaftlich erwiesen.

Wenn Sie nun noch die entsprechenden vorbereitenden Übungen absolvieren (Kapitel 2 und 3), um eine solide mentale Basis zu schaffen, können Sie mit Leichtigkeit zu großen Entwicklungssprüngen abheben. Erkenntnisse und Meditationsübungen aus Kapitel 4 werden Sie dann befähigen, wie auf Knopfdruck in den Gang Leichtigkeit zu schalten. In Kapitel 5 können Sie dann Ihr ganz persönliches Trainingsprogramm zusammenstellen.

2 Ordnung schafft Balance

Es sind die gleichen ordnenden Kräfte,
die die Natur in allen ihren Formen gebildet haben
und die für die Struktur unserer Seele,
also auch unseres Denkvermögens verantwortlich sind.

(Werner Heisenberg, Physiker und Nobelpreisträger, Begründer der Quantenmechanik)

2.1 Ordnung stabilisiert die Stimmung

Gedanken kreisen wie ein Schwarm Geier

»Meine Gedanken kreisen wie ein Schwarm Geier über mir«, so beschrieb mein Klient, ein IT-Experte mit depressiver Verstimmung und chronischer Kopfschmerzsymptomatik, mir sein Problem. »Immer wieder kreisen die gleichen negativen Gedanken, beispielweise: ›Wie soll ich das bloß weiter aushalten? Ich schaffe das nicht mehr. Ich habe Angst davor, zu versagen. Ich mache mir Sorgen über meine Zukunft.‹ Ich fühle mich immer schlechter. Diese Gedanken kreisen in meinem Geiste umher, wie Geier über einem verletzen Tier. Und ich werde diese Mistviecher nicht mehr los. Je mehr ich nach ihnen schlage und versuche, sie zu vertreiben, desto enger umkreisen sie mich. Gedankenkreisen nonstop. Das macht mich echt fertig, und vor Schmerzen zerplatzt mir dann fast der Schädel.« Er fragte mich: »Wie kann ich diesen Teufelskreis der Gedanken nur unterbrechen und den ganzen mentalen Mist mal loswerden? Wie kriegt man den Kopf frei von diesem Gedankenmüll?«

Vielleicht kennen Sie auch diese Phasen im Leben, in denen Sie sich solchen bedrohlichen »Gedankengeiern« ausgeliefert fühlen, zwanghaft ins Grübeln verfallen und innerlich pausenlos Probleme wälzen? Manchmal stört dieses verflixte Grübeln ja sogar noch unseren erholsamen Nachtschlaf, den wir doch gerade in anstrengenden Zeiten so nötig haben. Wir geraten dann noch mehr unter Druck und je mehr Druck wir haben, desto stärker zieht uns die Grübelspirale in tiefe emotionale Abgründe. Besonders in Krisenzeiten, bei Beziehungsproblemen, unter beruflicher Belastung, bei chronischen Erkrankungen oder seelischem Druck allgemein scheint unser Denken außer Rand und Band zu geraten.

Gehirn und Geist interagieren permanent

Dr. Gerhard Blasche, Psychologe und Dozent der Medizinischen Universität Wien, erforscht, wie Gehirn und Geist permanent miteinander interagieren. Gedanken an Probleme, die Menschen beschäftigen und belasten, führen zu physiologischen Stressreaktionen, erklärt er. Und je mehr die Gedanken kreisen, desto größer sei die wechselseitige Verstärkung (Blasche et al. 2018). Am liebsten würde man doch einfach den Ausschalter drücken und sein Gehirn in einen erholsamen Stand-by-Modus schalten, oder? Zumindest auf »lautlos« – das wäre ja schon mal was. Aber einen solchen Schalter gibt es in unserem Gehirn nicht.

Wie können wir nun also trotzdem verhindern, dass diese endlosen Grübeleien uns emotional immer weiter herunterziehen? Wie können wir uns eventuell sogar selbstständig in einen positiven inneren Zustand lenken, in wohltuende und heitere Gedankenbahnen, dic uns stärken und ein Gefühl der Leichtigkeit erzeugen? Inwieweit die Ordnung im Inneren, also die Ordnung des Denkens, in Zusammenhang steht mit einer Ordnung im Äußeren und unseres Verständnisses der Wirklichkeit, beschreibt der Physiker Werner Heisenberg (1989) mit folgenden Worten:

> *Nun hat der Begriff Ordnung nicht nur die zu ordnende Sache, sondern auch uns selbst zur Voraussetzung, und insofern erscheint es nicht verwunderlich, wenn bei einer Ordnung nicht entschieden werden kann, ob sie uns als eine Ordnung der Wirklichkeit oder unseres Verständnisses der Wirklichkeit entgegentritt.*

Ähnliches schrieb der Begründer der Anthroposophie und der »Naturwissenschaft des Geistes«, Rudolf Steiner, bereits vor über hundert Jahren (Steiner 1918):

> *Der Mensch gelangt zu solcher Regelmäßigkeit und damit zu höheren Erkenntnissen, wenn er in seine Gefühle, Gedanken und Stimmungen solche Ordnung bringt, wie sie die Natur in seine körperlichen Verrichtungen gebracht hat.*

Gesundheit bedeutet Form, Struktur und Gestalt

Der Physiker David Bohm, einer der bedeutendsten Schüler Albert Einsteins, geht noch einen Schritt weiter und beschränkt »Ordnung« nicht nur auf regelmäßige Anordnungen von Objekten oder Formen im Inneren wie auch im Äußeren (Bohm 2018):

> *Stattdessen können wir wesentlich allgemeinere Formen der Ordnung heranziehen, wie beispielsweise die Wachstumsordnung eines Lebewesens, die Evolutionsordnung lebender Arten, die gesellschaftliche Ordnung, die Ord-*

nung einer musikalischen Komposition, die Ordnung des Malens, die Ordnung, die den Sinn einer Mitteilung ausmacht usw.

Ulrich Warnke, Biophysiker mit Lehraufträgen in Biomedizin, Biophysik, Physiologischer Psychologie und Psychosomatik, betont die Bedeutung des Ordnungsprinzips für das gesunde Funktionieren und Überleben eines Lebewesens: »Organismen haben eine ganz bestimmte Form, Struktur, Gestalt.« Diese natürliche Ordnung und die lebenswichtigen Strukturen in allen Lebewesen garantieren die Funktionsfähigkeit von Individuen, sowohl im Mikro- wie im Makrobereich und auch im Bereich des Psychischen. Warnke schließt aus seinen umfangreichen Forschungen: »Krankheit ist Störung oder Verletzung von Form, Struktur, Gestalt. Und Heilung ist die Wiederherstellung von Form, Struktur, Gestalt.« Somit ist insbesondere auch die Betrachtung der psychischen und mentalen inneren Ordnung eines Menschen ein Hinweisgeber auf die Funktionsfähigkeit. Ein gesunder Mensch voller Leichtigkeit und Gesundheit besitzt also im mental-psychischen eine gewisse Grundstruktur, die ihm beim Denken, Handeln und allen Entscheidungen helfen kann. Ohne diese innere Struktur im Denken entsteht Chaos, Unsicherheit und Schwäche. Es ist somit einer der ersten wichtigen Schritte, eine mögliche innere Unordnung bewusst zu machen, aufzuräumen und sich selbst mental eine starke Struktur zu schaffen, die eine sinnstiftende Grundlage unseres Denkens und Handelns werden kann. Ulrich Warnke zitiert in diesem Zusammenhang auch den Physiker Gustav Theodor Fechner (1801–1887), Begründer der experimentellen Psychologie in Deutschland, und schreibt: »Für Fechner ist Evolution ein Weg der Verwandlung vom Ungeordneten zum Geordneten, vom Instabilen zum Stabilen, vom Einfachen zum Komplexen« (Warnke 2017).

Dem Geist eine stabile Struktur geben

»Es ist unmöglich, Dinge zu gestalten, wenn man nicht selbst in Ordnung ist«, so der japanische Zen-Lehrer Shunryu Suzuki. Manchmal reicht es schon völlig aus, das persönliche Gedankenchaos zu sortieren, um wieder mit beiden Beinen fest auf dem Boden der Realität stehen zu können. Um langfristig in einen Zustand von heiterer Leichtigkeit zu gelangen, ist es zunächst notwendig, das besagte Kreisen der Gedankengeier für einen Moment zu unterbrechen. Interessanterweise gibt es dafür eine einfache und praktische Lösung, und das auch noch im doppelten Sinne: Wenn wir uns nämlich innerlich strukturieren und beginnen, das Gedankenchaos aufzuräumen, dann entsteht Schritt für Schritt mehr Ruhe und innere Stabilität. Der buddhistische Mönch Ekiho Miyazaki, Oberhaupt des Tempels des ewigen Friedens, eines traditionsreichen buddhistischen Klosters in Japan, sagte zum Thema Ordnung und Struktur in einer Fernsehdokumentation (ARD 2004): »Manche glauben, Freiheit sei, alles selbst bestimmen zu können. Ich finde es jedoch wichtiger, seinen Geist durch einen regelmäßigen Tagesablauf zu befreien.« Miyazaki wurde stolze 104 Jahre alt. Der Buddhismusexperte Tatematsu hatte die große Ehre, mit Ekiho Miyazaki ein Interview zu führen, und erhielt so einzigartige Einblicke in Miyazakis Leben und sein Verständnis von Meditation, Ordnung und Zufriedenheit. So erklärte Miyasaki im Interview:

Innere Ordnung zeigt sich auch in äußerer Ordnung. Ein gradliniger Geist legt alles ordentlich an seinen Platz. Wir tun das automatisch, was unserem inneren Zustand entspricht. Alles ist wichtig, wir brauchen allumfassende Aufmerksamkeit und Achtsamkeit. Jede Alltagstätigkeit ist Zen. Zen bedeutet unser Sein mit unseren Taten zu vereinen. Atmen ist Zen. Gehen ist Zen. Reden ist Zen.

Ein strukturierter Geist zeigt sich also durch Ordnung im Äußeren, genauso gilt aber auch das umgekehrte Prinzip: Feste Rituale, Ordnung und klare Strukturen schaffen auch einen Zustand der Ordnung und Ruhe im Inneren. Was im Zen-Buddhismus schon seit Jahrtausenden bekannt ist – das Prinzip Ordnung, um den Geist zur Ruhe zu bringen –, bestätigt auch die moderne Neuropsychologie.

Neuropsychologie des Aufräumens und Ordnens

Wissenschaftliche Erklärungen für die psychologisch wertvolle Wirkung des Ordnens liefert die Neuropsychologie. Dr. Marco von Münchhausen, Autor und Unternehmer, beschreibt die Zusammenhänge zwischen dem geistigen Ordnen und psychophysischen Auswirkungen (Münchhausen 2006): Unser Gehirn schüttet Glückshormone, sogenannte Endorphine, immer dann aus, wenn wir gerade ein Ziel erreichen. Dabei ist es egal, ob es sich um ein großes Ziel handelt oder lediglich um Abwaschen oder Aufräumen. Das Glückshormon Serotonin wird bei körperlicher Anstrengung freigesetzt, aber auch wenn wir uns gesund ernähren, ausreichend schlafen, also innerlich in einer gesunden Balance sind. Wenn wir ein Ziel in Angriff nehmen, wird zusätzlich der Neurotransmitter Dopamin ausgeschüttet – erst wenig, aber dann während des Tuns immer mehr. Dopamin lässt uns schneller denken und reagieren. Dass das Entrümpeln und Aufräumen im Äußeren auch im Inneren Ordnung schafft, machen sich Klöster schon seit Jahrhunderten zunutze. So war »Ora et labora – Bete und arbeite« das Credo christlicher Orden, um durch strukturierte Tagesabläufe vor allem das Innere zu ordnen. Die moderne Neuropsychologie belegt außerdem, dass ordnende Tätigkeiten ein wirksames Antidepressivum sind (Münchhausen 2006), also schlagen Sie damit gleich mehrere Fliegen mit einer Klappe.

Der linke Frontallappen aktiviert positive Stimmungen

Aus der Neuroforschung wissen wir, dass der linke Frontallappen des Hirns aktiv wird, wenn wir Ziele verfolgen, und dass er außerdem negative Stimmungen kontrollieren kann. Der Wissenschaftsjournalist Arvid Leyh (2011) schreibt in Bezug auf die Neuroforschung von Professor Herbert Schwegler, Institut für Anatomie der Otto-von-Guericke-Universität Magdeburg:

> *Neueste Forschungen haben bestätigt, dass eine der wichtigsten Aufgaben des linken Frontallappens darin besteht, als neutraler Schalter unangenehme Emotionen abzuschalten oder gegebenenfalls zu dämpfen. […] Der präfrontale Cortex wird immer wieder im Zusammenhang mit Aufmerksamkeit, Nachdenken, Entscheidung und Planung genannt und gilt als Sitz der Persönlichkeit.*

Insgesamt haben wir es mit einem breitgefächerten positiven Aktivierungsprozess zu tun, der unsere Stimmung stabilisiert und uns der Leichtigkeit des Seins näherbringt. Bei Erfolgen produziert unser Gehirn naturgemäß Serotonin, es entstehen also Glücksgefühle. Gleichzeitig wirkt das auch als Lernverstärker: Wir sind zum Weitermachen motiviert. Es entsteht ein positiver Wechselkreis von Planung, Entscheidung, Ordnung, Motivation, Glücksgefühl und mehr Leichtigkeit.

Ordnung schützt vor Manipulation durch Narzissten

Der österreichische Neurowissenschaftler und Psychiater Raphael Bonelli, Professor an der Sigmund Freud Privat-Universität Wien, bezeichnet Narzissmus als exzessive Selbstverliebtheit und Selbstidealisierung mit höchstem Anspruchsdenken. Betroffene leiden an einer übersteigerten Selbstwahrnehmung. Eine kleine Dosis Narzissmus ist zwar bei Erwachsenen normal und hilft, das eigene Selbstwertgefühl zu stabilisieren, doch wenn er das normale Maß überschreitet, sind Menschen nicht mehr in der Lage, jemand anderen außer sich selbst zu lieben. Andere Menschen werden nur noch instrumentalisiert, um das Gefühl der eigenen Überlegenheit zu steigern (Bonelli 2019). Wenn Chaos herrscht, sind Narzissten natürlich besser in der Lage, andere zu manipulieren – das perfekte Klima für kleine Verwirrspielchen, um Mitmenschen zu kontrollieren.

Bei Personen, die durch innere Ordnung und funktionierende innere Strukturen stabilisiert sind, haben narzisstische Persönlichkeiten hingegen kaum Möglichkeiten, emotionales Chaos zu stiften. Die destruktiven Strategien des Narzissten lassen sich nach Bonelli folgendermaßen zusammenfassen: emotionale Dramen und Lügen streuen, sowohl in familiären als auch ganz alltäglichen Situationen; mit den Erwartungen ihrer Mitmenschen spielen; diese aus dem Gleichgewicht bringen, um Kontrolle zu bekommen; undurchsichtige Situationen provozieren und emotionale Dramen entfachen, um Mitmenschen psychisch zu destabilisieren. Aber alle diese Strategien greifen eben nur, wenn eine entsprechende Unordnung im Inneren vorherrscht oder zumindest ausgelöst werden kann. Ihre persönliche innere Ordnung und mentale Struktur ist also zusätzlich noch ein natürlicher Immunfaktor gegen Übergriffe narzisstischer Persönlichkeiten – und wir leben in einem Zeitalter, in dem diese statistisch gesehen auf dem Vormarsch sind (Bonelli 2019).

Im Schlaf und im Wachzustand das Gehirn aufräumen

Alles, was uns glücklich macht, erfüllt oder fasziniert, führt dazu, die Aufmerksamkeit zu binden und den Gedankenwirbel zu bremsen. Schlaf spielt eine weitere zentrale Rolle: Vor allem der REM-Schlaf, der Traumschlaf der zweiten Nachthälfte, diene dazu, allen halbbewussten und unbewussten Inhalten eine Bühne zu geben, damit sie verarbeitet und archiviert werden können. Dieser Prozess führe zu einer distanzierteren Perspektive, erklärt der Psychologe und Erholungsforscher Gerhard Blasche, Professor der Medizinischen Universität Wien (Blasche et al. 2018). Im Schlaf mistet das Gehirn aus und räumt sich selbst auf. Erinnerungen werden frisch geordnet, so als würde jemand die Ablage im Büro neu arrangieren. Ein mentaler Großputz findet statt, während der Mensch schlummert. Dieser Prozess des inneren Ordnens, Strukturierens und Aufräumens ist aber auch im Wachzustand möglich. Eine optimale Vorbereitung auf einen ordnenden und erholsamen Schlaf finden Sie in Kapitel 5 dieses Buches.

Gedanklichen Ballast kriege man nicht wie auf Knopfdruck weg, erläutert Blasche, dies sei ein prozesshafter Vorgang. Aus seiner Sicht hilft es, sich abzulenken – nicht im Sinne weiterer Zerstreuung, sondern in Form fokussierten Tuns (Blasche et al. 2018). Der Strom der Gedanken rücke dabei in den Hintergrund, so dass man alles rundherum für einen Moment vergessen könne. Dafür würden sich körperliche Aktivitäten ebenso eignen wie auch kreative Tätigkeiten, beispielsweise Malen, Singen, Schreiben, und diese Aktivitäten wirkten reinigend und helfen dem Gehirn, etwas zu verarbeiten und abzulegen, so Blasche.

Durch Ordnung aus der Problemtrance aussteigen

Wenn Sie ein Problem haben, mit dem Sie sich lange beschäftigen, dann verändert sich Ihr Bewusstseinszustand. Gunther Schmidt, Psychologe und Mitbegründer des modernen hypnosystemischen Ansatzes spricht von der sogenannten »Problemtrance« – einem Trancezustand von leidvollen Erfahrungen. Diese Problemtrance gehe mit der Reduktion an Wahlmöglichkeiten für freie Entfaltung und Lebensentscheidung einher (Peichl 2012).

Wenn unsere Gedanken hochfokussiert auf ein Problem ausgerichtet sind und wir viele andere positive Aspekte oder sogar Lösungsmöglichkeiten ausblenden, dann setzen wir uns unter diese Form der Selbsthypnose. Dieser problemfokussierte und selbstinduzierte Hypnosezustand verstärkt das Problemerleben immer mehr, bis wir in einer Tunnelsicht landen, einer sehr eingeschränkten Sichtweise auf die Realität und das Problem. Nun ist eine Erweiterung der Perspektive dringend nötig, um wieder auf neuen Ebenen Lösungen zu entdecken. Der Prozess der Erweiterung der eigenen Perspektive, der fast immer mit automatischer Ressourcenaktivierung einhergeht, wird von meinen Klienten als das Entstehen eines Leichtigkeitsgefühls beschrieben. Leichtigkeit empfinden wir also, wenn wir unsere verengte Problemsicht verlassen und der Geist seine Flügel ausbreiten kann, um von höheren Wahrnehmungsebenen aus das große Ganze wahrzunehmen. Genau diese tiefgreifende Wirkung, die Ordnung auf unseren inneren Zustand hat, konnte ich bei Patienten mit chronischen Schmerzen durch eine spezielle Methode über Jahre erforschen.

2.2 Aufräumen mit der mentalen Kommode

Inneres Sortieren und Ordnen lindert Schmerzen

Viele Patienten mit chronischen Schmerzen sind frustriert, da starke Schmerzmittel bei jahrelanger Einnahme häufig ihre Wirkung verlieren und das Leben durch die starken Schmerzen an Qualität einbüßt. Nicht nur der Patient selbst leidet und zieht sich oftmals immer mehr vom sozialen Leben zurück, sondern seine Familie und Freunde wenden sich auch von sich aus von ihm ab. Die körperliche Belastbarkeit sinkt, und es folgen oft berufliche wie finanzielle Einbußen. Während meiner mehrjährigen Tätigkeit in einer renommierten deutschen Schmerzklinik hatte ich Gelegenheit, den Zusammenhang zwischen Ordnung, innerer Stabilität, Leichtigkeit und Schmerzlinderung mit diesen Klienten zu studieren. Und die Ergebnisse hinsichtlich Schmerzlinderung und positiver Gefühlsentwicklung waren teils überwältigend.

Bei vielen meiner damaligen Klienten war der Schmerzzustand bereits über Jahrzehnte chronisch. Das färbt natürlich das komplette Erleben eines Menschen und erzeugt nicht nur einen massiven Leidensdruck, sondern auch eine »bleierne Schwere« im Alltag. Zuweilen eröffnen Klienten die Therapiesitzung ungefähr mit diesen Worten: »Ich kann einfach nicht mehr – mein Leben ist eine einzige Katastrophe.« Dann schlage ich diesen Klienten vor, sich zunächst einmal nur innerlich zu ordnen und einen Überblick über die eigene Situation zu verschaffen. Die Klienten sind dadurch im wahrsten Sinne des Wortes erleichtert. Man sieht es ihnen sogar an. Sie beginnen zu lächeln, und manche sagen, dass sie einen Moment nahezu frei sind von Schmerz.

Diese Schmerzpatienten stehen in der Regel aber zunächst vor einem Scherbenhaufen und wissen nicht, wo in ihrem Leben sie anfangen sollen, aufzuräumen. Als erste Basisintervention in der Schmerzklinik musste deshalb eine effektive und einfache Technik her, um die Klienten bei ihrem inneren Ordnungsprozess – raus aus dem schmerzvollen Chaos, hin zu einer befreienden mentalen Strukturierung – zu unterstützen.

Belastendes einfach in die Schublade stecken

Ich erkläre meinen Klienten dann den ersten Schritt folgendermaßen: Indem wir gemeinsam den Scherbenhaufen sortieren, zeigen sich wie von selbst neue Lösungsmöglichkeiten, und die ganze Situation wird für sie greifbar. Denn die innere Ordnung macht wieder handlungsfähig, stärkt die Selbstwirksamkeit und ermöglicht damit eine gewisse Kontrolle über die Situation.

Gemeinsam ordnen wir dann alle Themen, die meine Klienten belasten: Symptome, Beziehungsdramen, Probleme mit der Versicherung, all das wandert in verschiedenen Schubladen. Der Vorteil von Schubladen ist, dass man sie schließen kann und die Dinge darin sicher verwahrt sind. Nachdem alles Belastende auf diese Weise sortiert wurde, lehnen sich meine Klienten in der Regel zurück, atmen tief durch und sagen, sie hätten das erste Mal seit langem wieder einen Überblick über ihre Situation.

Es geht bei dieser Übung zunächst nur um diese erste erweiterte Perspektive und den Überblick über das eigene

Leben und alle Belastungen. Wir zerteilen den Scherbenhaufen in überschaubare Themenhäufchen. Für diesen hochwirksamen Prozess ist es entscheidend, weniger zu analysieren, als vielmehr mit spielerischer Leichtigkeit heranzugehen und der Kreativität den Vorrang zu lassen.

In der unten abgebildeten Zeichnung (Abb. 2-1) von Herrn S. wird ersichtlich, dass er in seiner Kommode folgende belastende Themen verstaute: seinen Autounfall im Jahre 2001, seine Körpersymptome, seine »grausamen Schmerzen«, die belastenden Beziehungsprobleme, den Jobverlust und seine Arbeitslosigkeit, Ängste, Schlafstörungen, Selbstzweifel, Zukunftssorgen und seine anhaltenden »Depri-Phasen«.

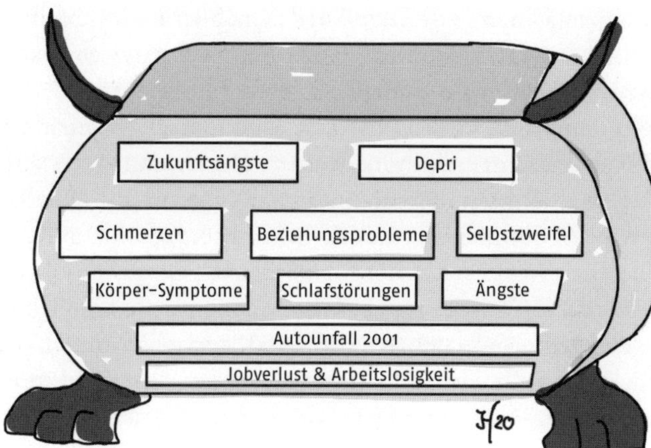

Abb. 2-1 Mentale Kommode

Die messbaren Effekte des Ordnens

In der systemischen Therapie arbeitet man mit Skalierungsfragen, um das subjektive Befinden eines Klienten besser einordnen zu können. So gibt es beispielsweise die

SUD-Skala des Erlebens (SUD steht dabei für Subjektive Units of Distress), um das persönliche Stress- oder Schmerzempfinden des Gegenübers zu erfragen und subjektiv auf einer Skala von 1 bis 10 einschätzen zu lassen. Deshalb stelle ich zu Beginn der Sitzung meinen Klienten die Frage: »Wie intensiv fühlen Sie den Schmerz auf einer Skala von 0 bis 10?« Der untere Wert 0 der Skala bedeutet dabei absolute Schmerzfreiheit und der Wert 10 steht für den stärksten aushaltbaren Schmerzzustand. Eine andere Skalierungsmethode, die SUR-Skala (SUR steht für Subjektive Units of Ressource), erfasst die Ressourcen des Klienten, und die entsprechende Frage bezogen auf den erwiesenen Gegenspieler zu Stress und Schmerz lautet häufig: »Wie intensiv spüren Sie jetzt die Leichtigkeit auf einer Skala von 0 bis 10?« Der Wert 0 bedeutet entsprechend absolute Schwere, die Zahl 10 ist stellvertretend ein maximaler Zustand von Leichtigkeit bis zum Abheben.

Patienten mit chronischen Schmerzen schätzen sich in der Regel bei der SUD-Skalierung durchschnittlich zwischen den Werten 6 und 9 ein. Nach etwa 40 Minuten intensiver Fokussierung und Arbeit mit der mentalen Kommode bitte ich die Klienten, sich nochmals auf der SUD-Schmerzskala selbst zu skalieren. Ausnahmslos alle Klienten, mit denen ich den letzten 15 Jahren gearbeitet habe, schätzten sich nach dieser Intervention im unteren Bereich der Schmerzskala ein. Der Effekt war sogar so extrem, dass die meisten in Bezug auf das subjektive Schmerzerleben mindestens 4 bis 7 Punkte abgesunken waren. Die Mehrheit der Klienten schätzte sich selbst nun vorsichtig zwischen dem Wert 2 und 4 ein. Viele äußerten, dass sie momentan massiv weniger Schmerzen spüren würden (ein Wert zwischen 1 und 0), und manche Klienten waren sogar momentan schmerzfrei.

Selbstwirksamkeit stärken und Gedanken greifbar machen

Bei der Technik der mentalen Kommode geht es zum einen um ein inneres Sortieren der Gedanken. Zum anderen geht es gleichzeitig darum, zu be-*greifen*, also die einzelnen Themen gedanklich so greifbar wie möglich zu machen. Stellen Sie sich vor, es gäbe ein wirklich störendes Thema, das Ihnen in verschiedenen Variationen immer wieder begegnet: Vielleicht Konflikte mit bestimmten Personen am Arbeitsplatz, mit Ihren Kindern oder Freunden, die Ihnen das Leben schwer machen? Möglicherweise gibt es auch Symptome oder andere Faktoren, die Sie in Ihrem Leben einschränken? Sicher kennen Sie solche Momente, wo alle Gedanken wild durcheinanderkreisen und sich nicht abstellen lassen. Ich schlage Ihnen jetzt vor, nicht mehr gegen die Gedanken anzukämpfen, sondern im Gegenteil, sie genauer anzuschauen und zu sortieren, um sich einen Überblick über Ihre Situation zu verschaffen. Durch innere Klarheit und die erweiterte Sichtweise auf das Geschehen ist man erst wieder in der Lage, wirklich zu be-*greifen*, so dass man die Situation unter Kontrolle bekommen kann.

Kommode mit Schubladen zeichnen

Der Einsatz geeigneter Metaphern und Symbole, wie der mentalen Kommode, ist eine großartige Methode zur Stabilisierung sogar in emotionalen Ausnahmezuständen. Die Entwicklung lateraler Denktechniken erweitert nämlich unsere Wahrnehmungsfähigkeit und eröffnet neue Lösungsräume. Schon Einstein wusste, dass man ein Problem nicht mit der gleichen Art von Denken lösen kann, die zu seiner Entstehung geführt hat. Die einfachste Form dieses lateralen Denkens ist die Metapher (Dilts & Bonissone 1999). Genau diese wenden wir jetzt gleich einmal ganz praktisch an.

Nehmen Sie nun bitte ein Blatt Papier und einen Stift zur Hand. Sie brauchen bei der folgenden Übung wirklich kein Zeichentalent mitzubringen. Ich bitte Sie als Erstes, eine Kommode mit zehn Schubladen auf das Blatt zu zeichnen, so wie Sie sie sich spontan vorstellen. Kommoden können ja ganz verschiedene Formen haben, verschiedene Schubladen, große, kleine, eckige oder runde, verschlossene und vielleicht sogar einige, die wieder eigene Unterteilungen besitzen. Von der akkuraten Bauskizze in 3D über romantische Spiegelkommoden bis zum trendigen Möbelstück im Bauhausstil ist alles erlaubt. Wichtig ist aber, genügend Platz für die zehn Schubladen einzuberechnen. Die Anzahl von zehn Schubladen hat sich in den vergangenen Jahren der erfolgreichen Anwendung der Kommodentechnik als optimal erwiesen. Bei weniger Schubladen reichen die Einteilungsmöglichkeiten oft nicht aus, bei zu vielen Schubladen wird es schnell unübersichtlich. Aber die Kommode muss natürlich an Ihre persönlichen Bedürfnisse angepasst sein. Deshalb kann im Einzelfall auch mit etwas mehr oder weniger Schubladen gearbeitet werden.

Gedankenthemen in die mentale Kommode einsortieren

Ordnen Sie bitte nun alle typischen Gedankenthemen, die Sie wie die zuvor erwähnten Gedankengeier unablässig umkreisen, symbolisch den einzelnen Schubladen zu und beschriftet Sie diese entsprechend. Als Beispiel kann die Kommode von Frau Z., einer professionelle Leichtathletin, dienen. Sie nummerierte die Schubladen einfach durch und wies ihnen (s. Abb. 2-2) folgende Themen zu:

1. Leistungsdruck Wettkämpfe
2. Sucht nach Süßigkeiten
3. Stress mit der Mutter
4. Beziehungsprobleme

5. Versagensängste
6. Selbstzweifel Körper/Figur
7. Zukunftssorgen
8. Streit mit Freundin Sissi
9. »Depri-Phasen«
10. Ein Sportunfall vor 3 Jahren

Legen Sie das Blatt nun vor sich auf den Boden und schauen Sie es sich von oben an. Was verändert sich gerade in Ihrer Wahrnehmung in Bezug auf Ihr Leben und Ihre Themen? Notieren Sie Ihre Gedanken dazu!

Bei diesem ersten Schritt des Einsortierens steigen wir noch nicht tiefer in die einzelnen Themen ein oder forschen nach Zusammenhängen und Ursachen, sondern es reicht völlig aus, die Themen zunächst unkommentiert in die einzelnen Schubladen einzusortieren. Es geht ja anfangs bei dieser Übung nur darum, einen ersten Überblick über das eigene Leben und alle Belastungen zu bekommen, mit denen wir tagtäglich umgehen müssen. Erst später schauen wir uns an, wie man anhand der Einzelthemen in den Schubladen Muster bzw. Glaubenssätze entdecken und lösen kann. Der Trick bei dieser Technik ist es, weniger zu analysieren, als vielmehr der Intuition, dem Gefühl und der Kreativität den Vorrang zu lassen. Es geht um eine persönliche Ordnung, die als stimmig erlebt wird, nicht um »richtige« oder »falsche« Zuordnungen. Die Zeichnung der mentalen Kommode zeigt also eher einen Ausschnitt Ihrer persönlichen Realitätskonstruktion als eine korrekte Wahrscheinlichkeitsverteilung belastender oder pathologischer Faktoren.

Übung 1: Mentale Kommode entwerfen
Teil 1: Themen in Schubladen sortieren
(Zeitinvestition ca. 10 Minuten)

1. Zeichnen Sie nun bitte auf einem Blatt Papier Ihre persönliche mentale Kommode mit zehn Schubladen!
2. Um welche Themen dreht sich Ihr typisches Alltagsdenken? Welche Personen, Konflikte oder Ereignisse ziehen besonders viel Aufmerksamkeit auf sich?
3. Ordnen Sie bitte nun den Schubladen jeweils ein Thema, einen Konflikt oder auch ein Ereignis zu, das Sie immer wieder beschäftigt! Das machen Sie so lange, bis alle Grübelthemen in den zehn Schubladen »abgelegt« sind. Möglicherweise gibt es insgesamt auch weniger Themen als zehn, so dass Sie noch einige Schubladen freihaben. Sie können aber auch Ihre Kommode erweitern, falls Sie noch weitere Themenschwerpunkte finden sollten.
4. Legen Sie das Blatt mit der Kommode anschließend vor sich auf den Boden! Schauen Sie sich von oben Ihre Kommode mit den gut in Schubladen verstauten Grübelthemen an!
5. Beobachten Sie nun genauestens, was sich in Ihrer Wahrnehmung in Bezug auf Ihr Leben und Ihre Themen gerade verändert. Bitte notieren Sie Ihre Ergebnisse kurz!

Schubladen beinhalten Krisen wie Chancen

Seien Sie sich bewusst, dass die Schubladen nie nur Krisen, sondern gleichzeitig auch immer Wachstumsmöglichkeiten und Chancen beinhalten. Jede Krise bedeutet ein großes Veränderungs- und Wachstumspotenzial, das es gilt, systematisch und lösungsorientiert freizusetzen. Es ist also sinnvoll, sich nun jeder einzelnen Schublade intensiv lösungsorientiert zuzuwenden und die einzelnen Themen systematisch abzuarbeiten. Wie beim Aufräumen im Haushalt wäre es wenig effektiv, alle Schubladen auf einmal aufzureißen. Außerdem könnte ein thematischer Rundumschlag extreme und chaotische Emotionen hervorrufen, so wie Sie es ja bereits von Ihrem Gedankenchaos kennen.

Am wirkungsvollsten lässt sich diese gedankliche Auseinandersetzung mit professioneller Hilfe eines möglichst hypnosystemisch ausgebildeten Coaches oder Psychotherapeuten durchführen. Dieser wird Sie bei entsprechender Zusatzausbildung sicher anleiten können, auch traumatische und andere schwer belastenden Phasen Ihres Lebens aufzuarbeiten. Eine solche professionelle, psychologisch fundierte Begleitung unterstützt Sie während dieses Prozesses nicht nur dabei, eine erweiterte Sichtweise einzunehmen, sondern auch dabei, Ihre Ressourcen zu aktivieren und emotional heilsame Prozesse in Gang zu setzen.

Problemkommode mit Ressourcen dekorieren

Eine weitere gute Stabilisierungstechnik ist es, bewusste Ressourcen zu aktivieren. Dazu nehmen wir uns im nächsten Schritt noch einmal Ihre Kommode mit den Problemschubladen vor und ergänzen einige hübsche Dekorationsgegenstände, die symbolisch Ihre persönlichen Ressourcen und Stärken darstellen.

Suchen Sie doch einfach nach Lust und Laune einen symbolischen Gegenstand aus, der für die entsprechende Ressource stehen könnte. Wie wäre es beispielsweise mit einer Blumenvase für die Familie oder einem Foto von einem Erfolgsmoment als Erinnerungsanker für die eigene Stärke? Dekorieren Sie nun Ihre Kommode mit guten Erinnerungen und Kraftquellen, so dass sie von positiven, stärkenden Aspekten Ihres Lebens eingerahmt wird. Malen Sie vielleicht auch noch einen schönen Spiegel dazu, in dem Sie sich selbst erkennen können – sich selbst mit Ihrer größten Kraft! Das können Eigenschaften sein, wie Ehrlichkeit, Liebe, Mut, Fleiß, Musikalität, Hilfsbereitschaft, Gutmütigkeit, Tierliebe oder auch mentale Stärke. Außerdem können Sie schöne Dekorationsgegenstände ergänzen, stellvertretend für Ihre Hobbys, Freunde, Haustiere, Familie, Helfer oder für schöne Erlebnisse (Abb. 2-2).

Legen Sie das so gestaltete Bild vor sich auf den Boden und schauen Sie von oben auf Ihr Werk. Die Ressourcenutensilien erweitern Ihre Perspektive, so dass Sie nicht mehr nur auf die Problemthemen in den Schubladen fixiert sind. Beim Blick auf die symbolisierten Ressourcen fallen auch die vielen Stärken und positiven Aspekte wieder auf, die Sie im Leben begleiten: Was hat Sie bisher solche oder ähnliche Krise bestehen lassen? Was im Alltag gibt Ihnen Kraft? Welche besonderen Stärken haben Sie im Leben? Wer oder was ist für Sie eine Unterstützung? Was sind

Abb. 2-2 Ressourcenkommode

sprichwörtlich Ihre Wurzeln, die Ihnen im Sturm des Lebens Halt geben?

Durch diese Betrachtungsweise werden die Themen in den Schubladen nicht nur erträglicher, sondern das Gesamtbild entspricht auch mehr der Realität. Um immer wieder daran erinnert zu werden, können Sie zum Beispiel ein Handyfoto davon machen und die Zeichnung als Sperrbildschirm nutzen. Sie gelangen aus Ihrer fokussierten Problemtrance nun Schritt für Schritt zu einer realistischeren, lösungs- und ressourcenorientierten Sichtweise. Überprüfen Sie danach unbedingt, wie sich Ihr Gefühl bezüglich der aktuellen Lebenssituation verändert.

Übung 1: Mentale Kommode entwerfen
Teil 2: Dekorieren mit symbolisierten Ressourcen (Zeitinvestition ca. 10 Minuten)

Dekorieren Sie Ihre mentale Kommode also nun mit Symbolen, die Sie an Ihre Ressourcen, Kraftquellen und Stärken erinnern! Suchen Sie bitte je einen symbolischen Gegenstand dafür aus.

1. Dekorieren Sie nun die Kommode mit diesen guten Erinnerungen und Kraftquellen in symbolischer Form.
2. Legen Sie das Bild von Ihrer ressourcenerweiterten Problemkommode vor sich auf den Boden und schauen Sie von oben auf Ihr Werk.
3. Was verändert sich nun in Ihrer Wahrnehmung der Gesamtsituation bezogen auf sich selbst und Ihr Leben? Bitte notieren Sie die Veränderungen in Stichworten!
4. Nutzen Sie die Zeichnung als optischen Anker! Sie können beispielsweise ein Handyfoto davon machen und die Zeichnung mit dem Gesamtbild als Sperrbildschirm nutzen, um möglichst mehrmals am Tag daran erinnert zu werden, dass es eine erweiterte Perspektive auf Ihre Situation gibt, die wesentlich realistischer ist.

2.3 Mentale Hamsterräder stoppen

Ich bin nicht das, was mir passiert.
Ich bin das, was ich entscheide zu werden.

(Carl Gustav Jung)

Machen Sie sich Gedanken über Ihre Gedanken!

Die meisten Klienten, die zu mir in die Praxis kommen, fühlen sich wie in einem Hamsterrad gefangen. Entweder sind sie durch ihre Arbeit so beschäftigt, dass sie nicht mehr zum Nachdenken kommen, oder sie sind mental so in ihre Grübelkreisläufe verstrickt, dass sie immer tiefer in negative Gefühlszustände abrutschen. Sie beschreiben mir oft, dass sie beruflich und privat ihr Bestes geben und sogar bis zur Erschöpfung arbeiten. Phasen hektischer Betriebsamkeit würden dann immer wieder mit Zuständen bleierner Schwere wechseln. Meine Klienten erleben sich dann in Zuständen von Ohnmacht, Erschöpfung, Überdrehtheit, innerer Erstarrung und Schlaflosigkeit.

Bitte halten Sie nun einen Moment inne! Beobachten Sie sich selbst und insbesondere das, was Sie gerade denken. Wenn Sie nur eine Minute dem unermüdlichen Hamsterrad Ihres automatisierten Denkens wie ein unbeteiligter Beobachter folgen, dann führt dies zu mehr Bewusstsein darüber, dass Ihr Verstand pausenlos Gedanken, innere Bilder, Eindrücke, Glaubenssätze und Erinnerungsszenen Ihres Lebens produziert. Diese automatischen Gedanken wiederholen sich in der Regel völlig unbewusst kontinuierlich über den Tag verteilt, und je öfter ein Gedanke wiederholt wird, desto tiefer prägt er sich in Ihrer »mentale Landkarte« ein. Das bedeutet, dass das, was Sie am meisten in Bildern und Sätzen vor Ihrem inneren Auge ablaufen lassen – oder wie ein Zuschauer in Ihrem inneren Kinosaal anschauen –, sich umso besser in Ihrem Gedächtnis einprägt. Jeder Gedanke an ein bestimmtes Thema oder Erlebnis stärkt die Verankerung in den neuronalen Netzwerken Ihres Gehirns. Es ist also von immenser Bedeutung, dass Sie sich über Ihre alltäglichen gedanklichen Hamsterräder bewusst werden und sich intensiv Gedanken über Ihre eigenen Denkautomatismen machen. Denn Ihr Gehirn ist eine Art Supercomputer und Ihre inneren Selbstgespräche sind das Programm, das er ausführt.

Neuroplastizität ermöglicht lebenslanges Lernen

Neuronale Plastizität ist die Eigenschaft von Synapsen, Nervenzellen oder auch ganzen Hirnarealen, sich lebenslang zu verändern und neu zu verschalten. Dies hängt damit zusammen, dass neuronale Verbindungen lernfähig sind. Rainer Schandry, Professor für Biologische Psychologie der Universität München, beschreibt die Neuroplastizität so:

> *Die wichtigste langfristige Änderung innerhalb des Netzwerkes von Neuronen in unserem Gehirn, die im Zusammenhang mit Lernprozessen steht, ist die Schaffung neuer Verbindungen zwischen Neuronen. Dies geschieht durch die Bildung neuer Synapsen, neuer dendritischer Dornen und sogar durch die Aussprossung neuer Dendriten. Wenn von neuronaler Plastizität gesprochen wird, ist häufig nur dieser Vorgang der morphologischen Veränderung gemeint und nicht die funktionellen Änderungen eines Neurons. Die Ausbildung neuer Verbindungen und Synapsen ist ein ständig ablaufendes, normales Geschehen in unserem Gehirn.*

Auch die Neubildung von Neuronen im Gehirn des erwachsenen Menschen, die sogenannte Neurogenese, gehört dazu (Schandry 2011). Das Gehirn ist also bis ins hohe Alter durch Lernen veränderbar. Neue Erfahrungen und Eindrücke verändern dabei nicht nur die Software des Gehirns, sondern sogar die Hardware, also die Architektur des Gehirns.

Informationsverarbeitung und ihre »Programme«

Zwischen bestimmten Nervenzellen werden neue Verbindungen aufgebaut, wobei immer wieder Brücken zu vorhandenem Wissen geschlagen werden. Wenig oder ungenutzte Verbindungen werden dafür abgeschwächt oder sogar aufgelöst und stehen dann neuen mentalen Strukturen zur Verfügung. Diese Anpassungsfähigkeit des Gehirns bzw. der Nervenzellen konnte der Psychologe Donald Hebb in seinen Forschungsarbeiten erstmals nachweisen. Bei der Veränderung der Gehirnstrukturen transportieren Neurotransmitter an der Synapse Signale zu einer anderen Nervenzelle, wo sie ein elektrisches Signal auslösen, das zum Zellkörper wandert und mit anderen Reizen verrechnet wird. Wird dabei ein Schwellenwert überschritten, so wird das Signal über das Axon an die nächste Nervenzelle weitergegeben. Steigt die Anzahl der Synapsen und ihre Übertragungsstärke, kann das Hirn Informationen immer differenzierter verarbeiten. Beim Lernen bilden sich neue Nervenbahnen und bestehende werden stärker mit Myelin überzogen, einer Schicht, die für eine erhöhte Leitungsgeschwindigkeit sorgt, also ebenfalls wichtig für das Lernen ist. Das erklärt, warum häufig aktivierte Gedächtnis- und Denkinhalte schneller aktiviert werden als beispielsweise vor Jahren einmal auswendig gelernte Vokabeln, die nie wieder benötigt worden sind (Stangl 2019). »Das menschliche Gehirn ist unterteilt in Areale, in denen verschiedene spezialisierte Programme für die Informationsverarbeitung wirken«, so schreiben die beiden Bewusstseinsforscher Görnitz und Görnitz. »Die Bedeutung der Information, die aus einem bestimmten Areal ausgesendet wird, wird wesentlich auch von diesem speziellen Areal bestimmt. Bei einer Einteilung unter mehr funktionalen Aspekten wird auch von Modulen gesprochen« (Görnitz und Görnitz 2016).

Ein ständiger Strom von Selbstsuggestionen

Vielleicht ist Ihnen nun gerade bewusst geworden, was automatische Gedankenhamsterräder in Ihrem Gehirn bewirken könnten? Die häufigsten und intensivsten Gedanken verstärken sich neuroplastisch also selbstständig. Man könnte sagen, dass Ihre unbewussten Gedankenhamsterräder in einem beträchtlichen Maße für die Architektur Ihres Gehirns und seiner Software mitverantwortlich sind. Mehr noch, denn Ihre unbewussten Denkgewohnheiten sind ein ständiger Strom von Selbstsuggestionen. Sie verstärken dasjenige, was unbewusst immer wieder im Zentrum Ihrer inneren Aufmerksamkeit steht und gedacht wird. Diese mentalen Subprogramme werden durch jede Aktivierung auf neuronaler Ebene verstärkt, wodurch sie wiederum eine höhere Chance haben, gedanklich abgerufen zu werden. Sie fokussieren in der Folge mehr und mehr auf diese Gedankeninhalte. Und irgendwann könnten Sie eventuell den Eindruck bekommen, dass Sie von diesen konditionierten Gedankeninhalten mehr und mehr verfolgt und bedroht werden. Sie stecken mental wie in einem Hamsterrad des Gedankendrehens, der Beschäftigung nonstop. So kann Neuroplastizität durch Wiederholung auch eine Art mentales Gefängnis erzeugen. Wenn also jegliche Freiheit im Geiste genommen ist, kann keine Leichtigkeit im Leben aufkommen.

Regisseur des eigenen Gedankenkinos werden

Natürlich entspricht dieser Eindruck mehr einem persönlichen Empfinden als der Realität. Denn glücklicherweise müssen Sie nicht der unbeteiligte Zuschauer in Ihrem inneren Gedankenkino bleiben, sondern können lernen, zum Regisseur Ihres inneren Kinofilmes zu werden. Dazu ist es im ersten Schritt notwendig, dass Sie überhaupt erst einmal mitbekommen, was da in Ihrem Inneren so alles unterhalb Ihrer Bewusstseinsschwelle vor sich geht. Außerdem sollten Sie in Erfahrung bringen, mit welchen Themen sich Ihr unbewusster Verstand tagtäglich in meist unendlichen Wiederholungsschleifen beschäftigt. Die Analyse Ihrer Gedankenhamsterräder verhilft Ihnen schlussendlich dazu, die Qualität Ihrer Gedanken zu erkennen und Zusammenhänge zu Ihrer Stimmungslage herzustellen. Denn es gibt Gedanken, die unsere Sichtweise einschränken, uns blockieren und das Gefühl von Schwere erzeugen. Und es gibt natürlich auch jene Gedanken, die uns in die Leichtigkeit führen.

Bremsende Denkgewohnheiten und Indoktrination

Diejenigen Gedankenhamsterräder, die uns sprichwörtlich klein halten, an unserem Selbstwert nagen oder zum Verzweifeln bringen, entstehen durch Indoktrination. Das Kind kommt ohne Programmierung des Geistes auf die Welt. Im Laufe der Zeit werden bestimmte Denk- und Verhaltensmuster durch Erziehung, Bildung, Kultur und Medieneinflüsse geprägt. Leistungsdruck in der Schule und andere negative Erfahrungen, insbesondere emotional prägende Ereignisse wie Traumata, hinterlassen deutliche Spuren.

In unserer Leistungsgesellschaft prägt sich tendenziell eher ein Selbstbild aus, welches auf Konkurrenz und Stolz ausgerichtet ist. Das zeigt sich bei vielen Klienten in typischen Gedankenmustern, wie nicht erfolgreich, wichtig oder angesehen genug zu sein. Diese inneren Mangelzustände werden in unserer Gesellschaft in der Regel durch diverse Konsumgüter oder das Konsumieren selbst (Shoppengehen als Freizeitbeschäftigung) kompensiert. Die Werbung verspricht, die aus diesen inneren Mangelzuständen hervorgehenden Bedürfnisse zu befriedigen, indem sie uns Konsum- und Statusprodukte zum Kauf bietet. Sie suggeriert, dass wir uns durch Besitzen des Produktes schöner, besser, erfolgreicher und begehrenswerter fühlen werden. Auch diese emotionalen Werbebotschaften prägen unser Denken und unsere Werte in ganz erheblichem Maße.

Edward Bernays, ein Neffe von Sigmund Freud, nutzte das Freud'sche Menschenbild für seine Strategien und Argumentation: »Der Mensch ist ein irrationales, von unbewussten Triebimpulsen motiviertes Wesen, das notwendig kultureller Bändigung und Steuerung bedarf. Dies gilt insbesondere für die Psychologie der Masse.« Er entwickelte Kampagnen zur Meinungsbeeinflussung auf der Grundlage damals aktueller Erkenntnisse der Massenpsychologie. Bernays argumentierte: »Wenn wir den Mechanismus und die Motive des Gruppendenkens verstehen, wird es möglich sein, die Massen, ohne deren Wissen, nach unserem Willen zu kontrollieren und zu steuern« (Bernays 1928).

Gedankenhamsterräder und sich selbst erfüllende Prophezeiungen

Die sich ständig wiederholenden Gedankenhamsterräder wirken leider oftmals wie ein nicht abbrechender Strom von Selbstsuggestionen. Dies kann zu sich selbst erfüllenden Prophezeiungen führen. Das heißt, wenn wir uns etwas intensiv vorstellen und überzeugt sind, dass es sich verwirklicht, dann erhöht sich die Wahrscheinlichkeit, dass diese Vorstellung tatsächlich eintrifft. Unsere Erwartungshaltung ändert unser Verhalten, so dass der Glaube an etwas zur Realität wird.

Was der Vorhersagende als wahr annimmt, erfüllt sich sogar dann, wenn er von falschen Tatsachen ausgeht. Dies zeigt sich immer wieder in medizinischen Placeboversuchen, in denen Testpersonen erwarten, ein Medikament mit einer heilenden Wirkung zu erhalten, aber in Wirklichkeit nur eine wirkungsfreie Substanz, wie Wasser oder Zucker, verabreicht bekommen. Auch hier zeigt sich die Macht unserer Gedanken, vor allem unserer Erwartungshaltung auf eintretende Veränderungen. Prof. Dr. med. Wolf Langewitz, Chefarzt der Abteilung für Psychosomatische Medizin/Innere Medizin am Universitätsspital Basel, erklärt dazu (Langewitz 2011):

> *Als Mechanismen einer eigentlichen Placebowirkung werden die Auswirkungen von Erwartungen, eine Reduktion von Ängstlichkeit, klassisches Konditionieren sowie Auswirkungen von sozialer Unterstützung diskutiert.*

Um eine entsprechende Placebowirkung zu entfalten, ist also die Bedeutung entscheidend, die Menschen einer Behandlung, einer Person oder einem Objekt zuweisen.

Der Placeboeffekt ist der wissenschaftliche Beweis, dass wir die Fähigkeit haben, uns selbst zu heilen. Unsere Gedanken sind mächtig genug, die Realität zu beeinflussen.

Abb. 2-3 Placeboeffekt

Das Zusammenspiel zwischen Psyche und Körper

Spezifische Erwartungen können sich entsprechend den Forschungsarbeiten von Bandura (1997) auf das Ergebnis bestimmter Handlungen richten oder aber auch auf die wahrgenommene Selbstwirksamkeit, also die innere Überzeugung, dass man selbst in der Lage ist, durch bestimmte Handlungen oder Verhaltensweisen ein erwünschtes Ergebnis zu erreichen (Abb. 2-3). Dies untermauert Langewitz (2011): »Placeboeffekte sind nicht nur psychologische Wirkungen, wie noch 1986 von Spiro behauptet wurde. Placebowirkungen lassen sich auch bei der Untersuchung physiologischer und biochemischer Prozesse nachweisen.« Auch der Neuropsychologe Peter Krummenacher bestätigt: »Placeboeffekte konnten als komplexe und messbare psychoneurobiologische Reaktionen des Organismus identifiziert werden, welche selbst Einfluss auf den Heilungsprozess nehmen. Hier steht das untrennbare Zusammenspiel zwischen Psyche und Körper im Mittelpunkt« (Krummenacher im Interview mit IEF 2017).

Vorsicht vor Gedanken mit Noceboeffekt

Es gibt zusätzlich zu dem positiv wirksamen Placeboeffekt aber auch den gegenteiligen, sogenannten Noceboeffekt, bei dem negative Erwartungshaltungen auch negative Auswirkungen auf verschiedenen Ebenen bewirken können. Und genau dieser Noceboeffekt ist es, der bei unseren Gedankenhamsterrädern immer enger wirkende Endlosschleifen produziert. Eine negative Erwartungshaltung, beispielsweise in Bezug auf unser Leben, andere Menschen oder auch unsere Durchsetzungsfähigkeit, erzeugt schädigende oder einengende Wirkungen. Der moderne hypnosystemische Ansatz bezeichnet diese Gedanken als »dysfunktional«. In der nächsten Übung möchte ich Sie dazu einladen, sich Ihre Gedanken einmal vorzuknöpfen und genau zu unterscheiden, welche positiv wirksame Placeboeffekte auslösen und welche besser aussortiert werden sollten, da sie schädigend oder bremsend wirken können.

Übung 2: Gedankenhamsterräder erkennen (Zeitinvestition: 20 Minuten)

Beobachten Sie bitte Ihr Denken und die vorkommenden Themen etwa 1 bis 2 Minuten, so als ob Sie von außen auf sich und Ihr Denken schauen könnten. Bitte beantworten Sie dann in Stichworten folgende Fragen:

1. Welche Denkgewohnheiten sind wie automatisch im Zentrum Ihrer Aufmerksamkeit?
2. Um welche Themen kreisen Ihre typischen Gedankenhamsterräder?
3. Schauen Sie sich Ihre mentale Kommode an! Vielleicht können Sie einige Ihrer typischen Gedankenhamsterräder noch ergänzen?
4. Analysieren Sie bitte die Selbstsuggestionen, die Sie sich mit diesen Gedankenhamsterrädern erteilen!
5. Welche dieser Selbstsuggestionen lösen vielleicht eher einschränkende oder schwächende Noceboeffekte aus?

6. Welche Erwartungshaltung wäre sinnvoller? Welche Wirkung würden Sie gerne in Ihrem Leben auslösen?
7. Sortieren Sie sich neu und notieren Sie eine förderliche und stärkende Selbstsuggestion, die ab heute im Fokus Ihrer Aufmerksamkeit stehen kann!
8. Was hat sich in Ihrer Wahrnehmung und in Ihrem Körpergefühl nun verändert?

2.4 Das psychische Immunsystem stärken

Was nützt uns die schönste Lebensleichtigkeit, wenn wir keine Widerstandsfähigkeit gegen Krisen besitzen und die Herausforderungen des Lebens uns aus der Bahn werfen? Metaphorisch gesprochen gibt es zwei völlig unterschiedliche Typen im Hinblick auf die Widerstandskraft, man spricht von den Löwenzahn- und den Orchideentypen. Diese beiden Pflanzen haben ganz unterschiedliche Eigenschaften: Den Löwenzahn zeichnet seine Hartnäckigkeit und Widerstandskraft aus. Er wächst auch auf sehr kargem Boden und kann selbst durch Asphalt hindurchbrechen. Die Orchidee ist dagegen sehr empfindlich, was die Umgebungsfaktoren anbelangt, und benötigt das für sie stimmige Klima, um zu wachsen. Wenn sie dann aber zur Blüte kommt, staunt man nicht schlecht über die überwältigende Schönheit der Pflanze.

Die enorme Widerstandskraft des Löwenzahntypus

Im übertragenden Sinne begegnen mir auch in meiner Praxis die unglaublich kräftigen und zähen Löwenzahntypen, die kaum etwas aus der Bahn werfen kann und deren Kraft absolut erstaunlich ist. Ich denke dabei beispielsweise an eine Klientin, die meine Praxis mit den flapsigen Worten betrat: »Machen Sie lieber das Fenster zu, sonst springe ich gleich raus!« Diese Klientin hatte außerordentlich heftige Erlebnisse in ihrem Leben gemeistert und trotzdem immer noch einen lustigen Spruch auf den Lippen und ein schelmisches Lächeln. Die eigene Mutter hatte sie gefoltert, indem sie sie als Kind immer wieder derartig verprügelt und mit dem Kopf gegen die Wand geschlagen hatte, dass sie vor lauter Blut in den Augen nichts mehr sehen konnte. Außerdem wurde sie im Winter manchmal bei klirrenden Temperaturen nachts auf den Balkon gesperrt, bis sie blau gefroren war. Die weiteren Details möchte ich Ihnen an dieser Stelle ersparen. Meine Klientin wirkte trotz aller überstandenen Gräueltaten der Mutter lebensfroh und berichtete mir von dem innigen Verhältnis, das sie zu den Großeltern hatte. Dort hatte sie auch einige Jahre leben dürfen, in Sicherheitsabstand zur psychisch gestörten Mutter. Aus dieser bedingungslosen Liebe, die sie von ihren Großeltern erfahren hatte, bezog sie ihre Stärke, um das Erlebte zu verarbeiten und beruflich als Sozialpädagogin erfolgreich zu werden – ein Löwenzahntyp mit wahrlich spektakulärer Wachstumskraft.

Zarte Orchideentypen unter rauen Lebensumständen

Manchmal sehe ich in meiner Praxis aber auch den zarten Orchideentypen. So meldete sich eine 27-jährige Kunststudentin bei mir, die einem sehr wohlhabenden Elternhaus entstammte. Die Eltern hatten ihr alle Annehmlichkeiten des Lebens zukommen lassen und bemühten sich, jedwede Schwierigkeiten von ihr fernzuhalten. Dann kam der Moment ihres Lebens, vor dem ihre Eltern sie nicht schützen konnten. Sie hatte ein Blackout während einer Prüfung, fiel durch und aus lauter Frust, nicht bestanden zu haben, betrog sie einige Tage später ihren Freund mit einem anderen Mann. Sie gestand mir, dass ihr Selbstwertgefühl so im Keller gewesen sei, dass die Schmeicheleien dieses anderen Mannes sie wieder aufgebaut hätten und sie schließlich seiner eindeutigen Einladung gefolgt sei. Der Freund hatte den Betrug schließlich mitbekommen und sich deshalb von ihr getrennt. Statt aus diesem Vorfall zu lernen, den Fehler einzugestehen und den Tatsachen ins Auge zu sehen, versank die Studentin in tiefstem Selbstmitleid und steigerte sich derart in ihre Krise hinein, dass sie mit Depressionen in eine Klinik eingewiesen werden musste. Leider mangelte es ihr noch an der Fähigkeit, lösungsorientiert mit der Situation umzugehen. Stattdessen war sie als zarter Orchideentyp in dieser rauen Lebensphase emotional völlig aus dem Gleichgewicht geraten und hatte im übertragenden Sinne alle schönen Blüten abgeworfen.

Die Baumwurzeln: unsere Ressourcen

So wie unser Körper über ein komplexes und äußerst wirkungsvolles Immunsystem verfügt, das uns gegen Krankheiten und Keime schützt, so verfügt auch unsere Psyche über entsprechende Mechanismen, um uns vor den Stürmen des Lebens zu schützen. Sie können sich das Immunsystem im psychischen Bereich vorstellen wie einen Baum, der mit den Wurzeln tief im Boden verankert ist. Sein langer Stamm ist so aufgebaut, dass der Baum solide, aber gleichzeitig flexibel dem Sonnenlicht entgegenwachsen kann und durch eine dicke Borke geschützt wird. In der Baumkrone schließlich wachsen Blätter und Früchte (Abb. 2-4).

Die Wurzeln stehen für unsere Ressourcen: Fähigkeiten, gute Eigenschaften, Beziehungen und alles andere, aus dem wir Kraft schöpfen können. Es gibt also innere Ressourcen, aber auch Personen, Dinge oder Erlebnisse in der Außenwelt, die zu Kraftquellen werden können. Eigenschaften wie Widerstandskraft, Robustheit, Mut, Kritikfähigkeit, Urvertrauen, Verbundenheit mit sich und der Welt sowie eine positive Grundhaltung dem Leben gegenüber sind Ressourcen, die einem teils in die Wiege gelegt wurden, teils später noch erworben werden können. Natürlich können Bäume auf weichem, nährstoffreichem Boden viel tiefere Wurzeln schlagen als auf steinigem, kargem Untergrund. Es gibt aber Baumtypen, die sich sogar in Wüsten

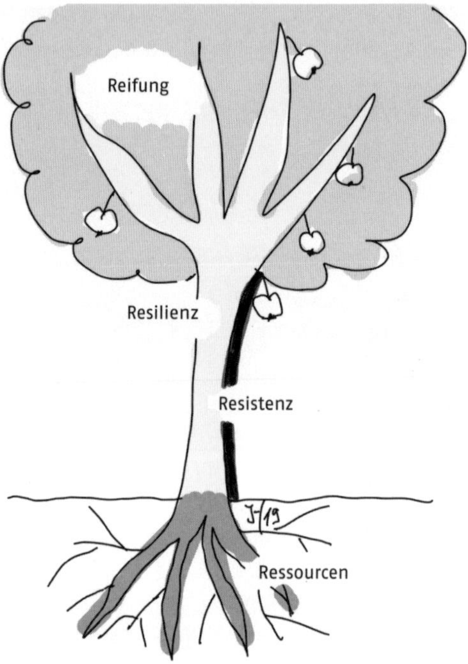

Abb. 2-4 Baummodell

oder anderen kargen Gegenden halten können, sich sogar auf diese Lebensbedingungen spezialisiert haben.

Der Baumstamm: durch Resilienz Stürmen trotzen

Der Baumstamm steht für die Fähigkeit, sich immer wieder aufzurichten und den Widrigkeiten des Lebens zu trotzen, quasi wie ein Stehaufmännchen. Man bezeichnet dies auch als Resilienz. Der Begriff stammt vom lateinischen »resilire« für zurückspringen oder abprallen. Resilienz ist kein Persönlichkeitsmerkmal, sondern eine Strategie und beschreibt die Widerstandsfähigkeit eines Individuums, sich trotz ungünstiger Lebensumstände und kritischer Lebensereignisse erfolgreich zu entwickeln. »Allerdings kann man nicht resilient sein, wenn keine stressreiche oder traumatische Erfahrung vorliegt: Resilienz manifestiert sich als eine Wiederherstellung normaler Befindlichkeit nach einem Schicksalsschlag«, so definiert es das *Lexikon der Psychologie* (Dorsch 2014).

Erforscht wurde das Konzept vor allem bei Kindern, die sich trotz widriger Lebensumstände, wie Armut oder Gewalt, zu physisch und psychisch unauffälligen und erfolgreichen Erwachsenen entwickelten, wohingegen weniger resiliente Kinder bei gleichen Risikofaktoren ein höheres Risiko für diese Auffälligkeiten hatten. Resilienz baut auf einer Vielzahl von Schutzfaktoren auf, dazu gehören biologische, kognitive und affektive Faktoren, wie beispielsweise Selbstwert, Intelligenz, Selbstwirksamkeitserwartung und realistische Selbsteinschätzung. Soziale Schutzfaktoren, wie die Bindungsqualität in der Familie, aber auch außerhalb, zählen ebenso dazu.

Diese sieben Faktoren stärken die Widerstandskraft:

1. Leichtigkeit und Optimismus: positive Erwartungshaltung haben, sich und dem Leben vertrauen, Glücksmomente bewusst wahrnehmen
2. Frustrationstoleranz und Gleichmut: Situationen akzeptieren, mit Emotionen umgehen lernen, Ausgeglichenheit und Gleichmut zeigen, Schweres Loslassen können
3. Lösungs- und Stressbewältigungskompetenz: sich auf sinnvolle Ziele ausrichten, Zukunft planen, über mentale Kraft verfügen
4. Selbstwirksamkeit und Sinnerleben: handeln, die Opferrolle verlassen, Verantwortung für das eigene Leben übernehmen, aktiv sein, Sinn finden
5. Gute Kontakte und Bindungen: Werte und Halt vermitteln, stabile Freundschaften aufbauen, sich aktiv Hilfe holen und annehmen können, Hilfsbereitschaft zeigen

6. Ressourcenorientierung und Selbstwert: sich auf Ressourcen und eigene Stärken besinnen, Selbstwertgefühl aufbauen
7. Liebe und Humor: liebevoll mit sich und anderen umgehen, humorvolle Selbstkritik, Dinge nicht zu ernst nehmen

Alle oben aufgeführen Resilienzfaktoren tragen dazu bei, schweren Lebensphasen zu trotzen und mit mehr Leichtigkeit zu bestehen. Vielleicht entdecken Sie einige der Faktoren, die bei Ihnen schon recht gut entwickelt sind. Andere könnten Sie vielleicht noch mehr trainieren. Am einfachsten gelingt es mit dem hypnosystemischen Ansatz, diese Resilienzfaktoren zu stärken oder aufzubauen. Mithilfe bestimmter Techniken lassen sich beispielsweise im Hypnosystemischen Coaching positive Introjekte bilden, der Klient kann dann in ein Erwachsenen- oder Helden-Ich schlüpfen und sich vorstellen, wie dieser Teil handeln würde, um die schwierige Situation zu überstehen. Auch die Fähigkeit, die Situation sachlich von außen zu betrachten und sich davon gedanklich einen Moment loszulösen, ist äußerst hilfreich. Zudem kann man mit einer Art Helfer-Ich in Verbindung treten und sich die Kraft und Weisheit dieses inneren Anteils zunutze machen.

Es ist sehr aufschlussreich, die Aufzeichnungen des Psychiaters Viktor Frankl zu lesen, der im Zweiten Weltkrieg seine Inhaftierung in verschiedenen Konzentrationslagern überlebte. Der Begründer der Logotherapie wusste schon damals um die Wichtigkeit des Erlebens von Sinnhaftigkeit im Leben. Sinn und Zweck seines damaligen Überlebenskampfes in diesen schweren Zeiten war sein Vorhaben, eines Tages von den Martyrien und Grausamkeiten zu berichten. Man ist heute zu der Erkenntnis gelangt, dass Sinnerleben allgemein einer der wichtigsten Resilienzfaktoren ist.

Die Baumborke: Resistenz gegen Mentalschädlinge

Die Borke des Baumes zeigt Resistenz gegen Schädlinge von außen. Übertragen auf die Psyche steht sie für unseren mentalen Anti-Viren-Schild, also unsere positiven Glaubens- oder hilfreichen Wissenssätze. Psychische Schädlinge sind alle negativen Glaubenssätze und Manipulationsversuche von außen, beispielsweise »Du bist nichts wert«. Ein positiver glaubens- besser noch wissensbasierter Satz wie »Ich schaffe das!« wird zur sich selbst erfüllenden Prophezeiung und bildet einen wirksamen Schutzschild gegen derartige Angriffe von Mentalschädlingen.

Die »Borke«, unsere psychische Resistenz, lohnt es sich ganz bewusst zu aktivieren und auszubauen, was wir in Kapitel 3 gemeinsam angehen werden. Die Fähigkeit, in Notsituationen unsere Widerstandskraft zu entwickeln, ist grundsätzlich trainierbar wie jede andere Technik auch. Und in der Regel stehen uns auch schon eine ganze Menge guter Schutzstrategien zur Verfügung, die wir meist unbewusst nutzen. Diese Mechanismen werden uns erst dann bewusst, wenn sie versagen und unsere Bewältigungsstrategien für bestimmte Herausforderungen oder Krisensituationen nicht mehr ausreichen.

Die Baumkrone: psychische Reifung durch die Feuerproben des Lebens

Die Baumkrone mit dem Blattwerk und den Früchten steht für die psychische Reifung, für unseren Wachstumssinn und unsere Weiterentwicklung. Dazu gehören auch alle Enttäuschungen, an denen wir wachsen konnten. Irgendwann wird uns bewusst, dass wir die kleinen und großen Krisen geradezu brauchen, um emotionale Reife zu erlangen. Je komplexer und anspruchsvoller unsere Umgebung ist, desto mehr sind wir gezwungen, uns weiterzuentwickeln. Nach Rudolf Steiner ist das ganz gewöhnliche Leben für manche Menschen schon eine echte Feuerprobe (Steiner 1918):

> *Es sind das diejenigen, welche durch reiche Erfahrungen von solcher Art durchgehen, daß ihr Selbstvertrauen, ihr Mut und ihre Standhaftigkeit in gesunder Weise groß werden und daß sie Leid, Enttäuschung, Misslingen von Unternehmungen mit Seelengröße und namentlich mit Ruhe und in ungebrochener Kraft ertragen lernen.*

Erfahrungen dieser Art durchzumachen, ist nach Auffassung Steiners einer der wichtigsten Prozesse auf dem Weg zur Entwicklung der mentalen und geistigen Kräfte.

Das Naturgesetz: durch Widerstand zur Kraft

Viele Menschen denken, dass sie sich vom stressreichen Alltag zurückziehen sollten oder sogar vor Belastung schützen müssten, um ihre mentale Kraft zu erhalten. Die Erfahrung zeigt, dass das Gegenteil der Fall ist und ein natürliches Gesetz auch für den psychischen Bereich gilt: Je stärker der Widerstand ist, desto mehr Kraft müssen wir entwickeln, um vorwärtszukommen. Dieses Prinzip ist die Basis jedes körperlichen Trainingsprogramms im Leistungssport. Widerstand stärkt Muskeln und Kraft. Je mehr wir uns beispielsweise dem Gegenwind beim Schwimmen oder der Schwerkraft beim Bergsteigen aussetzen, desto intensiver trainieren wir unsere Muskeln.

Wir können unsere psychischen Muskeln durch die Widrigkeiten des Lebens, durch Krisen und Probleme trainieren. Die alltäglichen Widerstände sind also sogar heilsam, sie stärken unsere psychische Kraft, Widerstandsfähigkeit und unser psychisches Immunsystem (Abb. 2-5).

Übung 3: Psychisches Immunsystem (Zeitinvestition 20 Minuten)

Bitte notieren Sie die Antworten in Stichworten in Ihr Leichtigkeitstagebuch!

1. Was sind Ihre wichtigsten Ressourcen, aus denen Sie Kraft schöpfen können?
2. In welchen Situationen Ihres Lebens waren Sie psychisch gut immunisiert?
3. Welche Resilienzfaktoren sind bei Ihnen bereits gut entwickelt? Bitte sammeln Sie Beispiele!
4. Welche Resilienzfaktoren möchten Sie persönlich noch weiterentwickeln?
5. Welche Situationen Ihres Lebens haben Ihr psychisches Immunsystem überfordert?
6. Zeichnen Sie Ihren persönlichen Immunsystembaum mit allen Ressourcen und Resilienzfaktoren. In welcher Weise haben schwierige Erfahrungen für Sie Sinn gegeben und welchen Sinn können Sie in ihnen nachträglich finden?
7. Wie würden Sie Ihre psychische Reifung beschreiben und welche Früchte hat Ihre Entwicklung getragen?

Abb. 2-5 Krisenkräfte

Mentale Stärke schafft Leichtigkeit

Die Resilienz ist eng verwandt mit dem Konzept der mentalen Stärke, welche natürlich eine sehr gute Basis für das Erleben von Leichtigkeit darstellt. Mentale Stärke ist das Ergebnis von persönlichen Überzeugungen, Einstellungen und Denkprozessen. Bereits in den 1970er Jahren konnten führende Psychologen wie Albert Bandura und Martin Seligman in zahlreichen Studien zeigen, dass Menschen, die von den eigenen Fähigkeiten überzeugt sind und Situationen für kontrollierbar halten, sich höhere Ziele setzen, motivierter sind, besser mit Stress umgehen und mehr Anstrengung und Ausdauer zeigen. Bandura bezeichnete diese Überzeugungen als wahrgenommene Selbstwirksamkeit. Personen mit mentaler Stärke zeichnen sich dadurch aus, dass sie:

1. sich herausfordernde Ziele setzen,
2. Misserfolge besser wegstecken,
3. sich besser konzentrieren und fokussieren können,
4. eine höhere Motivation und Selbstwirksamkeitserwartung aufweisen,
5. Ressourcen aktivieren und nutzen können und
6. mit mehr Leichtigkeit Schweres bewältigen können.

Nehmen Sie Platz im Regiestuhl Ihres Lebens

Es gibt nur eine einzige Person, die darüber bestimmt, ob Sie ein Leben in Leichtigkeit führen, mentale Kraft trainieren und sich gegen die Stürme des Lebens widerstandsfähig machen oder nicht. Diese Person sind Sie selbst, und es ist allein Ihre freie Entscheidung. In dem Moment, wo meinen Klienten bewusst wird, dass sie alle entscheidenden Fähigkeiten selbst erlernen und trainieren können, sind sie gerne bereit, die klassische Opferrolle aufzugeben. Dies war auch bei meiner Klientin mit der Orchideenmentalität, von der bereits die Rede war, der Fall. Als ihr bewusst wurde, dass Resilienz und mentale Stärke erlernbar sind, konnte sie aus ihrer selbstzerstörerischen Ohnmacht und ihrer Depression wieder emporsteigen. Heute besitzt sie größere mentale Selbstkontrolle über sich und kann ihr Leben selbst lenken. Sie ist nun nicht mehr nur Hauptdarsteller in ihrem Lebensfilm, sondern auch Regisseurin. Tatsächlich habe ich in meiner Praxis einen Regiesessel stehen und bitte meine Klienten regelmäßig, darin Platz zu nehmen, sich die erlebten Szenen der Schwere einmal aus dieser erweiterten Perspektive anzuschauen und dem Hauptdarsteller – nämlich sich selbst – entsprechende Regieanweisungen zu geben.

Das Drehbuch für Ihr Leben selbst schreiben

Wenn Sie Passivität endgültig satthaben und bereit sind, zum Regisseur Ihres Lebens zu werden, dann dürfen Sie jetzt in der nächsten Übung Ihr eigenes Drehbuch entwerfen. Die Anweisungen, die Sie in Ihrem Drehbuch notieren, wirken tief in ihrem Unterbewusstsein und richten es aus.

Dabei planen Sie, wie der Hauptdarsteller – also Sie selbst – Schritt für Schritt mehr Leichtigkeit, Resilienz, Wachstum und mentale Stärke als Grundlage für sein Leben entwickeln kann. Sie können eigenständige Filmsequenzen visualisieren, die bereits das Erreichen dieses Zustandes in Ihrem Inneren realisieren. Die einzelnen entworfenen Szenen können einfach kurz und prägnant sein, etwa wie eine Momentaufnahme. So können Sie im beruflichen oder auch privaten Bereich gedanklich entsprechende Szenen imaginieren, in denen Sie voller Leichtigkeit durch schwierige Situationen »gleiten«. Eine bevorstehende Prüfung mit Leichtigkeit zu meistern oder eine Weiterbildung zu absolvieren wäre beispielsweise eine interessante Szene, um die Wirkung der Leichtigkeit zu nutzen.

Vor allem Ihre Vorstellungskraft und die emotionale Intensität der Bilder sind bei dieser Vorgehensweise bedeutsam, und es gilt: Je lebendiger und bunter die Bilder und Szenen, die Sie sich vorstellen, sind, desto stärker wirkt die entsprechende Imagination in Ihrem Unterbewusstsein.

Übung 4: Drehbuch Leichtigkeit
(Zeitinvestition ca. 15 Minuten)

Bitte entwerfen Sie schriftlich eine kurze Szene, in der Sie sich intensiv mit allen Sinnen voller Leichtigkeit und mentalen Stärke erleben! Wählen Sie eine oder auch mehrere Situationen oder Szenen aus, in denen Sie Schweres mit mehr Leichtigkeit bewältigen können! Danach können Sie sich die Szenen mental vorstellen!

1. Welche Situationen im Privatleben könnten mehr Leichtigkeit oder mentale Stärke vertragen?
2. Welche beruflichen Situationen würden sich mit mehr Leichtigkeit oder mentaler Stärke positiv transformieren?
3. Wie fühlt sich die Leichtigkeit oder mentale Stärke im Körper genau an? In welchen Körperbereichen spüren Sie diesen Zustand am intensivsten? Bitte beschreiben Sie dies in Stichworten!
4. Wenn dieser Zustand eine Farbe hätte, welche Farbe würden Sie für Leichtigkeit oder mentale Stärke auswählen?
5. Beobachten Sie einige Minuten bei geschlossenen Augen, wie sich die Farbe der Leichtigkeit oder mentalen Stärke in Ihrem Körper ausbreitet und dabei noch etwas intensiver wird!
6. Beschreiben Sie in Stichworten ein oder auch mehrere »Filmszenen«, in denen sich die Leichtigkeit oder mentale Stärke wirkungsvoll in bestimmten Situationen auswirkt und sich Ihr Erleben und Verhalten dadurch verändert!
7. Was hat sich nun in Ihrer Wahrnehmung bezogen auf diese Situationen und Ihr Gefühl verändert?

3 Das Mindset transformieren

So zuverlässig die Wissenschaft arbeitet,
so bedenklich gestaltet sich die Frage
nach dem Fundament,
auf dem sich ihr Gebäude erhebt.
Denn eine voraussetzungslose Wissenschaft gibt es nicht.
Aus Nichts lässt sich nichts folgern.

(Max Planck, Physiker, Nobelpreisträger; zitiert nach König 2011)

3.1 Das persönliche Weltbild reflektieren

Von Ohnmacht zur Selbstwirksamkeit

Eine etwa 40-jährige Klientin kam zu mir in die Praxis und beschrieb sich selbst als schwer depressiv. Sie sei vor etwa zehn Jahren in Psychotherapie gewesen, hätte diese aber nach einigen Monaten abgebrochen, da es ihr »nichts gebracht hätte«. Sie zweifle daran, dass sich ihr negativer Gemütszustand jemals verbessern würde, und auch an meine Arbeit mit dem hypnosystemischen Coaching glaube sie nicht. Sie habe keine Hoffnung, dass es irgendwann eine dauerhafte Verbesserung ihres Zustandes von Schwere, Ohnmacht und täglichem Leiden geben könnte.

Ich erklärte ihr zunächst, dass die von mir angewandten Techniken rein gar nichts mit Glauben zu tun hätten, sondern auf aktueller wissenschaftlicher Forschung und den Erkenntnissen der Neuropsychologie fußen würden. Hypnosystemisches Coaching sei angewandte Neuroplastizität, und ich würde sie als Coach nur darin anleiten, ihre gewohnten Gedankenstrukturen, die bisher wohl rein zufällig entstanden seien, selbstständig zu verändern.

Sie schaute mich nun staunend und ungläubig an, und ich erläuterte ihr Folgendes: Neuroplastizität bedeute, dass sich das Gehirn und seine »Gedankenlandkarte«, auch Mindset genannt, in jeder Sekunde verändere. Die Gedanken, die ein Mensch am häufigsten denke, würden dabei verstärkt, so dass die Neurone sich intensiver verschalten und dann irgendwann eine regelrechte Datenautobahn daraus würde. In ihrem Gehirn wären Gedanken von Ohnmacht, Schwere und Hilflosigkeit mit allen dazugehörigen Emotionen und Assoziationen einfach über die Jahre hinweg sehr gut verschaltet. Und ich könne heraushören, dass ihre eigene Selbstprogrammierung in den letzten Jahren wohl eher ungünstig gewesen sei.

Jetzt lachte die Klientin laut auf und sagte: »Das klingt alles so einfach, wie Sie es erklären, warum habe ich denn dann bisher derart leiden müssen?«

Ich antworte ihr: »Weil Sie schlichtweg keine Informationen darüber hatten, Ihnen das entscheidende Wissen fehlte und dadurch Ihre Wahrnehmungsperspektive eingeschränkt war. Sie wussten bis zu diesem Moment nicht, dass tatsächlich jeder Mensch grundsätzlich in der Lage ist, mit entsprechenden Techniken zum Architekten seines Gehirns, seines Denkens und Fühlens zu werden. Sie selbst besitzen alle Fähigkeiten, die Sie benötigen, um Ihr Leben so zu gestalten, wie Sie es wollen«, erklärte ich.

Nun klappte meiner Klientin der Unterkiefer vor Staunen herunter, und sie grummelte vor sich hin. »Warum nur erfahre ich das erst jetzt?«

Ich fuhr damit fort, durch wissenschaftlich fundierte Informationen ihr Weltbild zu erweitern: »In der Psychologie hat sich in den letzten Jahren ein wahrer Paradigmenwechsel vollzogen. Von der ursprünglichen Idee, Probleme nur durch Erzählen aufzulösen, ist man heute zu einer modernen hochwirksamen Herangehensweise gelangt, bei der wir die Erkenntnisse der Neuroforschung nutzen und mit Techniken arbeiten, mit denen wir direkt das mächtige Unterbewusstsein ansprechen und lenken können. Der Klient wird bei diesem Prozess selbst zum Regisseur seines Lebensfilms.« Es ginge vor allem immer um eine Erweiterung der gedanklichen Perspektive, so dass Klienten ihre wahren Möglichkeiten wahrnehmen und aktivieren könnten. »Und gerade jetzt«,

fügte ich hinzu, »erweitert sich Ihr Weltbild durch diese Erläuterungen von einer Grundeinstellung ohnmächtiger Hilflosigkeit zu Schöpferkraft und Selbstwirksamkeit.«
Es war nun einen Moment im Raum sehr still, und meiner Klientin war die Konzentration am Gesicht abzulesen. Sie antwortete mir kurz und knapp: »Ich zweifle zwar immer noch daran, dass das so einfach sein kann, aber ich fühle mich jetzt bereits viel leichter aufgrund dieser neuen Möglichkeiten. Lassen Sie uns anfangen!«

Das persönliche Mindset frei wählen und selbst gestalten

»Mindset« ist ein englischer Begriff, der vielfältige Bedeutungen haben kann, wie beispielsweise Denkweise, Einstellung, Haltung, Lebensphilosophie oder Weltanschauung. Unsere Einstellung zu bestimmten Themen, oder wie wir denken, fühlen und handeln, ist teils erlernt, teils geprägt von Erfahrungen, die wir gemacht haben.

Um in einen dauerhaften Zustand von Leichtigkeit eintauchen zu können, benötigen wir die entsprechende gedankliche Ausrichtung, also eine dazu passende innere Einstellung. Entscheidend für Leichtigkeit und Lebensfreude ist ein Weltbild, das es ermöglicht, aus einer erweiterten Perspektive auf die Dinge, Erlebnisse und Krisensituationen zu schauen, die uns im Leben begegnen. Und es reicht leider nicht aus, dies nur logisch zu *wissen*. Die Erweiterung der Perspektive und das daraus entstehende Lebensgefühl muss auf viel tieferen Ebenen des Erlebens aktiviert und konsolidiert werden. Dies erfordert vor allem das Anstoßen von unbewussten Prozessen, die dann selbstständig in Richtung Leichtigkeit weiterlaufen. Wir müssen uns über das eingeschränkte reine Verstandesdenken hinauswagen. Beispielsweise wird in der Hypnotherapie seit Jahrzehnten sehr erfolgreich mit einer unterbewussten oder auch unbewussten Instanz gearbeitet. In der trancebasierten Kommunikation mit dieser Instanz kann das Denken, Fühlen und Handeln auf Basis völlig neuer Perspektiven und Erfahrungen in den Bereich von Ruhe, Leichtigkeit oder auch Lebensfreude verschoben werden.

Allerdings gibt es auch einige Widerstände gegen diese Entwicklungsprozesse. Das in unserer westlichen Gesellschaft konditionierte reine Verstandesdenken mit seinen Glaubenssätzen und Werthaltungen bewirkt ein oberflächliches, eingeschränktes und oftmals rein materielles Denken. Das Ego als die Summe all unserer Einbildungen entsteht in unserer Entwicklung und Lebensgeschichte im Kontext einer Konsum- und Leistungsgesellschaft. Unser westliches Weltbild fokussiert sich zumeist auf die reine Materie, also den Körper, Äußerlichkeiten, Leistung und Erfolg. Mit diesem sehr eingeschränkten »Ego-Blick« auf die Welt kann jedoch kaum ein nachhaltiger Zustand von Leichtigkeit entstehen – vielleicht kurzzeitig ein Gefühl von Spaß und Hedonismus, aber keine tiefe, wahre Lebensfreude.

Das geistige Fundament prüfen und verändern

Diese oberflächliche Sicht auf die Dinge muss zunächst überwunden werden, damit man langfristig zu einer erweiterten Perspektive gelangen kann. Um das zu erreichen, ist es notwendig, sich das geistige Fundament, auf dem alle Gedankengänge und Schlussfolgerungen entstehen, genauer anzuschauen (Abb. 3-1). Genauso bin ich mit meiner Klientin aus dem Beispiel weiter verfahren. Wir haben uns gemeinsam die Grundstrukturen ihres Denkens angeschaut, also ihr Glaubenssystem und die Beziehungsstrukturen in ihrer Ursprungsfamilie.

Da Sie ja nun über die großartigen Möglichkeiten der neuronalen Plastizität aufgeklärt sind (Kapitel 2), wissen

Abb. 3-1 Fundament und Denkgebäude

Sie auch, dass Sie Ihre mentale Landkarte mit allen alten Programmen jederzeit verändern können. Mögliche Blockaden, Denkfehler, falsche Glaubenssätze und andere mentale Konstrukte, die Ihnen die Leichtigkeit rauben, können durch angewandte Neuroplastizität mithilfe hypnosystemischer Coachingtechniken nachhaltig gelöst oder korrigiert werden. Dieser Prozess der Selbstreflexion des eigenen Mindsets und der Veränderung dauert seine Zeit. Also bitte keine Eile, Sie können sich für diesen spannenden Prozess einfach Zeit lassen und jede kleine Veränderung bewusst genießen!

Glaubenssätze und Programmierungen ersetzen

Ihr persönliches Mindset ist unbewusst auf tief verankerten Glaubenssätzen erbaut, die wie ein Baufundament Ihr gesamtes Denkgebäude stützen. Aber ein Gebäude kann nur sicher stehen, wenn es auf einem soliden Fundament errichtet ist und nicht auf Treibsand oder in einem Sumpf. Für ein sicher stehendes Bauwerk benötigt man außerdem solide verankerte Stützpfeiler. Übertragen auf Ihre mentalen Strukturen heißt das also, die Glaubenssätze, die meist zufällig im Laufe der persönlichen Entwicklung entstanden sind, einmal genauer anzuschauen und auf ihre mögliche Baufälligkeit zu untersuchen. Ihr logischer Verstand fungiert quasi als Bauaufsicht, die das Fundament begutachten kann, eventuelle mentale Baufehler entdeckt, marode Stellen inspiziert und den ganzen mentalen Grund auf Stabilität und gute Verankerung prüft.

Wenn Sie auf diese Weise Ihr persönliches Mindset hinterfragen, Programmierungen und Konditionierungen erkennen, dann ist dieser selbstreflektorische Prozess wie ein Scannen Ihres Systems mit einem guten Antivirenprogramm. Gewisse einschränkende oder schädigende Programme in Form von Glaubenssätzen können so erkannt und »gelöscht« beziehungsweise durch funktionierende, stimmige und überprüfbare Überzeugungen ersetzt werden. Ein überlebenswichtiges Update findet statt.

Glaube als irrationaler Verstehensentwurf des Daseins

Das *Lexikon der Psychologie* definiert den Begriff »Glaube« als »subjektives Fürwahrhalten, wobei weder eine objektive Begründung noch eine objektive Geltungsabsicherung erwartet wird«. Die Religionswissenschaft beschreibe Glaube sogar als »irrationalen Verstehensentwurf des Daseins« (Dorsch 2014). Glaubenssätze sind also die in unseren inneren Selbstgesprächen zusammengefassten Überzeugungen und die mentalen Stützpfeiler unseres Mindsets. Diese inneren Stimmen sind oftmals die Worte von internalisierten Bezugspersonen, wie Familienangehörigen, Lehrern oder Freunden. Der Begriff Glaube wird umgangssprachlich häufig auch benutzt im Sinne von »Vertrauen«, beispielsweise in sich selbst, ins Leben oder in eine Sache. Ich verwende den Begriff »Glaube« hier aber immer im Sinne von »subjektivem Fürwahrhalten«.

Nach der Hypnotherapeutin Waltraud Trageser und dem Psychologen Marco von Münchhausen sind Glaubenssätze meist unbewusste Muster von Denkprozessen und internalisierte Überzeugungen. Sie beruhen auf der Verallgemeinerung von persönlichen Erfahrungen oder Fremdbewertungen und können entweder Ursachen, Bedeutungen oder Begrenzungen betreffen (Trageser & Münchhausen 2000). Diese Generalisierungen beziehen sich hauptsächlich auf das Weltbild, also die Menschheit und Existenz als solches, die eigene Identität, persönliche Eigenschaften und Verhaltensweisen, Fähigkeiten und Personen. Negativ wirksame Glaubenssätze sind häufig mit emotionalen Reaktionen verbunden, die man folgenden drei emotionalen Kategorien zuordnen kann:

1. Hoffnungslosigkeit, z. B. »Das Leben ist schwer und Leichtigkeit grundsätzlich unerreichbar.«
2. Hilflosigkeit, z. B. »Ich selbst kann nichts daran ändern, ich bin machtlos.«
3. Wertlosigkeit, z. B. »Leichtigkeit steht mir nicht zu, so viel Gutes habe ich nicht verdient.«

Solche »auf Sand gebaute Glaubenssätze« sind nicht nur störend, sondern können sogar gefährlich werden, da sie ihre Wirkung im Laufe des Lebens vor allem unbewusst entfalten können. Umso wichtiger sind eine systematische und rationale Analyse unseres persönlichen Glaubenssystems und das Überprüfen bisher einfach unkritisch angenommener Überzeugungen und Denkschemata.

Wahres Wissen und falsche Glaubenssätze unterscheiden

Aber wie können wir falsche Glaubenssätze von den wahren Fakten unterscheiden? Der amerikanische Physiker und Autor Thomas Campbell empfiehlt folgendes Vorgehen, um echtes Wissen herausfiltern zu können (Campbell 2018):

> *Wahrheit und Wissen können dadurch beurteilt werden, dass man sie anwendet und die objektiven Resultate auswertet. Eine wissenschaftliche Methodik ist das primäre Werkzeug und der grundlegende Prozess, der Sie dazu befähigt, bei der Beurteilung objektiver Resultate Glaubensfallen aus dem Weg zu gehen.*

Das klingt nun wirklich eher nach Arbeit, zeitintensiver Recherche, als nach Leichtigkeit, oder? Und wie ließe sich dieses Vorgehen überhaupt von der Wissenschaft in unseren Alltag übertragen? Dazu empfiehlt Campbell: »Sie müssen genügend qualitativ hochwertige und beweiskräftige Daten sammeln, bevor Sie potenzielle Möglichkeiten in Tatsachen oder Wissen verwandeln.« Das heißt, dass Sie selbst im Alltag zum Forscher werden sollen und alle Thesen, Theorien oder Glaubenssätze selbst überprüfen müssen.

Das Wichtigste dabei ist, grundsätzlich immer einerseits kritisch zu sein und gleichzeitig unvoreingenommen und offen, dem »Ozean der Möglichkeiten« zu begegnen. Auf diese Weise können Sie verhindern, zu tief in zu viele Gedanken-Sackgassen hineinzugeraten. »Die Wahrheit ist nicht empfindlich«, erklärt Campbell, »sie wird Ihren beharrlichen Überprüfungen standhalten.«

Dieses Vorgehen wird es Ihnen ermöglichen, Ihr persönliches Denk- und Glaubensfundament auf Schwachstellen und Fehler zu überprüfen und die Bereiche Ihres Unterbewusstseins tiefer zu erforschen, in denen die Konditionierungen und Programmierungen des Gesellschaftssystems wirken, in dem Sie aufgewachsen sind. Natürlich darf man sich für diesen tiefgreifenden Klärungsprozess auch professionelle Hilfe suchen, beispielsweise einen hypnosystemisch ausgebildeten Coach.

Gruppen als Anhänger falscher Glaubenssysteme

Falschen Glaubenssätzen anzuhängen ist tatsächlich mindestens genauso gefährlich, wie Wolkenkratzer auf Treibsand aufzubauen: die kleinste Erschütterung, und das mentale Konstrukt bricht wie ein Kartenhaus in sich zusammen. Doch trotzdem tappen nicht nur Einzelne in die Glaubensfalle, sondern auch ganze Gruppierungen. Menschen, die einem bestimmten Glaubenssystem anhängen, saugen teils völlig unreflektiert all das unkritisch auf, was die entsprechende Gruppe, ob religiös oder politisch, ihnen an Informationen, Meinungen und Bewertungen vorsetzt. Kriege und Terroranschläge sind nur einige der vielen möglichen Folgen solch konditionierter Gruppenglaubenssysteme.

Das persönliche Denksystem sollte dann doch lieber auf solidem Boden echter Erkenntnisse erbaut sein. Aufgrund ständig neuer wissenschaftlichen Erkenntnisse kann unser Wissen zum aktuellen Zeitpunkt aber niemals umfassend und vollständig sein. Wir müssen also unser Wissensfundament dauernd weiter ausbauen.

Wissenschaft im Wandel der Welt- und Menschenbilder

Ein erschreckendes Beispiel dafür, wie sich medizinisches Verständnis an das vorherrschende Welt- und Menschenbild anlehnt, liefert die veraltete Behandlungsmethode der Lobotomie. Diese etwa hundert Jahre alte Behandlungsmethode ist eines der düstersten Kapitel der Psychiatrie und frühen Neuropsychologie. Bei der als Lobotomie bezeichneten Operation bohrte der Operateur zwei Löcher seitlich in den Schädel des Patienten und zerschnitt quasi blind mit einem länglichen Messer die Nervenbahnen zwischen Thalamus und Frontallappen sowie Teile der grauen Substanz. Ursprünglich nur zur Schmerzausschaltung und bei extrem schweren Fällen psychischer Erkrankungen angewendet, wollte man schließlich sogar jugendliche Straftäter mit dieser Methode »heilen« und nahm dabei auch die schweren Nebenwirkung dieses Eingriffs in Kauf, wie etwa Persönlichkeitsstörungen, Antriebslosigkeit und Veränderungen der Emotionalität. Wegen dieser erheblichen Nebenwirkungen und der Entwicklung der Psychopharmaka geriet die Methode Anfang der 1950er Jahre in Verruf (Valenstein 1980).

Walter Freeman, ein US-amerikanischer Psychiater, der sich damals für eine massenhafte Verbreitung der zeit- und kostengünstigen Methode einsetzte, beschrieb die Auswirkungen ohne Beschönigung: »Die Psychochirurgie erlangt ihre Erfolge dadurch, dass sie die Phantasie zerschmettert, Gefühle abstumpft, abstraktes Denken vernichtet und ein roboterähnliches, kontrollierbares Individuum schafft« (Wikipedia). Ken Keseys einflussreicher und bedeutender Roman *Einer flog über das Kuckucksnest* zeigte drastisch die Auswirkungen dieser Operationstechnik auf Patienten (Keseys 1982). Aus heutigem Verständnis mutet die Lobotomie vollkommen unmenschlich an, aber zum damaligen Zeitpunkt, auf Grundlage des Welt- und Menschenbildes Anfang des 19. Jahrhunderts, war die Methode anerkannt, und es wurden insgesamt bis zu einer Million Patienten durch die Zerstörung ihres Hirngewebes teils zwangstherapiert und lebenslang geschädigt.

Durch immer weitere Erkenntnisse zu mehr Leichtigkeit

Wagen wir nun einen Blick in die Zukunft, so können wir schlussfolgern, dass Mediziner, Psychologen und Wissenschaftler in hundert Jahren ähnlich schockiert über einige unserer Behandlungsmethoden denken werden. Auf Basis ihres weiterentwickelten Weltverständnisses und Menschenbildes werden sie möglicherweise über unsere derzeitig eingeschränkte Sicht und unser mangelndes Wissen nur den Kopf schütteln können. Welt- und Menschenbilder, Wissenschaft und Forschung sind ständig im Wandel, und auch jeder Einzelne sollte sich ständig weiterentwickeln. Dies ist grundlegend, damit wir uns Schritt für Schritt zu mehr Leichtigkeit des Seins bewegen können. Der erste Schritt ist die entscheidende Frage, welches Weltbild bisher die Basis Ihres Denkens ausmacht und ob dieses Weltbild Ihnen überhaupt ein Leben voller Leichtigkeit ermöglichen kann. Mit dieser Frage stoßen wir in die tiefsten, unbewussten Bereiche Ihres Denkens vor und nähern uns dem Kern Ihrer Überzeugungen.

Auf welchen Annahmen beruht Ihr Weltbild?

»Dieser Glaube, unser persönliches Weltbild, ist die Grundlage von dem, was wir als Wissen annehmen oder ablehnen«, so beschreibt es der Mönch und Schriftsteller Armin

Risi, der sich in seinen Büchern mit Hinduismus, Buddhismus und den alten vedischen Schriften auseinandersetzt (Risi 2016).

> *Atheistische Rationalisten behaupten, ihnen gehe es nicht um »glauben«, sondern um »wissen«. Es ist jedoch unbestreitbar, dass auch die ungläubigen Atheisten »glauben«. Selbst wenn Atheisten sich dessen nicht bewusst sind: auch sie glauben an etwas – an die Absolutheit der Materie.*

Der Physiker und Nobelpreisträger Max Planck (zitiert in König 2011) formulierte es folgendermaßen:

> *So zuverlässig die Wissenschaft arbeitet, so bedenklich gestaltet sich die Frage nach dem Fundament, auf dem sich ihr Gebäude erhebt. Denn eine voraussetzungslose Wissenschaft gibt es nicht. Aus Nichts lässt sich nichts folgern, auch nicht mit den exaktesten Methoden. Die große Frage nun, an welche Grundprinzipien die exakte Wissenschaft anzuknüpfen hat, ist von jeher der Gegenstand der tiefsinnigsten Forschung der Philosophen aller Zeiten und Länder gewesen. Aber es hat sich immer wieder gezeigt, dass eine Antwort im abschließenden Sinn nicht zu finden ist.*

Welches Weltbild wir also auch immer vertreten, es gründet letztlich in Annahmen, die wir objektiv nicht beweisen können. Sie klingen für uns vielleicht wahr, weil wir es in der Schule über Jahre in- und auswendig gelernt haben oder weil viele andere Menschen das Gleiche glauben. Unser Weltbild ist der Dreh- und Angelpunkt für unser gesamtes Denksystem, für unsere Gefühlswelt sowie auch für die Möglichkeit, eine erweiterte Perspektive einnehmen und den Zustand von Leichtigkeit erfahren zu können. Daher ist eine genauere Überprüfung so wichtig.

Zwei verschiedene Weltbilder und ihre Glaubwürdigkeit

Menschen können je nach Weltbild bei der Betrachtung gleicher Begebenheiten zu völlig verschiedenen Schlussfolgerungen kommen. Für die materialistischen Wissenschaftler ist der Sitz des Bewusstseins einzig und allein das Gehirn, für sie gibt es keine weitere Dimension des Bewusstseins. Die Erzeugung von bewussten Gedanken findet nach ihrer Auffassung allein in der Großhirnrinde statt, und sie betrachten die religiösen Bewusstseinsmodelle als irrationale Glaubenssysteme.

Holistische Wissenschaftler wiederum sehen in der physischen Erscheinungswelt das Wirken von höhendimensionalen Welten. Religiöse Traditionen, wie Hinduismus oder Buddhismus, gehen ganz selbstverständlich von der Existenz einer Bewusstseinsdimension aus, die weit über das menschliche Denken, den logischen Verstand und die körperliche Existenz hinausreicht.

Die vielen Religions- und Glaubenskriege in der Historie beweisen, wie erbittert ein jeder um seine »Glaubenswahrheit« zu kämpfen bereit ist. Offensichtlich handelt es sich bei den Antworten, die wir uns auf die Grundfragen des Lebens geben, um ganz persönliche Glaubensentscheidungen. Genau dies ist es, was Max Planck ausdrücken wollte. Das Fundament unserer Wissenschaft beruht auf Grundvoraussetzungen, die eine reine Glaubensfrage sind. An dieser Stelle sollte jetzt der logische rationale Verstand ins Spiel kommen: Ist das, was wir glauben, beziehungsweise was uns glauben gemacht wurde, überhaupt glaubwürdig? Unsere Ratio hat die Aufgabe, genau abzuwägen, wie schlüssig ein Gedanke, eine Idee oder ein Glaube wirklich ist. Wie glaubwürdig ist denn beispielsweise der Glaube an reinen Materialismus, der den Menschen als Körper ohne Seele, schlimmstenfalls als geistlos begreift?

Die Grundlage für Ihr Denken und Handeln schaffen

Sie können sich von Ihrem alten Weltbild lösen und selbst bewusst für ein Welt- und Menschenbild entscheiden. Beachten Sie bitte, dass es dabei um nicht weniger geht, als um die Grundfesten für Ihr Denken, Ihr Handeln und Ihre Haltung zum Leben. Diese Entscheidung sollte somit auf der Basis der Vernunft, faktenbasiertem Wissen und der Sinnfrage getroffen werden. Deswegen führe ich Sie kurz in die Grundgedanken der Philosophie des Geistes ein, bevor Sie im nächsten Schritt eine tiefgehende Analyse Ihres Mindsets und Glaubenssystems vornehmen können. Es geht im Folgenden um die zentrale Frage unserer menschlichen Existenz, und ich möchte Sie mit den zwei grundsätzlich verschiedenen Auffassungen, der oben bereits erwähnten materialistischen und holistischen Sichtweise, genauer bekannt machen. Die von Ihnen gewählte ist dann die Basis für die gedanklichen Perspektiven, die Sie anschließend einnehmen können, beispielsweise um zu einem Zustand von Leichtigkeit zu gelangen.

Die materialistische Weltsicht: Bewusstsein als Funktion des Gehirns

Für den griechischen Philosophen Platon war die Welt des Geistes die eigentliche Realität und diese existierte unabhängig von der Welt der Materie. Gegen die abstrakte Idealisierung des Geistes wandte sich später Platons Schüler Aristoteles. Während Platon sagte, der Mensch sei eine inkarnierte Seele, beschrieb ihn Aristoteles als »beseelten

Körper« und gründete seine Weltsicht in der Materie. Von diesem materiebezogenen Verständnis unserer Existenz und Definition des Geistes entwickelte sich im nächsten Schritt ein expliziter Materialismus, wie er vom Philosophen Epikur formuliert wurde. Der Mensch sei identisch mit seinem Körper, es gäbe keine geistige Welt und keine geistige Seele und somit auch kein Leben nach dem Tod. Ähnlich formulierte es auch Demokrit, ein Zeitgenosse Sokrates: Es gäbe nur Atome, die sich ohne Zielsetzung im leeren Raum bewegen und sich zufällig zu komplexen Strukturen verbinden, unsere Bewusstseinswahrnehmungen und Gefühlsregungen entstünden durch die unterschiedlich intensive Bewegung der »Seelenatome«.

Viele Naturwissenschaftler heute glauben ebenfalls, dass das Bewusstsein ein Produkt der Materie sei, also ausschließlich eine Funktion des Gehirns. Wenn der Körper sterbe, erlösche auch das Bewusstsein und das Leben ende. Dieser Glauben an den Materialismus wurde noch bis in die letzten Jahrzehnte als Voraussetzung einer sauber und zuverlässig arbeitenden Wissenschaft angenommen. Hardliner dieser Weltanschauung leugnen prinzipiell die Existenz von Bewusstsein außerhalb physiologischer Grenzen. Sie erklären Phänomene wie beispielsweise außerkörperliche Erfahrungen bei Nahtoderlebnissen, wie sie mittlerweile von unzähligen Komapatienten beschrieben und dokumentiert wurden, oder auch transzendentale Zustände während Meditationen als rein chemische und hirnphysiologische Prozesse, ja sogar als Wahnvorstellungen.

Die »Billardkugel-Physik« und das »Lego-Weltbild«

Das mechanistische Weltbild geht von der These aus, dass nur Materie existiert und Geist nicht durch etwas darüber hinausgehendes Immaterielles erklärbar sei. Der Determinismus beruft sich auf die These, dass die gesamte Wirklichkeit durch strikte Naturgesetze regiert wird, was auch Zustände des menschlichen Geistes einschließt. Materialismus und Determinismus entspricht eine wissenschaftstheoretische Methodologie, wonach die Natur quantitativ und kausal durch Bezug auf strikte Gesetze erklärt werden soll. Die klassische Mechanik beruht auf den von Isaac Newton Ende des 17. Jahrhunderts gelegten Grundlagen. Newton dachte sich Materie noch als aus festen, massiven, harten, undurchdringlichen, beweglichen Teilchen bestehend. Aber diese »Billardkugel-Physik« erwies sich als Illusion, und die moderne Physik hat die Materie in Schwingungsfelder mit nur vage erkennbaren Eigenschaften und Wechselwirkungen aufgelöst. Kern der mechanistischen Theorie ist die Maschinenmetapher. Aber sie ist eben nur eine Metapher.

Thomas Görnitz, Professor für Physik an der Goethe-Universität Frankfurt, und die Psychologin Brigitte Görnitz sprechen in diesem Zusammenhang gerne vom »Lego-Weltbild« der klassischen Physik, um daran die Stärke und Schwäche einer Annahme »letzter Bausteine« zu verdeutlichen. Diese können zwar zu den verschiedensten Formen zusammengesetzt werden, aber die Kreativität eines neuen Verhaltens und vor allem das Erscheinen völlig neuer Eigenschaften, z. B. von Pflanzen und Tieren, kann damit nicht modelliert werden. Die klassische Physik beschäftigt sich mit dem für uns wahrnehmbaren Bereich der Realität, also mit Mechanik, Elektrodynamik und Thermodynamik, und deshalb wurde die Materie nach Ansicht der Autoren immer mehr zu der ausschließlichen Repräsentanz von Realität. Somit wurde das Phänomen des Bewusstseins als eigenständige Realität unerklärbar (Görnitz & Görnitz 2016): »Schließlich kann das Bewusstsein als immaterielle Entität nach diesen Vorstellungen nichts Reales sein. Deshalb wird noch heute vielfach die Existenz des Bewusstseins als Illusion angesehen.«

Moderne Physik sprengt das bisherige Verständnis der Wirklichkeit

»Die Quantentheorie hat immer deutlicher werden lassen, dass sie mit Spuk nichts zu tun hat, dass aber die Realität anders ist, als es sich die klassische Physik im 19. Jahrhundert vorgestellt hat. Die klassische Physik und die Relativitätstheorie haben mit der Quantenphysik eine dritte Welterklärung zur Verfügung«, erklären Görnitz und Görnitz (2016).

Die klassische Physik ist also keineswegs falsch, aber ihre Gesetze gelten nur für den von uns wahrnehmbaren Ausschnitt der Realität. Im Bereich der kleinsten Bauteile der Welt gelten allerdings völlig andere Gesetze, wie das Doppelspaltexperiment belegt. Dabei handelt es sich um einen unzählige Male wiederholten Versuch, in dem Teilchen durch zwei Spalte auf einen Leuchtschirm geschossen werden. Das Experiment belegt eindrücklich, wie sehr die Wirklichkeit von unserer Vorstellung und dem mechanistischen Weltbild abweicht. Statt zwei Leuchtstreifen auf dem Leuchtschirm, wie es bei Teilchen logischerweise zu erwarten wäre, zeigt sich immer ein für Wellen charakteristisches Interferenzmuster (Abb. 3-2). Physiker und Bestsellerautor Fritjof Capra erklärt das »spukhafte« Phänomen folgendermaßen (Capra 2012):

> *Interferenzerscheinungen dieser Art können immer beobachtet werden, wenn man sich mit elektromagnetischer Strahlung beschäftigt, und zwingen uns zu dem Schluss, dass diese Strahlung aus Wellen besteht. […]*

Die Frage, die die Physiker im früheren Stadium der Atomtheorie so sehr verwirrte, lautete: wie kann die elektromagnetische Strahlung gleichzeitig aus Teilchen (d.h. aus Einheiten mit sehr geringem Volumen) und aus Wellen bestehen, die sich über ein großes Gebiet des Raumes ausbreiten? Weder Sprache noch Vorstellung kam mit dieser Art von Wirklichkeit zu Rande.

Wir haben es hier also mit einem Naturphänomen zu tun, welches die Grenzen unserer bisherigen Weltsicht sprengt. Nicht nur unser Denken und unser Verständnis, selbst unsere Sprache, die ja zur Kommunikation sowie zur Beschreibung unserer Wirklichkeit dient, erfahren hier ihre absoluten Grenzen. Capra (2012) erklärt zusammenfas-

Statt erwarteter 2 Balken auf der Leinwand ergibt sich ein Interferenzmuster, welches auf die Existenz von Wellen statt Teilchen schließen lässt.

Abb. 3-2 Doppelspaltexperiment mit Tomaten

send, wie diese Phänomene die Logik und unser bisheriges Weltbild überschreiten:

> *Das Studium der Welt der Atome zwang die Physiker zu erkennen, dass unsere normale Sprache nicht nur ungenau, sondern zur Beschreibung der atomaren und subatomaren Wirklichkeit völlig ungeeignet ist. Die Quantentheorie und die Relativitätstheorie, die beiden Grundpfeiler der modernen Physik, machten klar, dass diese Wirklichkeit die moderne Logik überschreitet und dass wir in gewöhnlicher Weise nicht darüber sprechen können.*

Die holistische Weltsicht

»Die Organismusmetapher eignet sich viel besser für geordnete Systeme einfacher oder komplexer Art, etwa für Moleküle, Pflanzen und Tiergesellschaften, die alle eine gestufte Organisation aufweisen, in der die Ganzheit einer Ebene mehr ist als die Summe der Teile, welche wiederum die Ganzheiten der nächsttieferen Ebene sind«, so der berühmte Biologe Rupert Sheldrake (2012). »Selbst glühende Verfechter der mechanistischen Theorie führen durch irgendeine Hintertür, etwa in Form egoistischer Gene oder genetischer Programme, wieder zweckbestimmte Organisationsprinzipien bei Lebewesen ein.«

Die Welt lässt sich also nicht rein materialistisch erklären. Sheldrake zeigt anhand von zehn Dogmen auf, dass das materialistische Weltbild nicht mehr haltbar ist und die meisten Forscher an Vorstellungen festhalten, die längst überholt sind. Er fordert ein neues grenzüberschreitendes Denken und mehr Offenheit in den Naturwissenschaften (Sheldrake 2012). Übrigens widmen sich namhafte Forscher und hochkarätige Wissenschaftler, Physiker, Psychologen und Mediziner, dem revolutionären Weltbild Sheldrakes und setzen sich mit diesen völlig neuen Dimensionen des Denkens konstruktiv-kritisch auseinander (Dürr & Gottwald 1997). Wir kommen also um eine explizite Erweiterung der althergebrachten mechanistischen Weltanschauung nicht herum und können uns nur auf diese Weise den Phänomenen Bewusstsein, freier Willen oder der Leichtigkeit des Seins nähern. Die überzeugten Materialisten unter Ihnen sollten an dieser Stelle bitte die folgenden Fragen beantworten:

Übung 5: Fragen an überzeugte Materialisten
(Zeitinvestition: 10 Minuten)

1. Ist das mechanistische Weltbild eine überprüfbare wissenschaftliche Theorie? Falls ja, wie wäre sie als solche zu belegen oder vielleicht auch gegebenenfalls zu widerlegen?
2. Welche wissenschaftlichen Beweise belegen eindeutig die Annahme eines materialistischen Weltbilds und schließen ein holistisches Weltbild gleichzeitig eindeutig aus?
3. Woher stammen die Überzeugung und die Annahme dieses Weltbildes? Wie, wann und unter welchen Bedingungen haben Sie es gelernt?
4. Wann und wie wurden Sie möglicherweise indoktriniert, dieses Weltbild als alternativlos anzunehmen? Wurden Ihnen zum Zeitpunkt des Erlernens alternative Weltbilder zum Vergleich angeboten, um eine freie Wahl auf Grundlage freien Denkens treffen zu können?
5. Sind Sie in Ihrem Selbstverständnis eine komplexe Maschine, die auf Basis von Genen, Hormonen und Programmen funktioniert? Wenn ja, wieso suchen Sie dann nach Leichtigkeit im Leben und lesen dieses Buch?
6. Wie glücklich sind Sie mit dem materialistischen Weltbild, wie groß ist Ihr Maß an Zuversicht, Freude und Leichtigkeit, das Ihnen dieses Weltbild vermitteln kann?
7. Welchen Sinn hat Ihre Existenz auf Grundlage des materialistischen Weltbildes und welchen Sinn könnte Ihre Existenz aus Sicht eines erweiterten, holistischen Weltbildes haben?

Unerklärliche Erfahrungen

Nun gibt es noch ein weiteres großes Problem mit der oben beschriebenen Weltsicht des reinen Materialismus. Zum einen reduziert dieses Bild den Menschen auf animalisch-biologische Überlebensmechanismen. Zum anderen gibt es Forscher, die seit Jahrzehnten Fälle außerkörperlicher Wahrnehmungen gut dokumentiert haben und die so mittlerweile beweisen können, dass ein vom Körper unabhängiges Bewusstsein tatsächlich existiert. Außerkörperliche Erfahrungen sind heute fester Bestandteil der Bewusstseinsforschung, und es sind mittlerweile tausende Fälle von Nahtoderlebnissen akribisch dokumentiert, bei denen das Gehirn faktisch nicht mehr funktionsfähig war, der Patient sich aber sogar an Gespräche und Tatsachen erinnern konnte, die während dieser Zeit neben seinem Krankenbett stattgefunden haben. Sehr aufschlussreich zu diesem Thema sind die Aufzeichnungen des amerikanischen Neurochirurgen Dr. Eben Alexander. Im November 2008 erkrankte er an bakterieller Meningitis und fiel für sieben Tage ins Koma. Seine eigene Nahtoderfahrung sowie deren wissenschaftliche Erforschung beschreibt er in seinem Bestseller *Proof to heaven* und schließt seine Ausführungen mit den Worten: »Bewusstsein ist das eigentliche Fundament des Daseins« (Alexander 2016).

Auch der niederländische Kardiologe Dr. med. Pim van Lommel fand internationale Beachtung für seine im Jahre 2001 in der medizinischen Fachzeitschrift *The Lancet* veröffentlichte prospektive Studie über die Nahtoderfahrungen von reanimierten Patienten. Van Lommel zog aus dieser Studie den Schluss, dass die bis zu diesem Zeitpunkt bestehenden Interpretationen zur Entstehung von Nahtoderfahrungen und Bewusstsein einer tiefgreifenden Neubewertung unterzogen werden müssen.

Selbstverständlich kritisieren gläubige Materialisten jegliche Forschung, die sich mit der Existenz und Funktion eines unabhängigen Bewusstseins beschäftigt. So kollidieren die verschiedenen Weltbilder und Glaubenssysteme so lange miteinander, bis ein logischer Konsens auf Basis des wissenschaftlichen Wandels gefunden werden kann.

Durch ein verrücktes Erlebnis zum erweiterten Weltbild

Ein etwa 50-jähriger Kardiologe meldete sich zu einer Notfallsitzung bei mir an. Er erzählte mir, dass er nun schon seit über 25 Jahren erfolgreich in seinem Job arbeiten würde, und nun könnte er durch ein spezielles Erlebnis nicht mehr so wie bisher weitermachen. Ein schwerer Autounfall, so beschrieb er mir, hätte ihn aus seiner bisher rein wissenschaftlichen Weltsicht geradezu herauskatapultiert. Er sei seit diesem Erlebnis innerlich verwirrt und frage sich wirklich, ob er nun vielleicht den Verstand verloren habe. Ich merkte, dass er immer noch zögerte, mir sein Erlebnis anzuvertrauen, weil er offensichtlich Angst hatte, für verrückt erklärt zu werden.

Schließlich begann er zu erzählen, er hätte in der Kardiologie auch viele Patienten nach ihrem Herzinfarkt betreut. Manche der reanimierten Fälle würden ihm unglaubliche Geschichten erzählen von ihrer Nahtoderfahrung, also dem Moment zwischen dem Herzstillstand und der erfolgreichen Reanimation. Er hätte diese erstaunlichen Berichte dieser Klienten bisher immer als Einbildung oder Wahnvorstellungen abtun können. Die Medizin könne dieses Phänomen nämlich nur durch Morphine und Neurotransmitter, die im Moment des Todes ausgeschüttet werden, erklären. Bei einem Autounfall vor fünf Monaten hätte er aber nun selbst ein solches Erlebnis gehabt. Ein Lastwagen habe ihm auf der Landstraße die Vorfahrt genommen, so dass es zu einem schweren Zusammenprall gekommen sei. Von einem Moment auf den anderen habe er sich plötzlich frei gefühlt, in ein goldenes Licht getaucht, und er habe seine verstorbene Mutter neben sich erblickt, die ihm sagte, dass er zurückmüsse, da seine Zeit noch nicht gekommen sei.

Er gestand mir, dass dieses Erlebnis so intensiv gewesen sei, dass es unmöglich nur eine Fehlfunktion seines Gehirns gewesen sein könnte. Er wisse nun nicht, wie er dieses Erlebnis in sein bisheriges wissenschaftliches Weltbild integrieren solle und wie er seinen Beruf als Mediziner nun weiterführen könne. Ich erklärte ihm, dass sein bisheriges wissenschaftliches, aber rein materialistisch geprägtes Weltbild zu begrenzt sei, um dieses außerkörperliche Erlebnis nachvollziehen und erklären zu können. Er bräuchte eine erweiterte Sichtweise, ein erweitertes Weltbild, und dann ließe sich diese Erfahrung ganz wunderbar einordnen. Mehr noch, sie würde sogar zu einer großen Ressource werden, und aus dieser erweiterten Perspektive lasse sich mehr Leichtigkeit und Lebensfreude in sein Leben bringen.
Glücklicherweise habe ich in meiner Zeit als Psychologin und Hypnotherapeutin in Schmerzkliniken ebenfalls mit sehr vielen Unfallopfern auch nach Reanimationen gearbeitet. Ein großer Teil meiner damaligen Klienten erinnerte sich an ähnlich intensive Erlebnisse, bevor sie reanimiert und wieder in das »normale Bewusstsein« zurückgebracht wurden.
Mithilfe perspektivenerweiternder Techniken war es meinem Klienten dann möglich, sein Weltbild so zu erweitern, dass die außergewöhnliche Erfahrung für ihn persönlich gut zu integrieren war und er wieder Vertrauen in sich und das Leben fassen konnte. Er bestätigte mir später sogar, dass diese erweiterte Sichtweise und auch die Erfahrung selbst schließlich zu deutlich mehr Lebensfreude und Leichtigkeit in seinem Leben geführt hatte.

Kann Bewusstsein unabhängig vom Gehirn existieren?

Die klassische Neurowissenschaft geht davon aus, dass das Gehirn das Bewusstsein aus seiner schieren Komplexität heraus erschafft. Doch es gibt bisher absolut keine Erklärung, durch welchen Mechanismus dies geschehen soll. Der bereits erwähnte amerikanische Neurochirurg Eben Alexander schreibt dazu: »Je mehr wir das Gehirn erforschen, desto deutlicher erkennen wir, dass das Bewusstsein unabhängig von ihm existiert« (Alexander 2012). Sogar viele bekannte Physiker, so schreibt Alexander, wie etwa Roger Penrose, Henry Stapp, Amit Goswami und Brian Josephson haben die Einbeziehung des Bewusstseins in die Modelle der Physik vorangetrieben, aber der größte Teil der gläubigen Materialisten negiere diese These weiterhin vehement. Manchen erscheint diese Möglichkeit wohl eher wie eine Bedrohung, und nicht wie eine Chance zur Erweiterung ihres Weltbildes. Selbst gebildete Menschen wie Journalisten verurteilen noch immer regelmäßig wissenschaftlich gut erforschte Themen wie Meditation oder Hypnosetherapie pauschal als esoterischen Blödsinn.

Kognitive Dissonanz und systematische Informationsabwehr

Warum verurteilen also an sich rationale Menschen Weltbilder, die ihr eigenes Glaubenssystem infrage stellen? Die psychologische Erklärung für dieses Verhalten ist ein angstbesetzter Umgang mit der sogenannten »kognitiven Dissonanz«. Wenn Überzeugungen, Glaubenssätze oder das eigene Weltbild von neuen Informationen widerlegt werden, tritt ein mentaler Konflikt ein, der sich auf Bereiche im Gehirn auswirkt, die für die persönliche Identität und emotionale Reaktionen auf Gefahren zuständig sind. Das Gehirn schlägt Alarm, wenn sich ein Mensch auf tiefer emotionaler und persönlicher Ebene bedroht fühlt und veranlasst dann ein Abschalten bzw. Ausblenden der Bedrohung. Das *Lexikon der Psychologie* (Dorsch 2014) beschreibt dies folgendermaßen:

> *Die sogenannte Kognitive Dissonanz, aus dem Lateinischen »Misstönen«, ist ein in der Sozialpsychologie bezeichneter unangenehm empfundener Gefühlszustand.*

Er entsteht dadurch, dass ein Mensch unvereinbare Kognitionen hat, dies können Wahrnehmungen, Gedanken, Meinungen, Einstellungen, Wünsche, Glaubenssätze oder Absichten sein.

Dissonanz wird sowohl die Nichtübereinstimmung von Wahrnehmungen, Meinungen oder Überzeugungen genannt als auch die daraus abgeleitete unangenehm gefühlte Spannung. Kognitive Elemente, die zur inneren Spannung führen können, sind alle möglichen Wissenseinheiten, Meinungen, Überzeugungen über sich selbst, andere Personen und Weltbilder (Dorsch 2014).

Da viele Menschen diese innere Spannung schwer aushalten und deshalb abwehren, tun sie neue wissenschaftliche Erkenntnisse dann pauschal als Unsinn oder Spekulation ab, ohne sich mit den Hintergründen und Fakten auseinanderzusetzen. Aufgrund dieses Verdrängungsmechanismus werden solide wissenschaftliche Erkenntnisse oft heruntergespielt, da diese Informationen die innere Spannung durch aufkommende Zweifel am alten Weltbild erhöhen würden. Zudem könnte das eigene Ego vielleicht einen Kratzer bekommen, wenn man schließlich doch zugeben müsste, dass man selbst vielleicht falsch lag.

Anfängergeist und kritisch-konstruktive Offenheit

In dem Bewusstsein, dass sich unser Erkenntnisstand sowieso dauernd erweitern wird, die Wissenschaft im ständigen Wandel ist und wir täglich dazulernen, lösen sich diese Spannungszustände und daraus resultierende Ängste oder Aggressionen. Im Buddhismus spricht man in diesem Zusammenhang auch von dem sogenannten »Anfängergeist«, dem Bewusstsein, nie ausgelernt zu haben und ein ewig Lernender zu sein. Dieses Bewusstsein, immer wieder neu anzufangen, ist gleichzeitig auch ein Schlüssel dazu, uns mit dem Ozean der Möglichkeiten zu verbinden und mit Leichtigkeit neue Erkenntnisse unserem bestehenden Wissensfundament hinzuzufügen. An unserem alten Glaubenssystem oder Weltbild festzuhalten und neue Informationen strikt zu vermeiden, die diese eventuell erweitern könnten, ist nicht nur ein unlogisches Vorgehen. Diese unbewusste Informationsabwehr verhindert gleichzeitig jegliche Anbindung an den Ozean der Möglichkeiten und ein Leben in Leichtigkeit.

Drei grundsätzliche Herangehensweise an neue Informationen

1. **Naive Gutgläubigkeit:** alle Informationen brav assimilieren, wie ein Schwamm neue Glaubenssätze ungeprüft aufsaugen und ohne Überprüfung als wahr bewerten
2. **Widerstand und Informationsabwehr:** Informationsabwehr zur Vermeidung kognitiver Dissonanz, dem eigenen Weltbild widersprechende Informationen verdrängen oder abwehren, auf den bisherigen Erkenntnissen beharren
3. **Kritisch-konstruktiver Anfängergeist:** Offenheit bei gleichzeitig kritisch-wissenschaftsbasierter Haltung, Bewusstsein, dass neue Informationen und die eigene Weiterentwicklung überlebenswichtig sind. Offenheit und aktive Suche nach neuen Erkenntnissen zur ständigen Weiterentwicklung des eigenen Weltbildes, Informationen aus möglichst verschiedenen Perspektiven sammeln, Quellen prüfen, Phase des Nachdenkens und schließlich ausprobieren (eigene kleine Experimente) zur Überprüfung der neuen These

Studien belegen: Spiritualität macht glücklich

Durch das wissenschaftliche Verständnis ist unsere Welt entmenschlicht worden. Der Mensch steht isoliert im Kosmos da. Er ist nicht mehr in die Natur verwoben und hat seine emotionale Anteilnahme an Naturereig-

nissen, die bis dahin eine symbolische Bedeutung für ihn gehabt hatten, eingebüßt.

Diese Worte stammen von dem berühmten Psychoanalytiker Carl Gustav Jung (beruhmte-zitate.de), der damit die Bedeutung eines erweiterten Weltbildes auch aus dem Aspekt psychischer Gesundheit zum Ausdruck bringt. Seit Ende des 20. Jahrhunderts haben diverse Forscher damit begonnen, eine große Bandbreite von spirituellen Praktiken zu untersuchen, unter anderem Meditation, Gebet, gemeinschaftliches Singen und die Übung der Dankbarkeit. Im Jahr 2001 wurden die Ergebnisse aus mehr als 1200 wissenschaftlichen Studien im *Handbook of Religion and Health* umfassend dargestellt. Seither ist die Zahl der entsprechenden Forschungen noch stark angewachsen, und in die zweite Auflage des *Handbook* aus dem Jahr 2012 fanden über 2100 weitere quantitative, datenbasierte Originalstudien Eingang, die seit 2000 durchgeführt worden waren. Generell zeigen die Ergebnisse, dass religiöse und spirituelle Gebräuche sich positiv auf die körperliche und seelische Gesundheit auswirken, weniger anfällig für Depressionen machen und die Lebenserwartung erhöhen (Koenig 2012). Wäre es möglich, dass diese teils jahrtausendealten Praktiken zu einem Leben mit mehr Leichtigkeit verhelfen könnten?

Im Englischen steht das Wort »Enlightenment« für die Suche nach Weisheit und Erleuchtung. In diesem Begriff steckt interessanterweise das Wort »light«, also doppeldeutig sowohl »Licht« als auch »leicht«. Man könnte folglich »Enlightenment« nicht nur mit »Erleuchtung« übersetzen sondern auch mit »Erleichterung«, also ein Weg zu mehr Leichtigkeit im Denken und Sein. Dieses Wort- und Bedeutungsspiel möchte ich an dieser Stelle bei Ihnen bewusst und unbewusst etwas einwirken lassen, bevor wir uns diesem Thema in Kapitel 4 noch einmal sehr viel intensiver widmen werden.

Für welches Weltbild entscheiden Sie sich?

Nach all den Informationen, die Sie nun über unterschiedliche Welt- und Menschenbilder, über Glaubenssysteme und Entwicklungsmöglichkeiten erfahren haben, möchte ich Sie jetzt fragen: Für welches Weltbild entscheiden Sie sich nun auf Basis der vorher diskutierten Fakten?

Axiom 1: Der Mensch ist ausschließlich ein materialistisches Wesen, und demnach sind Sie nur ein ferngesteuerter Bioroboter, der keine eigenen Entscheidungen treffen kann, da er keinen freien Willen besitzt. Der Mensch strebt nach Befriedigung seiner Bedürfnisse und ist im Wesentlichen auf Reproduktion ausgerichtet. Hormone steuern Ihre Emotionen, Gedanken und Ihr Handeln, ja sogar sämtliche Ihrer Entscheidungen. Sie hätten in diesem Fall keinen wirklichen Vorteil von Leichtigkeit und Bewusstseinsentwicklung, denn es gilt in der Natur das Gesetz des Stärkeren, und das hat mit Leichtigkeit rein gar nichts zu tun. Sie wären in dieser gedanklichen Variante ein intelligenteres Säugetier, was sich nur durch etwas mehr Grips von seinen tierischen Artgenossen unterscheidet und nach dem physischen Tod einfach verschwunden ist. Wie gefällt Ihnen diese Annahme? Seit etwa hundert Jahren wurde dieses Menschenbild in der Psychologie von Wissenschaftlern wie Pawlow propagiert. Wenn Sie jetzt leichte depressive Verstimmung spüren, dann ahnen Sie innerlich wohl, dass diese Weltsicht nicht ganz vollständig ist und ein wesentlicher Aspekt unseres Seins fehlt: das Geistig-Seelische.

Axiom 2: Wir sind geistige Wesen in einem materialisierten Körper und Umfeld. Möglicherweise sind Sie jetzt sogar etwas erleichtert? Auch die beiden Autoren und Bewusstseinsforscher Görnitz und Görnitz fordern diesen Paradigmenwechsel: »Es ist notwendig, das Weltbild der Naturwissenschaften neu zu betrachten. Seine Grundlagen, die bisherigen Vorstellungen von ›Materie‹, sind auf eine neue Basis zu stellen« (Görnitz und Görnitz 2016).

Übung 6: Persönliches Weltbild
(Zeitinvestition: ca. 15 Minuten)

Überprüfen Sie bitte nun kurz Ihr eigenes Weltbild und auf welchen Grundannahmen dieses beruht. Ich habe Ihnen oben zwei gegensätzliche aktuell verbreitete Weltbilder aufgezeigt, aber vielleicht bevorzugen Sie noch ein ganz anderes oder eine Kombination verschiedener Aspekte? Dieses Buch kann Ihnen nicht sagen, welcher Glaube an welches Weltbild der richtige ist, sondern nur die logischen Gründe und wissenschaftlichen Erkenntnisse für das eine und das andere liefern. Eine Entscheidung für Ihr Glaubenssystem müssen Sie selbst treffen! Am besten gelingt diese Entscheidung durch eigene Recherchen, kritisch-konstruktive Offenheit – den besagten Anfängergeist – und vor allem intensives Nachsinnen über die verschiedenen Grundannahmen und die entsprechenden Konsequenzen. Lösen Sie aufkeimende Gefühle von kognitiver Dissonanz mit dem klaren Bewusstsein, dass Sie ein lebenslang Lernender sind und sein werden. Die entscheidende Frage lautet: Welches Weltbild erscheint Ihnen persönlich am sinnvollsten?

1. Welches Weltbild haben Ihre Eltern vertreten? Notieren Sie mindestens drei Grundprinzipien oder Glaubenssätze, die Ihre Eltern in Ihrer Erziehung vertreten haben!
2. Welches Welt- und Menschenbild haben Ihnen die Gesellschaft und Kultur vermittelt, in der Sie aufgezogen und geprägt wurden? Notieren Sie mindestens drei Prinzipien oder Glaubenssätze!
3. Welches Weltbild hat Ihnen die Schule und das Studium vermittelt? Notieren Sie mindestens drei Prinzipien oder Glaubenssätze!

4. Gehören Sie einer bestimmten Glaubensgemeinschaft an, die ein spezielles Weltbild vertritt, und wenn ja, welches? Welche Grundprinzipien und Glaubenssätze sind Ihnen hier vermittelt worden?
5. Welche Gründe sprechen rational für Ihr persönliches Weltbild und unterstützen dessen Grundannahmen mit Fakten?
6. Welche Gründe und Fakten sprechen gegen Teile Ihres Weltbildes?

Bitte notieren Sie Ihre Ergebnisse in Stichworten!

3.2 Wie Absicht Realität erschaffen kann

Wir können nicht beobachten, ohne das zu beobachtende Phänomen zu stören, und die Quanteneffekte, die sich am Beobachtungsmittel auswirken, führen von selbst zu einer Unbestimmtheit in dem zu beobachtenden Phänomen.

(Werner Heisenberg, Physiker und Nobelpreisträger)

Von der beruflichen Autobahn auf die Landstraße abbiegen

Ein Topmanager eines internationalen Unternehmens bat mich um Unterstützung. Er sei in Bezug auf seine im nächsten Jahr anstehende Pensionierung völlig blockiert. Da er das ganze Thema verdränge, habe er weder eine Idee noch irgendeine bildliche Vorstellung davon, was er danach mit seinem Leben machen solle. Über 40 Jahre habe er in einer verantwortungsvollen Position volle Leistung gezeigt und es so in eine hohe Führungsposition geschafft. Bisher habe sein Leben somit hauptsächlich darin bestanden, im Beruf Vollgas zu geben. Von dieser lebenslangen Autobahnfahrt solle er demnächst auf die Landstraße, in das völlig Unbekannte abbiegen. Er liebe zwar einerseits die schnelle Fahrt und die kleinen Raststätten entlang der Autobahn, wo er seine Belohnungen und Erfolge eingeheimst habe, andererseits habe er nun langsam auch genug davon und er spüre, dass eine

andere Stimme in ihm nach mehr Ruhe, Zeit und Muße verlange. Doch in Rente zu gehen stelle für ihn einen Meilenstein dar. Er mache sich ernsthafte Sorgen, wie er diese »neue Herausforderung ohne Herausforderung« meistern solle.
Diese intuitiv von meinem Klienten gewählte Metapher der Vollgasfahrt auf der beruflichen Autobahn griff ich auf und begann, seine Problemtrance mit hypnosystemischen Techniken in eine Lösungstrance zu überführen. Damit wollte ich seine Perspektive erweitern und ihn bezüglich seiner Pensionierung mit dem Ozean der Möglichkeiten verbinden. So malte ich im aus, wie spannend es sein könne, nach einer langen Autobahnfahrt abzufahren und neue Orte, ja ganz neue Welten zu entdecken. Dörfer, Wälder, Flüsse, Berge und alles andere könne man von der Autobahn aus kaum sehen, sondern erst entdecken, wenn man das Tempo drosseln und sich auf Neues einlassen würde. Mein Klient begann, die angebotenen Bilder innerlich weiterzuführen. Nach einiger Zeit sah er mich lächelnd an und sagte völlig entspannt: »Ja, ich glaube ich bin nun bereit, die stressige Autobahn zu verlassen und auf mein bewährtes Belohnungssystem zu verzichten. Plötzlich sehe ich die Autobahnwelt viel kleiner, und die Welt jenseits der Autobahn ist unendlich groß. Jetzt, wo ich es mir endlich vorstellen kann, fühlt es sich viel leichter an, als gedacht.«
Die Zeit nach der Pensionierung, auf die sich mein Klient vorher nicht einmal gedanklich eingelassen hatte, blühte jetzt vor seinem inneren Auge auf. Nun erst war er bereit, sich auf seinen neuen Lebensabschnitt einzulassen und diesen aktiv zu gestalten.

Das Weltbild erweitern und neue Möglichkeiten entdecken

Zunächst müssen Sie Ihre Aufmerksamkeit in positiver Weise ausrichten, um etwas in der Realität in Ihrem Inneren und dann auch in der Außenwelt gestalten zu können. Sie selbst sind in Wahrheit Meister Ihrer Gedanken und können lernen, sich auf das, was Sie in Ihrem Leben verwirklichen möchten, positiv zu fokussieren. Wenn Sie sich in diesem Prozess immer wieder mit dem Ozean der Möglichkeiten verbinden, dann wird Ihnen dies leichter fallen, als Sie jetzt denken. Sie müssen zunächst nur lernen, sich selbstständig in einen anhaltenden Zustand von fokussierter Aufmerksamkeit und Leichtigkeit zu versetzen.

Um Ihnen genau zu erläutern, wie das Gestalten der Realität mithilfe Ihrer Aufmerksamkeit funktioniert, lade ich Sie nun auf einen kleinen Ausflug in die Quantenphysik ein. Denn es handelt sich dabei um ein physikalisches Grundgesetz, das immer zum Tragen kommt, aber erst so richtig gut funktionieren kann, wenn Sie zusätzlich noch psychologisch wirksame Techniken einsetzen. Näheres zur Umsetzung erfahren Sie in Kapitel 4. Im ersten Schritt müssen Sie zunächst verstehen, dass dieses Naturgesetz nichts mit Glauben zu tun hat. In dem Moment, wo Sie bewusst erkennen, auf welche erstaunliche und vielleicht zunächst »magisch« anmutende Weise Bewusstsein und Realität zusammenwirken, erweitert sich schlagartig auch Ihr Weltbild, und Sie sind mit dem Ozean der Möglichkeiten verbunden.

Missbrauch der Quantenphysik durch kommerzielle Esoterik

Bevor wir in dieses Thema tiefer einsteigen, möchte ich Sie eindringlich warnen. Die moderne Quantenphysik muss leider immer öfter als Scheinbegründung für esoterischen Unfug herhalten. Der Bereich der kleinsten Teilchen entzieht sich nämlich vollkommen unserer direkten Wahrnehmung, da er durch unsere fünf Sinne nicht erfahrbar ist. Leider wird die Quantenphysik wohl auch deswegen immer häufiger missbraucht, um Allheilsversprechungen und teils schnöden Aberglauben zu bewerben. Seit einigen Jahren tauchen in der kommerziellen Esoterikszene Begriffe und Begründungen auf, die eine magisch anmutende Quantenwirkung versprechen. Der österreichische Physiker und Wissenschaftsredakteur an der Technischen Universität Wien, Florian Aigner, äußert sich kritisch zu diesen populärwissenschaftlichen Angeboten der Esoterikszene. Das Geschäft mit der Esoterik sei zu einem milliardenschweren Industriezweig geworden, und selbst die absurdesten Versprechungen und Seminarangebote fänden zahlungsbereite Käufer. Oft würde die übertrieben angepriesene Wirkungsweise mit der fadenscheinigen Begründung verkauft, »es hat irgendetwas mit Quantenphysik zu tun« (Aigner 2017).

Die Wissenschaft der Quantenphysik ist aus Sicht Aigners deshalb in ein wahres Dilemma geraten: Einerseits ist sie die Grundlage unserer technisierten Welt, die Basis für Mikroelektronik, Laser, Solarzellen und der modernen Quantencomputertechnologie. Sie ermöglicht uns einen tieferen Einblick in die Naturgesetze des Mikrokosmos, der nichtsichtbaren Welt im kleinsten Nanobereich. Und selbstverständlich gibt es viele seriöse Forscher und Wissenschaftler, die auf Basis dieser Gesetzmäßigkeiten neue Technologien und Konzepte entwickeln. Doch andererseits entsteht durch den Missbrauch bestimmter Begriffe in der öffentlichen Wahrnehmung ein Zerrbild der Quantenphysik. Sie wird ausgeschlachtet von einer boomenden Esoterik, die völlig überzogene Erwartungen schürt und pausenloses Glück verspricht.

Personenkult statt Steigerung der Selbstwirksamkeit

Zum schlechten Image der Quantenphysik tragen leider vor allem selbsternannte Gurus bei, die diese Begrifflichkeit als Verkaufsargument nutzen und sich dabei bezüglich ihres eigenen Wissens und Könnens völlig überschätzen

(s. Dunning-Kruger-Effekt in Abschn. 3.4). Denn ohne fundierte psychologische Grundkenntnisse und tiefergehendes Wissen um die genaue Funktionsweise von Gehirn und Unterbewusstsein können die Gesetze der Quantenphysik nicht wirklich sinnvoll angewendet und in die Alltagsrealität übertragen werden. Solange also ein angestrebter Veränderungsprozess nicht auch tiefere psychologische Schichten berührt, die möglicherweise Blockaden, Traumata oder auch Sabotagemuster in sich bergen, kann man »Wünsche ans Universum« senden, so viel man möchte.

Eine weitere Gefahr der unseriösen kommerziellen Esoterik: Viele Menschen wechseln auf der Suche nach ultimativem Glück und Erfolg ihren Guru und tappen so wieder in die nächste Falle. Einige meiner Klienten haben eine wahre Guru-Odyssee hinter sich und sind häufig tief deprimiert, weil sich an ihrer Grundproblematik nichts geändert hat. Zudem werden schließlich massive Selbstzweifel geschürt, und so entstehen neue negative Glaubenssätze oder alte werden bestätigt, beispielsweise: »Ich schaffe es nicht. Ich versage sowieso. Ich kann nichts ändern.« Solche Glaubenssätze sind das Ergebnis einer verhängnisvollen Suche von Lösungen in der Außenwelt. Der oftmals kommerziell betriebene Personenkult um diesen oder jenen Meister, Hypnotiseur oder Wunderheiler geht völlig an den Wirkkriterien für echte Veränderungsprozesse vorbei. Die aktuelle Therapiewirksamkeitsforschung hat anhand zahlreicher Studien belegt: Das, was tatsächlich wirkt, ist vor allem die Steigerung der eigenen Selbstwirksamkeit. Darüber hinaus ist besonders auch die Beziehung zum Klienten entscheidend. Der Umgang miteinander sollte wertschätzend, authentisch und respektvoll sein. Dabei missbrauchen manche Gurus den um sie betriebenen Kult, um Heilillusionen zu verkaufen.

Da Sie nun zwischen Quantenphysik und dem, was sich unseriöse Esoteriker daraus zusammenbrauen, unterscheiden können, werden wir uns im Weiteren mit den tieferen Zusammenhängen zwischen Mikrokosmos, Bewusstsein und Leichtigkeit beschäftigen. Die Vorwarnung war deshalb wichtig, weil die Realität, die durch quantenphysikalische Experimente abgebildet wird, das genaue Gegenteil dessen ist, was man auf Basis einer rationalen Alltagslogik und eines materiell ausgerichteten Weltbilds erwarten würde. Der Physiker Eugene Wigner formulierte seine eigene Verwirrung bezüglich der Ergebnisse seiner Experimente folgendermaßen: »Es war nicht möglich, die Gesetze der Quantenmechanik auf vollkommen stimmige Weise zu formulieren, ohne Bezug auf das Bewusstsein zu nehmen« (Wigner zitiert in Alexander 2015). Der spanische Mathematiker und Physiker Ernst Pascual Jordan fand noch nachdrücklichere Worte für die Phänomene: »Beobachtungen«, so schrieb er, »stören die Messungen nicht nur, sie bringen sie auch hervor« (Jordan zitiert in Alexander 2015). Dies hieße nicht unbedingt, dass wir mit unserer Vorstellungskraft die Realität erschaffen, wohl aber, dass das Bewusstsein so eng mit ihr verbunden ist, dass es keine Möglichkeit gibt, die Realität auch ohne die Berücksichtigung des Bewusstseins zu erfassen, so schlussfolgert der Neurochirurg Eben Alexander. Bewusstsein sei das eigentliche Fundament des Daseins (Alexander 2015). Während eines Vortrags in Florenz 1944 sagte Planck Folgendes:

> *Meine Herren, als Physiker, der sein ganzes Leben der nüchternen Wissenschaft, der Erforschung der Materie widmete, bin ich sicher von dem Verdacht frei, für einen Schwarmgeist gehalten zu werden. Und so sage ich nach*

meinen Erforschungen des Atoms dieses: Es gibt keine Materie an sich. Alle Materie entsteht und besteht nur durch eine Kraft, welche die Atomteilchen in Schwingung bringt und sie zum winzigsten Sonnensystem des Alls zusammenhält. Da es im ganzen Weltall aber weder eine intelligente Kraft noch eine ewige Kraft gibt […] so müssen wir hinter dieser Kraft einen bewußten intelligenten Geist annehmen. Dieser Geist ist der Urgrund aller Materie.

Und dieses Bewusstsein schafft gleichzeitig eine neue Denkweise und Wahrnehmungsperspektive für unsere Existenz und unser Menschsein. Abgelöst von der althergebrachten Seinsschwere und Sinnleere des reinen Materialismus erfahren wir eine neue Leichtigkeit und einen höheren Sinn.

Wirkungszusammenhang zwischen Psyche und Gesetzen der Biologie

Der berühmte Physiker Werner Heisenberg bekannte sich bereits 1942 klar zu den schöpferischen Kräften des Geistes und formulierte:

An der Spitze der Ordnung aber stehen, wie in dem Goethe'schen Entwurf, die schöpferischen Kräfte, mit derer Hilfe wir selbst die Welt verwandeln und gestalten. […] Die Existenz der menschlichen Seele ist ein objektiver Tatbestand, den wir ganz außerhalb von uns stellen können. In die Formulierung psychologischer Gesetze wird der Umstand wesentlich eingehen, dass wir selbst beseelte Wesen sind.

Den Wirkungszusammenhang geistiger Vorgänge auf körperliche Prozesse erklärte er folgendermaßen (Heisenberg 1942 erstmals veröffentlicht 1989):

> *Ebenso wie die Gesetze der Chemie aufgefasst werden können als eine bestimmte Projektion der allgemeinen quantentheoretischen Gesetze in die Ebene der objektiven raumzeitlichen Vorgänge, so sollen also auch die biologischen Gesetze angesehen werden als die Projektion der Zusammenhänge des nächsthöheren Wirklichkeitsbereichs in dieser Ebene.*

Auf dieser nächsthöheren Ebene, die die biologischen Gesetze beeinflusse, erkannte Heisenberg also die seelischen Vorgänge. In diesem 1942 als Vermächtnis geschriebenen Manuskript zog der Nobelpreisträger die philosophische Summe seiner bisherigen naturwissenschaftlichen Erkenntnisse. Leitmotiv war dabei die Frage, wie die Wirklichkeit aufgebaut, erkannt und beschrieben werden könne.

Quantenphysiker betrachten Materie als eine Ableitung von Bewusstsein

Die Welt, die Sie sehen, die Realität, die Sie erleben, wird also im Wesentlichen von Ihren eigenen Gedanken kreiert – den bewussten und vor allem den unbewussten Gedankenimpulsen. Alles, was Sie außen in der Welt erleben, ist ergo eine Reflexion Ihres Bewusstseins, insbesondere Ihrer unbewussten Wünsche, Befürchtungen, Ängste oder anderer mentaler Blockaden. Die Verbindung zwischen menschlichem Bewusstsein und dem physischen Bereich ist faszinierend. Genau aus diesem Grund waren fast alle Gründerväter der Quantenphysik damit beschäftigt, mehr über das Bewusstsein herauszufinden. Einer der ersten

Quantenphysiker, Max Planck, der den Nobelpreis für Physik des Jahres 1918 verliehen bekam, betrachtete Bewusstsein bereits als »grundlegend« und Materie als »Ableitung vom Bewusstsein«. Wir haben heute empirische Beweise dafür, dass der Verstand die Materie tatsächlich beeinflusst. Das klassische Beispiel dafür, wie Faktoren, die mit dem Bewusstsein zusammenhängen, direkt mit der physischen Welt verbunden sind, ist das in Abschnitt 3.1 erwähnte Doppelspaltexperiment.

Verschiedene weitere Experimente mit dem Doppelspaltversuchsaufbau zeigten sogar, dass wir in der Lage sind, Quantensysteme allein durch unsere Absicht zu beeinflussen. Diese Versuche beweisen eindrücklich, dass geistige Aktivität, also unsere Aufmerksamkeit und Absicht, die physische Materie »zwingt«, auf eine bestimmte Weise zu agieren. Wir bringen nämlich durch unsere fokussierte Absicht die beobachteten Elektronen dazu, eine bestimmte Position einzunehmen.

Realität ist nicht existent, wenn keiner hinsieht

Zahlreiche Quantenversuche gingen noch einen Schritt weiter. Sie kamen zu dem Ergebnis, dass Realität nur existiert, wenn wir unsere Aufmerksamkeit darauf richten. Physiker an der Australian National University haben nun weitere Belege für die illusorische Natur der Realität gefunden. Sie wiederholten John Wheelers Delayed-Choice-Experiment, eine abgeänderte Form des berühmten Doppelspaltexperiments. In Wheelers Experiment kam heraus, dass ein einzelnes Photon zwei Wege verfolgen kann. Verhält es sich wie eine Welle, nimmt es beide Wege. Verhält es sich wie ein Teilchen, muss es sich entscheiden, welchen der beiden Wege es nimmt. Wheeler konnte nachweisen, dass gemäß der Quantenmechanik die Entscheidung, ob das

Photon Wellen- oder Teilchencharakter zeigt, getroffen werden kann, nachdem es die Wege bereits durchlaufen hat (Truskott et al. 2015).

Die neuen Resultate der australischen Wissenschaftler, die in der Zeitschrift *Nature Physics* veröffentlicht wurden, lassen darauf schließen, dass Realität nicht existent ist, wenn keiner hinsieht. In dem Experiment ging man der Frage nach: Was genau zwingt ein Photon oder ein Elektron, sich entweder wie eine Welle oder wie ein Teilchen zu verhalten? Die Ergebnisse zeigten im Einklang mit der Quantentheorie, dass dies dadurch bestimmt wird, ob das Objekt gemessen wird.

»Es beweist, dass Messung alles ist. Auf der Quantenebene existiert Realität erst, wenn wir sie beobachten«, so der leitende Forscher, Dr. Andrew, in einer Pressemitteilung der Australian National University 2015.

Die Absicht des Beobachters beeinflusst das Experiment

Die Quantenmechanik kann heute also beweisen, dass der Beobachter mit seiner gerichteten Absicht ein Experiment entsprechend beeinflusst. Zwei verschiedene Beobachter erzeugen sogar parallel zwei völlig verschiedene Realitäten. Das ist absolut erstaunlich, ist es doch der wissenschaftliche Beweis für unsere Fähigkeit, mit zielgerichteten Gedanken unsere Realität selbst zu erschaffen. Sie sind also immer für Ihre eigene Lebensrealität verantwortlich – ob Sie keinen Sinn im Leben finden oder ob Sie mit der entsprechenden Einstellung Leichtigkeit und Lebensfreude erfahren. Machen Sie sich die Macht Ihrer Gedanken bewusst und nutzen Sie diese sinnvoll!

Bewusstsein und Gedanken sind naturwissenschaftliche Realitäten

Thomas und Brigitte Görnitz veröffentlichten jüngst das Buch *Von der Quantenphysik zum Bewusstsein*, in dem sie aufzeigen, dass Bewusstsein und Gedanken naturwissenschaftliche Realitäten sind. »Unser Bewusstsein ist etwas anderes als unser Gehirn, obwohl beide, solange wir leben, eine unauflösliche Einheit bilden« (Görnitz & Görnitz 2016). Deshalb gingen vom Bewusstsein auch reale Wirkungen aus. Die beiden Autoren kommen zu dem Schluss:

> *Bewusstsein ist aus naturwissenschaftlicher Sicht diejenige Form von Quanteninformation, die sich selbst erlebt und kennt. Das Bewusstsein beruht auf der unauflösbaren Einheit von Hard- und Software in der biologischen Informationsverarbeitung. Es ermöglicht, Informationsmodelle zu erzeugen und anhand der Modelle des Körpers und der Umwelt auch Handlungen zu planen. Mit den quantischen Eigenschaften der Psyche kann u.a. die Bindung der Wahrnehmungen aus den verschiedenen Sinnesorganen zu einem Objekt erklärt werden. Die Quantentheorie liefert die objektiven Aussagen über die universellen Quantenstrukturen, welche die Existenz von Bewusstsein ermöglichen, und sie zeigt weiterhin, warum die Inhalte eines jeden individuellen Bewusstseins zwangsläufig subjektiv sind.*

Wir stehen an der Schwelle zu einer neuen Epoche

Albert Einstein war damals bereits klar, dass die Quantenphysik die Erkenntnisse der herkömmlichen Physik sprengte und damit auch das darauf aufbauenden mechanistisch-materialistische Weltbild. Der Genfer Physikprofessor Nicolas Gisin sagt: »Ich bin davon überzeugt, dass wir an der Schwelle zu einer neuen Epoche stehen, einer Revolution von Natur und Welt.« Auch das Zitat des Physikers und Nobelpreisträgers Niels Bohr »Wer über die Quantenphysik nicht entsetzt ist, der hat sie nicht verstanden« führt in die gleiche Richtung. Wir müssen unser altes Weltbild erweitern, um die Forschungsergebnisse der Quantenmechanik nachvollziehen zu können. Auf Basis unseres althergebrachten Naturverständnisses ist die Quantenmechanik nicht zu verstehen.

»Magische« Selbstheilung – der Placeboeffekt

Die Wirkung unserer Gedanken und Erwartungen auf körperliche Prozesse wird anhand der unzähligen Placebostudien eindrücklich gezeigt, und einiges dazu haben Sie schon in Kapitel 2 gehört. Laut dem Neurowissenschaftler Fabrizio Benedetti, einem der Pioniere der Placeboforschung, gibt es aber nicht nur einen Placeboeffekt, sondern viele. So können Placeboschmerzmittel die Freisetzung von natürlichen schmerzlindernden Chemikalien auslösen, die als Endorphine bezeichnet werden. Patienten mit Parkinsonkrankheit reagieren auf Placebos hingegen durch Freisetzen von Dopamin.

Die Wirksamkeit von Placebos wurde also immer wieder bewiesen, wie auch in einer Studie der Baylor School of Medicine, die 2002 im *New England Journal of Medicine* veröffentlicht wurde. Sie befasste sich mit Operationen bei Patienten mit schweren und schwächeren Knieschmerzen. Die Patienten wurden in drei Gruppen eingeteilt. Bei der ersten Gruppe rasierten die Chirurgen den beschädigten Knorpel im Knie. Bei der zweiten Gruppe wurde das Kniegelenk gespült und das gesamte Material entfernt, von dem angenommen wurde, dass es eine Entzündung verursacht. Beide Verfahren sind die Standardoperationen für Menschen mit stark arthritischen Knien. Bei der dritten Gruppe wurden die Patienten nur sediert und einer Scheinoperation unterzogen. Alle drei Gruppen durchliefen dann denselben Reha-Prozess mit erstaunlichen Ergebnissen: Die Placebogruppe verbesserte sich genauso wie die beiden anderen Gruppen, die sich einer Operation unterzogen hatten.

Sich selbst erfüllende Prophezeiungen realisieren sich oft

Das Phänomen der sich selbst erfüllende Prophezeiung, das wir bereits aus Abschnitt 2.3 kennen, zeigt, wie stark unsere eigenen Erwartungen die Realität steuern. Jedwede Information über eine mögliche Zukunft hat einen entscheidenden Einfluss auf uns und ist die wesentliche Ursache dafür, dass diese Zukunft auch eintritt. Der wesentliche Mechanismus dabei ist, dass diese Informationen in unser Glaubenssystem und unsere gerichtete Absicht einwirken müssen. Sobald die Vorhersage und die entsprechende Erwartungshaltung verinnerlicht sind, richten wir uns ganz auf ihre Erfüllung ein und agieren dann auch entsprechend, so dass sich die Wahrscheinlichkeit erhöht, dass die Prophezeiung eintrifft. Es kommt quasi zu einer positiven Rückkopplung zwischen Erwartung und Verhalten. Wir konzentrieren uns so sehr auf den Ausgang eines Ereignisses und richten unsere bewusste oder unbewusste Absicht darauf aus, dass das erwartete Ereignis tatsächlich eintreten kann (Abb. 3-3). Die Neurowissenschaft weiß seit langem, dass unser Gehirn auf eine bloße intensive Vorstellung entsprechende körperliche Reaktionen einleitet. Genau diesen Effekt nutzt die moderne Hypnotherapie und kann Selbstheilungskräfte anregen durch Aktivierung diverser Wirkprozesse in Kombination mit Lösungstrancen. Durch intensive Imaginationen bringen wir unser Ge-

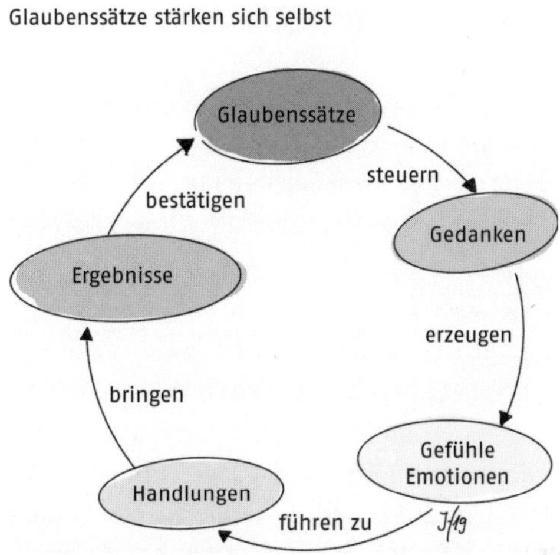

Abb. 3-3 Glaube wird Realität

hirn dazu, das erwartete Ereignis bereits als Realität wahrzunehmen.

Ein Experiment mit schlauen und dummen Ratten

Der amerikanische Psychologe Robert Rosenthal zeigte 1963 diesen psychologischen Effekt und eine besondere Variante der sich selbst erfüllenden Prophezeiung mit einem Tierversuch. Er analysierte, welchen Einfluss der Versuchsleiter in psychologischen Experimenten auf das Verhalten von Versuchstieren hatte. Rosenthal führte ein Lernexperiment mit 60 Ratten durch und instruierte zwölf Psychologiestudenten als Versuchsleiter. Die Versuchstiere sollten lernen, in einem Labyrinth den richtigen Weg zur Futterstelle zu wählen. Rosenthal erklärte seinen studentischen Versuchsleitern, bei der Hälfte der Versuchstiere handele es sich um besonders lernfähige Tiere, während die andere Hälfte besonders »dumm« sei. In Wirklichkeit

Das Experiment von Rosenthal (1966)

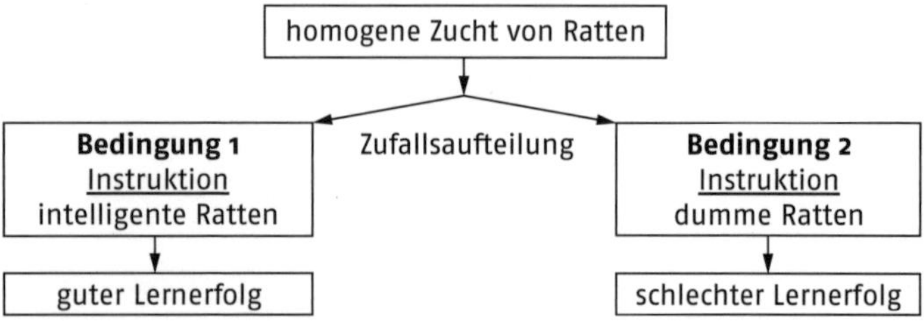

Abb. 3-4 Pygmalion-Effekt

bestand jedoch kein Unterschied zwischen den Ratten. Sie wurden den Studenten streng nach Zufall zugeteilt, sechs Versuchsleiter wurden jedoch in dem Glauben gelassen, dass ihre Tiere zum Stamm der »klugen« Ratten gehörten, die anderen sechs, dass sie mit »dummen« Ratten experimentieren würden. Jeder Versuchsleiter hatte die Aufgabe, mit einer Gruppe von fünf Ratten an fünf Tagen je zehn »Trainingsläufe« im Labyrinth durchzuführen und zu notieren, ob die Tiere den richtigen Ausgang wählten. Die »klugen« Ratten waren entsprechend den Erwartungen ihrer Versuchsleiter an jedem Versuchstag den »dummen« Ratten überlegen. Die Versuchsleiter mit vermeintlich »klugen« Ratten beurteilten ihre Versuchstiere wesentlich positiver und behandelten sie dementsprechend anders als Versuchsleiter mit vermeintlich »dummen« Ratten (Abb. 3-4).

Der Pygmalion-Effekt – man wird so, wie man gesehen wird

Diese Variante einer sich selbst erfüllenden Prophezeiung wird auch als Pygmalion-Effekt bezeichnete. Rosenthal bewies mit seinem Experiment, dass die Erwartungshaltung in Bezug auf ein Individuum den Umgang der anderen mit diesem beeinflusst. Und dieser veränderte Umgang mit dem Individuum beeinflusst wiederum dessen Verhalten und Entwicklung in die erwartete Richtung. Man wird also so, wie man von anderen gesehen wird. Rosenthal konnte somit einerseits feststellen, inwieweit sich positive Einstellungen, Erwartungen, Überzeugungen und Zuschreibungen des Versuchsleiters gegenüber Versuchsteilnehmern auf das Ergebnis eines Experimentes auswirkten. Eine positive Einschätzung führt im Sinne einer sich selbst erfüllenden Prophezeiung auch zu einem besseren Resultat. Im negativen Fall konnte ein solcher »Imageschaden« auch eine fatale Wirkung auf das Ergebnis haben, entsprechend könnte das Selbstbild einer Person erheblichen Schaden nehmen. So lässt sich auch die schleichende Stigmatisierung angeblich »dummer« Schüler erklären, die entsprechend den Erwartungen des Lehrers schlechte Ergebnisse abliefern werden. Auch im zwischenmenschlichen Bereich hat die Erwartung also Auswirkungen auf die Realität.

Übung 7: Pygmalion-Effekt (Zeitinvestition: 20 Minuten)

Gibt es möglicherweise in Ihrem Leben ähnliche Erfahrungen, die auf einen unbewusst wirksamen Pygmalion-Effekt schließen lassen? Sind Sie aufgrund eines Vorurteils von wichtigen Bezugspersonen vielleicht schon einmal als verrückt oder dumm abgestempelt worden? Durchforsten Sie nun bitte kurz Ihre Biografie auf mögliche sich selbst erfüllende Prophezeiungen, auf negative Prognosen von Lehrern, Vorgesetzten, Freunden, Feinden oder Vorbildern! Ist Ihnen jemals ein unvorteilhafter Ruf – in welcher Hinsicht auch immer – vorausgeeilt, und Sie haben schließlich unbewusst den Erwartungen gewisser Personen sogar entsprochen? Im Sinne einer sich selbst erfüllenden Prophezeiung ist es nämlich durchaus möglich, dass diese Negativsuggestionen im Unterbewusstsein immer noch wirksam sind.

Machen Sie sich jetzt bewusst, welche Erwartungen in diesen Situationen in Sie gesetzt wurden beziehungsweise welches Image Ihnen zugeschrieben wurde! Wir konzentrieren uns bei dieser wichtigen Übung im Wesentlichen auf die Negativprognosen. Die positiven Zuschreibungen und Erwartungen haben sich ja sowieso bereits in der Realität erfüllt, was gut ist und Sie mit dem Ozean der Möglichkeiten verbunden hat. Wichtig ist es, dass Sie sich nun die negativen, blockierenden Prophezeiungen bewusst machen, denn hier liegt ein Riesenpotenzial verborgen, das durch Bewusstwerdung bereitgestellt werden kann. Beantworten Sie also in Stichworten die folgenden Fragen:

1. Welche negativen Prophezeiungen oder Imagezuschreibungen haben Sie in letzter Zeit von anderen Personen erhalten?
2. In welchen Situationen haben früher Ihre Eltern oder Lehrer einschränkende Aussagen bezüglich Ihrer Persönlichkeit gemacht?
3. Welche einschränkenden, negativen Zuschreibungen haben wichtige Bezugspersonen hinsichtlich Ihres Körpers vorgenommen?
4. Welche negativen Prognosen haben Sie hinsichtlich Ihrer Projekte und Ideen von anderen gehört?
5. Welche dieser Prophezeiungen behindern Sie bei welchen Aktionen, Tätigkeiten oder Situationen?
6. Gegen welche positiven Prognosen und Zuschreibenden würden Sie diese gerne ersetzen?
7. Stellen Sie sich vor, ein Wunder würde geschehen, und wie auf magische Weise wäre jegliche negative Zuschreibung gelöscht! Wie würde Ihr Leben ab jetzt weiterlaufen und was würde sich alles verändern?

Naturgegebene Schöpferkraft mit Leichtigkeit einsetzen

Zusammenfassend können wir also feststellen, dass Gedanken, Absichten, Zukunftsprognosen und Erwartungen uns selbst und auch die Realität beeinflussen. Aus der Neuroforschung wissen wir außerdem, dass die Neuroplastizität des Gehirns eine ständige flexible Veränderung des neuronalen Netzwerkes bewirkt. Ergo können wir auch durch intensive Vorstellung und Wiederholung unsere mentale Landkarte im Hirn so optimieren, dass sich positive Prophezeiungen und Erwartungen verstärken. Für unser Gehirn ist es dabei völlig unerheblich, ob diese Informationen in Form von Bildern und Sätzen von außen kommen oder aus uns selbst heraus. Entscheidend ist dabei, wie wir bewusst und vor allem unbewusst unsere Erwartungshaltungen und unsere fokussierte Aufmerksamkeit ausrichten.

Nun stellt sich doch die grundsätzliche Frage, warum wir diese großartigen Möglichkeiten der Selbstbeeinflussung nicht dauernd im Alltag nutzen. Eine Frage, die noch mehr den Kern trifft, ist: Warum lernen wir diese Techniken nicht bereits in der Schule, da wir uns doch mit unserem vollen Potenzial und dem Ozean der Möglichkeiten verbinden könnten? Aus meiner Sicht müssten diese erstaunlichen Erkenntnisse und lebensverändernden Fakten auf den Titelblättern sämtlicher Zeitungen stehen: »Lernen Sie, mit Ihrer ureigenen Schöpferkraft Ihr Leben und Ihre Realität zu gestalten!« Oder: »Sie haben die Kraft, Ihre Realität willentlich zu beeinflussen und Ihr Gehirn selbstständig zu erziehen« (Abb. 3-5). Komischerweise glauben viele Menschen immer noch, dass diese Naturprinzipien unseres Geistes und unseres Gehirns nicht funktionieren können. Damit sind wir wieder beim veralteten, überholten Weltbild, und ich möchte Sie nun bitten, bevor wir zum nächsten Abschnitt übergehen, Ihr Weltbild mit folgenden Wissenssätzen (statt Glaubenssätzen) zu erweitern:

- Ich kann lernen, meine Schöpferkraft zu lenken.
- Ich beabsichtige jeden Tag mehr, in einem Zustand der Leichtigkeit zu existieren!
- Ich will mich mit dem Ozean der Möglichkeiten verbinden.

Abb. 3-5 Mentaler Garten

Übung 8: Mit magischen Fähigkeiten Wunschrealität konstruieren (Zeitinvestition: 20 Minuten)

Nehmen Sie sich bitte ausreichend Zeit und überlegen Sie, was Sie in Ihrem Leben beeinflussen würden, wenn Sie die Fähigkeit bereits trainiert hätten, die Kraft Ihrer Erwartungen und Absichten auf ein gewünschtes Ziel auszurichten und Ihre eigene Realität zu beeinflussen! Stellen Sie sich vor, ein Wunder würde passieren, und Sie hätten über Nacht diese »magischen« Fähigkeiten bekommen, die Sie jetzt einmal für sich ausprobieren dürfen! Notieren Sie in Stichworten Ihre Ideen und Wünsche!

1. Was würden Sie in Ihrem Leben gerne verändern oder verbessern?
2. Welche Eigenschaften würden Sie an Ihrer Persönlichkeit ändern?
3. Was würden Sie gerne körperlich verbessern oder verändern?
4. Was würden Sie gerne in Ihren Beziehungen verändern?
5. Wie würden Sie sich gerne anderen gegenüber verhalten?
6. Was würden Sie beruflich verändern und was würden Sie gerne dazulernen?
7. Welche Projekte würden Sie gerne umsetzen oder wofür würden Sie sich einsetzen?

Eine sichere Anleitung, wie man lernen kann, seine naturgegebene Schöpferkraft einzusetzen und mit Absicht die eigene Realität zu gestalten, gibt es übrigens bereits in Form geführter Meditationen, die insbesondere auf der Ebene des Unbewussten arbeiten. Die CD »Magie der Leichtigkeit« ist eine optimale Ergänzung zum Buch und leitet Sie an, systematisch Ihre Veränderungswünsche in die Realität umzusetzen. Informationen zur CD finden Sie am Ende des Buches.

3.3 Falsche Glaubenssätze überprüfen

Chef im eigenen Hirn bleiben

Spät am Abend rief mich eine Klientin an, die sich kurz zuvor als telefonischer Notfall bei mir angekündigt hatte. Am Telefon schilderte sie mir panisch, wie sie sich verrückt machen würde wegen einer kommenden Prüfung in drei Wochen, die sie unbedingt bestehen müsse. Sie beschrieb mir ihre Gedanken in Form negativer Glaubenssätze wie »Ich schaffe das nicht«, »Ich werde versagen« und »Ich kriege sicher ein Blackout« und so weiter. Diese Gedanken würden wie in einem Teufelskreis immer stärker werden.
Eine Weile lauschte ich ihren Ausführungen und stellte dann die Frage: »Wie sinnvoll ist es, sich durch diese Selbstsabotage alle

Möglichkeiten auf Erfolg zu zerstören? Was ist die positive Absicht dahinter?« Eine ganze Zeit war es sehr still am anderen Ende der Leitung. Und dann erwiderte eine zaghafte Stimme: »Ich bin dann nicht so enttäuscht, sollte es nicht klappen. Und ich weiß dann zumindest, dass ich es mir ja selbst kaputt gemacht habe.« Das Ganze war also ein unbewusster Versuch, die Kontrolle über eine angstauslösende Situation zu behalten.

Ich erklärte meiner Klientin, dass es im Leben niemals Kontrolle gäbe, wohl aber die Möglichkeit, selbstwirksam ein Ereignis zu steuern. Sie müsse den beängstigenden Kontrollverlust bei einer solchen Herausforderung wohl akzeptieren, könne aber gleichzeitig lernen, bestmöglich ihre fokussierte Absicht zu steuern und damit die Realität entsprechend zu beeinflussen. Nach einigen weiteren Erklärungen war sie bereit, die nächsten drei Wochen bis zum Prüfungstag zu trainieren, sich selbst mental steuern, ihre Erwartungshaltung lenken zu lernen und jedes Mal, wenn die alte Selbstsabotage wieder zutage trat, das Wort »Stopp« zu sagen und so den mentalen Teufelskreis der Selbstzerstörung sofort zu unterbrechen. Ich erläuterte ihr, dass dieses Training angewandte Neuroplastizität sei und sie es nur oft genug wiederholen müsse, um ihr eigenes Gehirn in eine neue Richtung zu »erziehen«.

Entsprechend meiner Empfehlung begann die Klientin, mit Meditationen zur Prüfungsvorbereitung zu arbeiten, innere konzentrierte Ruhe zu kultivieren und einem aufkeimenden Kontrollgedanken zu kontern, indem sie sich das selbstentwickelte Mantra aufsagte: »Ich bin mein eigener Chef und entscheide mich für die bestmögliche Version meiner selbst.«

Drei Wochen später schrieb sie mir stolz von ihrer gut bestandenen Prüfung. Noch wichtiger als das gute Prüfungsergebnis war der persönliche Lernfaktor, bei angstauslösenden Herausforderungen ruhig und der »Chef« im eigenen Hirn zu bleiben.

Glaubenssätze und Einstellung

Der Begriff Glaubenssatz wurde von der Psychologie geprägt und steht für eine tief verankerte Überzeugung eines

Menschen, die sein Selbstbild oder die Außenwelt betrifft. Glaubenssätze haben große Auswirkungen auf die Wahrnehmung der Realität. Sie sorgen also dafür, wie ein Mensch Lebensereignisse bewertet oder interpretiert. Und wir wissen aus Abschnitt 3.1, wie sehr diese Glaubenssätze, unser Weltbild und unsere Erwartungshaltung unsere Realität bestimmen. Glaubenssätze in positiver wie in negativer Form haben enorme Auswirkungen auf das Lebensgefühl, denn sie bestimmen maßgeblich das Denken und Handeln eines Menschen. Genau hier liegt aber auch die Problematik, denn unsere Glaubenssätze sind uns nicht bewusst.

Glaubenssätze prägen unsere Einstellung und unsere Perspektive auf uns selbst und unser Weltbild. Zur Begriffsdefinition der Einstellung schreibt der Schweizer Psychoanalytiker C. G. Jung (2013):

> *Einstellung bedeutet eine Erwartung, und Erwartung wirkt immer auswählend und Richtung gebend. Ein stark betonter, im Blickfeld des Bewusstseins befindlicher Inhalt bildet (eventuell mit anderen Inhalten zusammen) eine gewisse Konstellation, welche gleichbedeutend mit einer bestimmten Einstellung ist, denn ein solcher Bewusstseinsinhalt fördert die Wahrnehmung und Apperzeption alles Gleichartigen und hemmt diejenige alles Ungleichartigen. Er erzeugt die ihm entsprechende Einstellung. Dieses automatische Phänomen ist ein wesentlicher Grund zur Einseitigkeit der bewussten Orientierung.*

Und er resümiert, es gehöre zu den allerschwierigsten Kunststücken der Erziehung, die Einstellungen zu ändern.

»Du kannst das nicht. Das schaffst du nicht. Du bist nicht gut genug!« Jeder von uns kennt solche Gedanken und Selbstzweifel. Was diese Glaubenssätze so mächtig werden lässt, ist die Tatsache, dass sie sich selbst erfüllen, denn wie wir bereits wissen, schaffen Erwartungen und Absichten Realität. Sobald Sie einen Glaubenssatz assimiliert haben, und dies geschieht meist unbewusst, steuert dieser auf unterbewusster Ebene Ihr Denken, Ihre Emotionen, Ihr Verhalten und sogar Ihre Wahrnehmung und Ihre Fähigkeit zu lernen. Richard Bandler, Mitbegründer des Neurolinguistischen Programmierens, sagt, wir geben unbewusst »Befehle an unser Nervensystem, den Glaubenssatz zu verwirklichen«. Wir werden zu dem, was wir glauben, unsere Welt gestaltet sich mehr und mehr entsprechend unserer vor allem unbewussten Erwartungen. Diese Programmierung wirkt so stark, dass unser Gehirn sogar alle Informationen ausblendet und abwehrt, die unserem Glaubenssatz widersprechen.

Wenn wir einmal einen Glaubenssatz unbewusst assimiliert und aufgenommen haben, dann erscheint die Welt zunächst so, als würde der Glaubenssatz stimmen. Dies ist allerdings nicht der Fall, sondern die Realität kommt uns nur so vor, weil wir eben daran glauben, dass sie so ist. Es ist, als würden Sie sich eine geistige Brille mit rosaroten Gläsern aufsetzen. Ein Ereignis wie eine Prüfungssituation kann für Sie rosarot wirken, und Ihre Erwartungshaltung und Ihr Verhalten werden das entsprechende Ergebnis in der Realität bewirken. Sollten die Gläser Ihrer geistigen Brille jedoch düstergrau sein, dann werden Sie eine Welt erfahren, die entsprechend trostlos erscheint. Die Schwierigkeit liegt darin, die Wahrheit zu erkennen: Es ist nicht die Realität selbst, sondern es sind Ihre jeweiligen Brillengläser, die die Welt entweder rosarot oder düstergrau erscheinen lassen.

Unsere negativen Glaubenssätze wurzeln in kollektiven Urängsten

Es gibt tiefliegende im kollektiven Unterbewusstsein verwurzelte Urängste, die mit bestimmten Glaubenssätzen kombiniert eine starke Wirkung entfalten können. Alle möglichen psychologischen Manipulations- und Propagandastrategien der Politik und der Medien zielen genau auf diese Urängste ab, um bestimmte erwünschte Glaubenssätze zu aktivieren, die beispielsweise den Konsum und das Kaufverhalten antreiben. Durch das gezielte Ansteuern dieser kollektiv verankerten Urängste ist es möglich, die Wahrnehmung der Menschen einzuengen und sie in den reinen Überlebensmodus zu versetzen, in dem sie nur noch emotional reagieren, statt bewusst zu agieren. Die Urängste lösen wie auf Knopfdruck die drei biologischen Reaktionsmuster aus, die das Überleben sichern: Flucht, Kampf oder Erstarren.

Die sechs Urängste, die unser Glaubenssystem torpedieren

Der Autor Napoleon Hill veröffentlichte bereits im Jahre 1937 seinen Bestseller *Denke nach und werde reich* und stellte einen Zusammenhang zwischen sechs Urängsten, unserem Glaubenssystem und unseren mentalen Blockaden her:

1. **Die Angst vor Armut:** Hill begründet diese Angst mit dem »Geldwahn« der Menschen.
2. **Die Angst vor Kritik:** Diese kollektive Urangst ließe sich zurückführen in die Zeit, als Menschen auf dem Scheiterhaufen verbrannt wurden, wenn sie es wagten, der öffentlichen Meinung und dem allgemein gültigen Glaubenssystem zu widersprechen.
3. **Die Angst vor Krankheit:** Sie könne im Extremfall zum Tod führen, schreibt Hill. Außerdem wisse jeder, wie sehr eine Krankheit jeden Betroffenen aus der Bahn wirft.
4. **Die Angst vor Verlust einer Liebe:** Wer schon einmal unter Liebeskummer gelitten hat, wird Hill zustimmen: Gegen den Schmerz des Verlustes einer geliebten Person ist kein Mittel gewachsen.
5. **Die Angst vor dem Alter:** Das Wort »Armenhaus« jage jedem Menschen einen Schauer über den Rücken. Viele Menschen fürchten, dort ihre letzten Tage verbringen zu müssen. Heute würde man wohl von einer Angst vor Mini-Rente und Altenheim sprechen, vor Einschränkungen, Abhängigkeit und körperlichem Leiden.
6. **Die Angst vor dem Tod:** Diese sei im Grunde genommen eine Angst vor dem Unbekannten, denn niemand wisse wirklich, was uns nach dem Tode erwartet. Zugleich ist sie die Nutzloseste aller Ängste, so Hill, denn: »Der Tod kommt, egal was man von ihm halten mag« (Hill 1937, veröffentlicht in Ariston 2006).

Wer wirklich erfolgreich sein Leben meistern möchte, sollte nach Hill lernen, die sechs Urängste zu überwinden. »Ängste sind nichts weiter als mentale Zustände«, schreibt Hill. Diese aber könne der Mensch kontrollieren und lenken lernen. Zunächst müsse man seine Ängste erst einmal erkennen: »Ehe wir einen Feind beherrschen, müssen wir seinen Namen kennen, seine Gewohnheiten – und sein Versteck«, so Hill (Hill veröffentlicht in Ariston 2006).

Übung 9: Urängste reflektieren und transformieren (Zeitinvestition: 10 Minuten)

Reflektieren Sie nun bitte die sechs Ängste und finden Sie Ihre eigenen inneren Einstellungen und Glaubenssätze dazu. Welche Glaubenssätze kommen Ihnen anhand der folgenden Themen in den Sinn? Notieren Sie kurz Ihre Gedanken und Erkenntnisse!

1. Armut
2. Kritik
3. Krankheit
4. Verlust einer Liebe
5. Alter
6. Tod

Übung 10: Auf Identität und Weltbild bezogene Glaubenssätze reflektieren (Zeitinvestition: 15 Minuten)

Selbstverständlich sind wir sogar in der Lage, unser komplettes Mindset, also unser gesamtes Weltbild inklusive aller geistiger Brillen, kritisch einer Überprüfung zu unterziehen und bei Bedarf an entsprechenden Stellen zu abzuändern. Selbst minimale Veränderungen können bereits ein maximales Gefühl von Leichtigkeit erzeugen. Deswegen schauen Sie sich bitte zunächst ihre destruktiven inneren Glaubenssätze im Hinblick auf Ihre Identität und Ihr Weltbild an, diese sind nämlich besonders wirksam. Hinderliche Glaubenssätze in Bezug auf Ihre Identität halten Sie davon ab, sich selbstwirksam verändern und entwickeln zu können. Als kleine Anregung biete ich Ihnen hier eine Auswahl von ganz typischen negativen Glaubenssätzen, um Ihre Selbstreflexion anzuregen und dabei auf die eigenen Glaubenssätze zu stoßen.

Typische negative Glaubenssätze bezogen auf die eigene Identität:

- »Ich verdiene das nicht.«
- »Das bin ich nicht wert.«
- »Ich bin nicht liebenswert.«
- »Ich kann nichts daran ändern.«,
- »Ich bin zu klein, zu schwach.«
- »Das darf ich nicht denken.«
- »Ich bin ein Versager.«
- »Ich habe keine Ahnung.«

(Bitte ergänzen Sie hier Ihre persönlichen Glaubenssätze!)

Typische negative Glaubenssätze bezogen auf das Weltbild:

- »Das Leben ist ein andauernder Kampf.«
- »Man muss sich mit Härte durchboxen.«
- »Das Schicksal ist hinterhältig und gemein.«
- »Man hat sowieso nur Pech im Leben.«
- »Das Böse in der Welt ist immer stärker.«
- »Menschen sind für die Welt wertlos.«
- »Wenn man etwas Gutes bekommt, verliert man dafür etwas anderes.«
- »Wenn es einem gut geht, werden andere neidisch und gefährlich.«

(Bitte ergänzen Sie hier Ihre persönlichen Glaubenssätze!)

Glaubenssätze steuern unser Handeln

Die wirksamsten Glaubenssätze sind diejenigen, die sich auf unsere Identität und das Weltbild beziehen. Glaubenssätze sind deshalb so wirksam, weil sie keiner Realitätsprüfung standhalten müssen, denn sie werden in der Regel nie hinterfragt. Wie Sie bereits wissen, gibt es in uns ein unbewusstes Informationsvermeidungsprinzip, das Infor-

Abb. 3-6 Glaubenssätze

mationen abwehrt, die nicht zu unserem Glaubenssystem passen, um dadurch kognitive Dissonanz zu vermeiden. Gegenteilige Erfahrungen werden oftmals einfach getilgt oder als Ausnahme deklariert. Insgesamt kann man sagen, dass Glaubenssätzen und darauf aufbauenden Weltbildern mit logischen Argumenten nicht oder nur schwer beizukommen ist (Abb. 3-6). Deshalb ist dieses Kapitel auch systematisch so aufgebaut, dass zunächst allgemein die Weltbilder diskutiert, dann die möglichen Auswirkungen dieser Grundbausteine des Denkens aufgezeigt wurden und erst jetzt, im dritten Schritt, eine Analyse des eigenen Glaubenssystems – des kompletten Mindsets – folgt.

Man unterscheidet in der Psychologie insgesamt vier Arten von wirksamen Glaubenssätzen, die wir uns mit der nächsten Übung bewusst machen wollen:

1. Glaubenssätze bezogen auf Selbstwirksamkeit und Selbstwert
2. Glaubenssätze bezogen auf Körpergefühl und -beziehung
3. Glaubenssätze bezogen auf Beziehungen zu anderen
4. Glaubenssätze bezogen auf Weltbild und -gefühl

Übung 11: Persönliches Mindset überprüfen (Zeitinvestition: 20 Minuten)

Welche hilfreichen und negativen Glaubenssätze kennen Sie aus Ihrer Biografie und Ihrem aktuellen Leben? Bitte notieren Sie Ihre Antworten und Ergebnisse!

1. Welche förderlichen Glaubenssätze bezogen auf Gesundheit und Lebensgefühl haben Sie in Ihrem Leben verinnerlicht?
2. Welche Glaubenssätze sind Ihre besten Ressourcen im Umgang mit der Welt und bestimmten Schwierigkeiten?
3. Welche hinderlichen Glaubenssätze tauchen in welchen speziellen Situationen auf?
4. Welche Emotionen werden dann ausgelöst und wie wirken sich diese auf Ihr Erleben und Verhalten aus?

5. Welches Glaubenssystem haben Sie aus Ihrer Ursprungsfamilie übernommen?
6. Welche Glaubenssätze haben Sie aus der Schule, dem Religions- und Gesellschaftssystem übernommen?
7. Welche Glaubenssätze in Bezug auf Selbstwirksamkeit und Selbstwert haben sich durch Prognosen anderer, also dem Pygmalion-Effekt, manifestiert?

Ein Software-Update: Transformieren Sie Ihr Mindset!

Die Projektion Ihrer Glaubenssätze auf die äußere Welt erschafft Ihre Realität. Negative, hinderliche und einschränkende Glaubenssätze stellen immer Mangelzustände dar und gehen folglich mit der Manifestation einer Realität einher, die wiederum Mangel erzeugt. Aus diesem Grund ist es ratsam, eigene negative und auf Mangel basierende Einstellungen und Glaubenssätze zu erkennen. Erst dadurch wird es uns möglich, entsprechende Einstellungen zu transformieren und schließlich auch in der Außenwelt einen neuen geistigen Zustand zu manifestieren. Negative Glaubenssätze werden meistens in frühester Kindheit geprägt. Sie haben diese ungeprüften Annahmen, teilweise sogar gefährliche Glaubensfallen, viele Jahrzehnte mit sich herumgetragen und durch sich selbst erfüllende Prophezeiungen tiefer und tiefer verankert. Da Glaubenssätze tief im Unterbewusstsein verankert sind, sind sie den meisten überhaupt nicht bewusst. Die Veränderung und Transformation von Glaubenssätzen ist eine große Herausforderung in Ihrer Persönlichkeitsentwicklung (Abb. 3-7). Sie benötigen dafür eine erweiterte Perspektive, Willenskraft, Kritikfähigkeit, Selbstdisziplin und vor allem Geduld. Wie man negativen Glaubenssätzen erfolgreich entgegenwirken kann, wird im nächsten Kasten erläutert.

Abb. 3-7 Glaubenssätze aussortieren

Negative Glaubenssätze in drei Schritten auflösen

1. **Erkennen:** Da Sie Ihre Glaubenssätze unbewusst mit sich tragen und durch sich selbst erfüllende Prophezeiungen immer wieder bestätigen, liegt der erste Schritt darin, Ihre individuellen Glaubenssätze erst einmal aufzuspüren und niederzuschreiben. Üben Sie sich in Selbstreflexion und beobachten Sie eine Zeit lang genauestens Ihre Gedanken, Ihre Glaubenssätze, die von der inneren Stimme in typischem Wortlaut und Tonfall rezitiert werden, sowie Ihre Emotionen und Ihr Handeln. Dieser Prozess macht Ihnen immer klarer, welche Grundüberzeugungen bei Ihnen wirksam sind und an welchen Stellen unbedingt ein »Software-Update« Ihres mentalen Glaubenssystems erfolgen muss.
2. **Transformieren:** Sobald Sie Ihre negativen Glaubenssätze entlarvt haben, können Sie diese aktiv in positive umwandeln. Markieren Sie mit einem Rotstift auf Ihrer erstellten Liste alle negativen Glaubenssätze und notieren Sie daneben ein posi-

ves Gegenstück. Bearbeiten und formulieren Sie diese Glaubenssätze so lange, bis sich die neuen Sätze stimmig in Ihr Mindset einfügen lassen. Es gibt allerdings auch Ausnahmen, nämlich Glaubenssätze, die aus traumatischen Erfahrungen entstanden sind. Um die zu transformieren, bedarf es einer gezielten Unterstützung durch einen erfahrenen Traumatherapeuten oder Coach. Bei allen Aufarbeitungsprozessen finden nämlich Neuverknüpfungen auf der Ebene der neuronalen Netzwerke im Hirn statt, die schlussendlich zu stabileren und gesünderen Mustern führen. Im Grunde geht es bei diesem Prozess um das »Schaffen von Bedingungen für die Möglichkeit von Selbstorganisation«, so fasst es Prof. Günter Schiepek, Leiter des Institutes für Psychotherapieforschung an der Universität Salzburg, zusammen (Schiepek 2013).

3. **Kultivieren:** Die Umwandlung negativer in positive Glaubenssätze beruht auf den Prinzipien angewandter Neuropsychologie. Allerdings benötigt Ihr Gehirn einige Wiederholungen des Updates, also der neuen positiven Glaubenssätze, damit diese ebenso gut gebahnt sind wie die alten Denkschemata. Dieser Prozess erfordert ein gewisses Maß an Wiederholung und vor allem etwas Geduld, denn es braucht eine gewisse Zeit, um die tiefsitzenden Glaubenssätze aus der Kindheit loszulassen und durch neue zu ersetzen. Schreiben Sie drei bis maximal fünf positiv wirksame Sätze auf ein Blatt Papier oder notieren Sie diese in Ihrem Handy, so dass die neuen Sätze immer wieder aktiviert werden können. Auch ein Screenshot auf dem Handy oder Bildschirmschoner kann Sie dabei unterstützen, das mentale Software-Update zu verinnerlichen.

Stärkende innere Stimmen als Hauptdarsteller

Der amerikanische Psychologe Tom Holmes, Professor an der Western Michigan University, spricht in seinem Ansatz des Inneren-Familien-Systems (IFS) von Teilen unserer Persönlichkeit. »Jeder unserer Teile filtert unsere Wahrnehmung auf seine ganz eigene Weise. Jeder hat eine besondere Art die Welt zu sehen« (Holmes 2014). Wir können uns einfach vorstellen, wir hätten in unserem Kopf eine große

Bühne mit verschiedenen Darstellern – den wertschätzenden und den bremsenden inneren Stimmen, je nach Glaubenssatz, den Sie assimiliert haben. Diese Stimmen haben mehr oder weniger wichtige Rollen in unserem inneren Theaterstück. Der Regisseur entscheidet bei einem Theaterstück darüber, welche Stimme welche Rolle bekommt. Ob eine stärkende oder bremsende Stimme zum Hauptdarsteller gekürt wird, das bestimmt eine einzige Person, der Regisseur Ihres Kopftheaters – Sie selbst! Je nachdem, welcher Stimme Sie die meiste Aufmerksamkeit schenken, wird Ihr Theaterstück des Lebens verlaufen. Sie haben die freie Wahl, welche Ihrer inneren Stimmen Sie die Hauptrolle verleihen: dem Kreativen, dem Mutigen, dem kritischen Anfängergeist oder etwa dem hilflosen Opfer, dem Kritiker oder sogar dem bösen Rächer? Vielleicht bekommt Ihr innerer Superheld eine Hauptrolle zugeteilt – der Teil, der mit Mut, Kraft und Mitgefühl sein Leben selbstwirksam gestaltet, verbunden mit dem Ozean der Möglichkeiten? Wir gestalten mithilfe unserer eigenen Vorstellungskraft immer unsere eigene Realität.

Übung 12: Grundpfeiler des Denkgebäudes ersetzen (Zeitinvestition: 15 Minuten)

Ihr gesamtes Denkgebäude ruht auf Pfeilern, auf verschiedensten Glaubenssätzen, von denen manche Ihr Denkgebäude eventuell baufällig machen. Im nächsten Schritt bitte ich Sie um die Überprüfung der Grundpfeiler, die bei möglichen Mängeln dann ersetzt werden können, also um eine tiefgehende Analyse der wichtigsten Glaubenssätze. Sie ersetzen somit die falschen Glaubenssätze durch wahres, überprüfbares Wissen.

Bitte ergänzen Sie nun die folgenden Sätze zunächst spontan. In einem zweiten Durchlauf bitte ich Sie, die notierten Glaubenssätze kritisch zu überprüfen, möglichst sogar durch Recherchen:

1. Weltbild: »Die Welt ist …« und »Die Welt besteht aus …«
2. Menschen: »Menschen sind grundsätzlich …« und »Andere Menschen sind …«
3. Selbstbild: »Ich bin …« und »Mir ist wichtig, dass …«
4. Selbstwirksamkeit: »Ich kann …« und »Ich kann nicht …« »Ich habe Einfluss auf …«
5. Potenzial: »In meiner Macht/Kraft liegt es …« »Meine Möglichkeiten sind …«
6. Herzenswunsch: »Ich würde gerne …« und »Ich wünsche mir …«
7. Gesundheit: »Gesundheit ist …« und »Gesundheit fördert …«
8. Körperbezug: »Mein Körper ist …« und »Meinen Körper stärkt …«
9. Krankheit: »Krankheit ist …« und »Bei Krankheit brauche ich …«
10. Selbstheilungskraft: »Meine Selbstheilungskräfte sind …«
11. Männer; »Männer sind …« und »Männer wollen …«
12. Frauen: »Frauen sind …« und »Frauen wollen …«
13. Partnerschaft: »Partnerschaft ist …« und »Mein Partner bedeutet mir …«
14. Kinder: »Kinder sind …« und »Kinder wollen …«
15. Finanzen: »Geld ist …« und »Reichtum bedeutet …«
16. Berufung: »Mein Beruf ist …« und »Meine Berufung wäre …«
17. Leben: »Leben ist …« und »Leben könnte sein …«
18. Sinn: »Sinn macht …« und »Mein Lebenssinn ist …«
19. Sterben: »Sterben bedeutet …« und »Tod ist …«

3.4 Das Unterbewusstsein dekonditionieren

Wenige sind imstande, von den Vorurteilen
der Umgebung
abweichende Meinungen gelassen auszusprechen;
die meisten sind sogar unfähig,
überhaupt zu solchen Meinungen zu gelangen.

(Albert Einstein, Physiker,
Begründer der Relativitätstheorie)

Schuldgefühle durch Konditionierung

Wie sehr uns bestimmte Erlebnisse prägen und unser Leben verändern können, dass zeigt der Fall einer 47-jährigen Klientin, die mir schilderte, dass sie ihr gesamtes Leben unter starken Schuldgefühlen gelitten hatte. Diese Schuldgefühle, so erzählte sie mir, seien rational betrachtet völlig unbegründet, aber von ihrer Familie und durch die damaligen Lebensumstände immer wieder auf sie projiziert worden. Als 6-Jährige hatte sie sich in der Schule mit Keuchhusten angesteckt und zu Hause dann leider auch ihre erst 3 Monate alte Schwester infiziert. Die kleinere Schwester überlebte nach wochenlangem Überlebenskampf die Erkrankung nur knapp, und die Eltern gaben meiner Klientin die Schuld daran, das Baby angesteckt zu haben. Dabei seien damals immer wieder Sätze gefallen wie »Das ist alles nur deine Schuld, deine Schwester stirbt nur wegen dir«, eine fatale und vollkommen unberechtigte Schuldzuweisung.

Als es der kleinen Schwester endlich gesundheitlich besser ging, hielt die Große das Baby auf dem Schoß und die Mutter vergoss zu allem Unglück aus Versehen heiße Milch über die beiden. Das Baby wurde dabei schwer verbrüht, die große Schwester aber war wie durch ein Wunder völlig unversehrt. Wieder gab die Mutter meiner Klientin die Schuld an dem Drama und den Verletzungen des Babys.

Die wiederholten Schuldzuweisungen führten dazu, dass sie ein schlechtes Gewissen und Schuldgefühle als eine schwere Last mit

sich herumtrug. Die Schuldzuweisungen konditionierten also das Unterbewusstsein und wirkten derart massiv, dass auf meiner Klientin eine Schwere und ein schlechtes Gewissen lastete, obwohl ihr durchaus bewusst war, dass dies vollkommen irrational war und sie in Wahrheit keine Schuld traf. Auch der Kontakt zwischen den Schwestern war belastet, und sie sprachen schon seit Jahren nicht mehr miteinander.
Um diese Schuldgefühle auf unterbewusster Ebene zu lösen, bot ich meiner Klientin eine Sitzung mit hypnosystemischem Stellen ihrer Familiensystems und ihres »inneren Kindes« an. So konnte sie die Schuld loslassen lernen, sich selbst und ihr inneres Kind wieder in innere Balance bringen und mehr Leichtigkeit erfahren.

Limitierungen unserer schöpferischen Möglichkeiten

Wir wissen aus Abschnitt 3.2, welche großartigen schöpferischen Möglichkeiten in jedem Menschen stecken und auf ihre Entfaltung warten. Doch die meisten nutzen diese kaum. Stattdessen agieren sie im Bereich enger Grenzen und manifestieren in ihrem Leben oftmals eine Realität mit vielen Einschränkungen. Woher kommen all die negativen Glaubenssätze, die uns in unserer Schöpferkraft derart limitieren? Was genau bremst uns in unserer Persönlichkeits- und Bewusstseinsentwicklung aus?

Um Näheres darüber zu erfahren, werden wir uns nun kurz mit den Konditionierungen des Unterbewusstseins sowie mit kognitiven Verzerrungen beschäftigen. Bevor wir ein Trainingsprogramm für mehr Leichtigkeit und Entfaltung unsere Potenziale beginnen können, ist zunächst die Dekonditionierung dieser einschränkenden Sabotagemuster notwendig.

Wie Reize mit bestimmten Reaktionen verknüpft werden

Konditionierung ist ein Effekt, der beobachtet werden kann, wenn ein neutraler Reiz mit einem affektiv bedeutsamen Reiz wiederholt gemeinsam dargeboten wird und der neutrale Reiz allein schließlich die entsprechende Reaktion hervorruft. Das berühmteste Experiment dazu führte Pawlow bereits im Jahre 1927 durch. Dabei wurden Hunde als Versuchstiere eingesetzt, und als bedeutsamer Reiz wurde zunächst Futter verwendet, das bei Hunden die natürliche Reaktion »Speichelfluss« erzeugt. Pawlow konnte beobachten, dass die Hunde nach mehrmaliger Fütterung, während der gleichzeitig eine Glocke ertönte (neutraler Reiz), bereits allein auf die Glocke mit Speichelfluss reagierten, also nun eine konditionierte Reaktion auf die Glocke zeigten (Dorsch 2014).

Im Rahmen dieser »klassischen Konditionierung« werden verschiedene Reize miteinander verknüpft. Beim »operanten Konditionieren« werden Reize und Reaktionen miteinander verknüpft, also beispielsweise ein Verhalten, z. B. »Spielen mit der kleinen Schwester«, mit einer Konsequenz, z. B. »Bestrafung durch die Eltern«, und einem Schuldgefühl, wie im Fallbeispiel oben beschrieben. Meine Klientin war als Kind in Bezug auf ihre Schwester immer wieder Bestrafungen, Schuldzuweisungen, also Negativreizen, durch die Eltern ausgesetzt. Dadurch lernte sie im Hinblick auf ihre kleine Schwester und ähnliche Situationen, die mit vermeintlicher Verantwortung zu tun hatten, diffuse Schuldgefühle zu entwickeln. Um den verletzenden schweren Schuldzuweisungen durch die Eltern zu entgehen, setzte schließlich bei meiner Klientin ein typisches Vermeidungsverhalten gegenüber ihrer Schwester ein (negative Verstärkung).

Der Hamsterkäfig lebenslanger Konditionierungen

Im Laufe unseres Lebens – durch Erziehung, Ausbildung, Medien etc. – wird unser Unterbewusstsein so konditioniert, dass wir reflexartig auf bestimmte Reize, Situationen oder Sätze reagieren. Diese Konditionierungen unseres Geistes sind unzählig und sehr einflussreich, da sie zu fest verknüpften Reiz-Reaktions-Schemata geworden sind und zumeist vollkommen unbewusst aktiviert werden (Abb. 3-8). Die konditionierten Reaktionsmuster sind beispielsweise tiefsitzende Gewohnheiten, Neigungen, Überzeugungen und Glaubenssätze, die wie Rillen in das Vinyl einer Schallplatte eingeprägt sind. In diese »eingeprägten Rillen« setzt sich die Nadel unseres Geistes, um die immer gleiche Programmierung oder auch Prägung zu wiederholen. Unzählige Programmierungen durch diese Konditionierungsmechanismen trüben daher unseren klaren Blick auf die Welt. Da der Vorgang unbewusst abläuft, sind wir oftmals Sklaven unserer Konditionierung und können unsere eigenen Möglichkeiten nicht voll ausschöpfen.

Besonders Werbung, Marketing und PR-Agenturen betreiben diese Konditionierungsprogramme strategisch und mit großem Aufwand. Welches Motiv steckt dahinter? Das Ziel all dieser Bemühungen ist selbstverständlich, uns zum

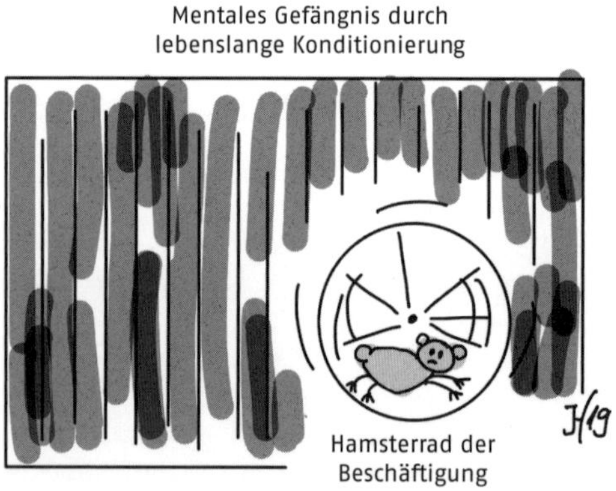

Abb. 3-8 Hamsterkäfig

Kauf möglicherweise vollkommen überflüssiger Produkte zu bewegen, uns mit Nachdruck emotional deutlich zu machen, wie dringend es sei, diese zu besitzen. Um die Kaufabsicht in uns zu aktivieren wird das gesamte Arsenal aus der Trickkiste der Sozial- und Werbepsychologie aufgefahren.

Manipulationsstrategien durchschauen lernen

Tatsächlich ist das Ausmaß der Konditionierungen unseres Geistes in unserer westlich geprägten Kultur erschreckend. Doch nur wenn Sie sich dessen bewusst werden, können Sie Manipulationsstrategien erkennen, die Ihnen die Leichtigkeit des Lebens nehmen. Dieser erste Erkenntnisschritt ist notwendig, um grundsätzlich zu begreifen, wie unser Denken in Ketten gelegt wird. Vielleicht glauben Sie bis jetzt noch nicht, dass Sie überhaupt manipuliert werden könnten? Nun, die psychologischen Methoden der Manipulation sind mittlerweile so gut erforscht und strategisch ausgetüftelt, dass sie den bewussten, rationalen Verstand wirklich komplett umgehen, um in der Tiefe des Unbewussten ihre Wirkung zu entfalten. So schrieb Edward Bernays, Begründer der Theorie der Propaganda, im Jahre 1928:

> *Wenn wir den Mechanismus und die Motive*
> *des Gruppendenkens verstehen,*
> *wird es möglich sein, die Massen, ohne deren Wissen,*
> *nach unserem Willen zu kontrollieren und zu steuern.*

Und erst, wenn Sie diese Mechanismen sowie die natürlichen Wahrnehmungsverzerrungen und Fehler unseres Denksystems kennenlernen und eine bewusstere Wahrnehmung entwickeln, können Sie diese Einflussnahme durchschauen lernen und sich immunisieren.

Sprache, Manipulation und Massenhypnose

In der systemischen Hypnotherapie spricht man von Alltagstrance oder auch von Alltagshypnose. Wir leben mental derart eingeschlossen in einem gesellschaftlich geprägten System aus Konditionierungen, dass wir im Alltag meistens wenig bewusst in unserem gedanklichen Hamsterrad beschäftigt sind. Die wichtigsten Aspekte für eine solche kollektive Hypnose als gesellschaftliches Phänomen sind zum einen die Tranceeffekte, die wir in Kapitel 4 noch genauer besprechen werden. Zum anderen ist natürlich die Sprache entscheidend. Denn wer die Sprache beherrscht, also die Verbreitung der Begrifflichkeiten, der Bedeutung und der Kategorien, in denen wir über gesellschaftlich-politische Phänomene nachdenken und sprechen, kann uns je nach Ziel beeinflussen. »Mit Hilfe der Sprache hält man das Denken in Schach«, so beschrieb es der englische Dramatiker und Nobelpreisträger Harold Pinter bei seiner Nobelpreisrede 2005. »Mit den Worten […] wird ein wirklich luxuriöses Kissen zur Beruhigung gebildet. Denken ist überflüssig. Man muss sich nur ins Kissen fallen lassen. Möglicherweise erstickt das Kissen die eigene Intelligenz und das eigene Urteilsvermögen, aber es ist sehr bequem.« Diese Techniken, mit konditionierten Wortbedeutungen Einfluss zu üben und Menschen zu bestimmten Einstellungen und Verhaltensweisen zu bewegen, sind für Laien nicht erkennbar, aber tief in der üblichen Funktionsweise der Massenmedien verankert. Diese Konditionierungsbereitschaft unseres Geistes ist die psychische Schwachstelle für Manipulationsversuche aller Art. Die dabei aktivierten internen Prozesse laufen vollkommen unbewusst ab und unterliegen nicht unserer willentlichen Kontrolle.

[D]ie Mehrheit der Politiker [hat], nach den uns vorliegenden Beweisen, an der Wahrheit kein Interesse[…], sondern nur an der Macht und am Erhalt dieser Macht.

Damit diese Macht erhalten bleibt, ist es unabdingbar, dass die Menschen unwissend bleiben, dass sie in Unkenntnis der Wahrheit leben, sogar der Wahrheit ihres eigenen Lebens. Es umgibt uns deshalb ein weitverzweigtes Lügengespinst, von dem wir uns nähren.

So führt der Nobelpreisträger für Literatur, Harold Pinter, in seinem Vortrag »Kunst, Wahrheit und Politik« weiter aus. Hier wird sehr deutlich, warum uns viele Konditionierungen unserer natürlichen Möglichkeiten berauben und wie wir systematisch in eine bestimmte Richtung des Denkens und Handelns gelenkt werden (Pinter 2005).

»In der Geschichte zeigt sich, dass die Menschheit blind einverstolpert, ähnlich wie Schiffe im unbegrenzten Ozean ohne Kompass und Karte«, schreibt der amerikanische Psychiater und Autor David Hawkins (2010) zum Thema Manipulation der Massen und fährt fort:

Buchstäblich hunderte Millionen Menschen haben im Verlaufe der Zeiten ihre Richtung verloren, einfach nur, weil ihnen eine einfache Technik fehlte, mit der sie die Unfähigkeit des Geistes, ein Schaf von einem Wolf im Schafspelz zu unterscheiden, überwinden konnten. Ganze Nationen sind untergegangen, ganze Zivilisationen gestorben, indem sie Propaganda, Slogans und Glaubenssystemen folgten. Der naive Sucher ist Freiwild für alle und jeden Möchtegern-Führer, welche ver-

schiedene Ideologien einfach durch den Einfluss von Zahlen, Überredung und Charisma an den Mann zu bringen suchen.

So beschreibt der Bestsellerautor Hawkins die Mechanismen von Macht und naivem Glauben und schließt mit: »Menschliches Bewusstsein hat leider keine angeborene Fähigkeit, Wahres von Falschem zu unterscheiden.«

Beeinflussung und Psychologie der Massen

Der französische Sozialpsychologe Gustave Le Bon publizierte bereits 1895 das Buch *Psychologie der Massen*, das Marketing- und PR-Experten heute als Standardwerk dient. Die darin vorgestellten Massenphänomene und Mechanismen zur Beeinflussung haben sich als geradezu prophetisch für unser Zeitalter erwiesen. Le Bon behauptet, dass ein Individuum in der Masse Teile seiner Persönlichkeit verliere und ein Mechanismus zur Wirkung komme, der die Menschen primitiver, emotionaler, impulsiver und radikaler werden lasse. Die Massenseele reagiere eher auf Bilder, Geschichten und Gefühle und regrediere durch Abgabe der Verantwortung des Einzelnen an die Gruppe in kindliches Denken und Handeln. Gustav Le Bon nennt es das »Denken eines Wilden«. Das Schamgefühl werde in der Masse aufgehoben, so dass man sich primitiv benehme. Menschenmassen seien somit insgesamt leichter zu täuschen und sehr beeinflussbar.

Kultur und ein solides moralisches Grundgerüst stärken nach Le Bon eine Gesellschaft hingegen und immunisieren sie gleichzeitig gegen Beeinflussung. Werde die Kultur allerdings schrittweise zerstört, so dass es kein gemeinsames Wertegerüst mehr gebe, seien diese Massen wieder besser beeinflussbar.

Beeinflussung durch Bilder, Geschichten und Emotionen

Menschen sind durch Bilder, Emotionen und Geschichten leicht beeinflussbar, da wir etwas nur begreifen können, wenn wir innere Bilder dazu haben. Sprachliches »Framing«, eine Beeinflussungstechnik, die bestimmten Worten einen gewünschten Bedeutungsrahmen verleiht, ist eine in Marketing und Politik sehr gefragte Beeinflussungstechnik. Durch sie werden bestimmte Vorstellungen erzeugt, um eigene Forderungen durchzusetzen. Beispielsweise klingt der Begriff »Steuern« (von »beisteuern«) viel besser als etwa »Zwangsabgaben an den Staat«.

Die klassische Strategie der Manipulation erläutert Le Bon in seinem Buch folgendermaßen: Im ersten Schritt wird eine Behauptung aufgestellt und über die Medien an die Massen kommuniziert. Im nächsten Schritt wird diese Behauptung, die selbstverständlich auch eine Lüge sein kann, so häufig wiederholt, bis die Massen sie glauben. Ein wesentlicher psychologischer Effekt, den man beim Meinungsmanagement der Bevölkerung kennen muss, ist: Je häufiger sie eine Meinung hört, umso mehr ist sie vom Wahrheitsgehalt überzeugt.

Individuen, die aus der kollektiv gestalteten Meinungsmatrix ausbrechen wollen oder berechtigte Kritik an dem so erzeugten Weltbild üben, bringt man mit Diffamierungsangriffen zum Schweigen. Der Psychologieprofessor Rainer Mausfeld unterscheidet zwischen sachlicher Kritik und Diffamierungsangriffen: Kritik beruhe auf Argumenten und ziele auf die Sache ab. Diffamierung, um eine abweichende Meinung auszulöschen, ziele aber auf die Person und arbeite mit einem entsprechenden Diffamierungsvokabular (Mausfeld 2019).

Wage es, deinen eigenen Verstand zu benutzen!

Nach Mausfeld gibt es ganz spezifische Eigenschaften mentaler Prozesse, die für Manipulationszwecke ausgenutzt werden können. Hierzu gehören mitunter die Urteils- und Entscheidungsbildung, der Einfluss der Sprache (insbesondere die Wirkung von Metaphern) auf die Bildung von Sinnzusammenhängen sowie die Bedeutung affektiver Prozesse, wie Angst, Verleugnung oder Verdrängung, für das Gedächtnis.

»So wie Kant es ausdrückte: ›Wage es, dich deines eigenen Verstandes zu bedienen‹ und nur, wenn wir uns entschließen unsere begrenzenden Glaubenssätze, unsere induzierte Apathie, Angst und Schuld zu überwinden und wir die Illusion der Informiertheit erkennen«, so äußert sich Mausfeld, »haben wir eine Chance, diesen Manipulationstechniken zu entgehen.« Mausfeld vertritt die Auffassung, dass die systematische Angsterzeugung durch die Massenmedien keine journalistische Entgleisung oder ein bloßes Mittel zur Erhöhung von Auflagenzahlen darstellt, sondern ein wesentliches Element der affektiven Steuerung der Bevölkerung durch die jeweils herrschenden Eliten sei. Die öffentliche Meinung sei ein viel zu hohes Gut und müsse daher systematisch gelenkt werden (Mausfeld 2019).

Sollte Ihnen jetzt möglicherweise in den Sinn kommen, bei den Aussagen Le Bons, Pinters und Mausfelds handele es sich doch wohl um eine »Verschwörungstheorie«, dann reflektieren Sie bitte kurz einmal, warum diese mentale Reaktion bei Ihnen ausgelöst wird. Dieser Begriff ist ein klassisches Framing und von der Wortbedeutung nicht sinnvoll, da es ja ein normales Prozedere in Politik und Wirtschaft darstellt, dass geheime Absprachen von einigen wenigen im Hintergrund getroffen werden. Der Begriff wird aber als eine Art »Denkstopper« eingesetzt und soll verhindern, dass wir bestimmte Themen wirklich frei reflektieren und somit Hintergründe eruieren können. Meine Leserinnen und Leser möchte ich ermutigen, auch über die »erlaubten« Grenzen des Denkens hinauszugehen. Dies ist entscheidend für bestimmte Erkenntnisprozesse.

Drecksack-Simulatoren und mediale Einflussnahme

Computer- und Internetspiele haben bei vielen Kindern und Jugendlichen einen großen Einfluss auf ihre geistige Konditionierung. In nicht wenigen Spielen beschäftigen sich die User mit dem Simulieren von Kriegsszenarien und dem belohnten Töten virtueller Gegner. Aus psychologischer Sicht sind die Bilder bei solchen Spielen sowie die geforderten blutrünstigen Aktionen für den Spieler eine Form des Mentaltrainings, um jegliches Mitgefühl und gesundes Wertesystem zu verlieren. Durch endlose Wiederholungen grausamen Mordens können bei entsprechender Neigung negative Persönlichkeitszüge konditioniert werden.

> **Games und ihre zerstörerische Wirkung**
> Vor einigen Monaten kam eine 19-jährige Klientin als Notfall zu mir in die Praxis und beschrieb sich selbst als gamesüchtig. Sie würde ununterbrochen diese menschenverachtenden Games spielen, habe die Schule abgebrochen, keine Freunde mehr und verzweifelte Eltern, die nicht mehr wüssten, was sie tun sollen. Sie erklärte mir, dass es zu Hause die Hölle wäre, sie ihr Leben nicht mehr im Griff habe und sie immer mehr verzweifeln würde. Ihr sei zwar einerseits schon bewusst, dass das pausenlose Spielen von Krieg und Töten keinen positiven Einfluss auf ihr Leben haben könne, gleichzeitig sei sie aber süchtig nach dem High-Gefühl, das sich jedes Mal einstellen würde, wenn der Punktestand bei ihren mentalen Raubzügen durch die Welt der Bits und Bites wieder einen Highscore erreiche.

Das Gehirn von Jugendlichen ist noch in der Entwicklung, und Games dieser Art können eine geradezu zerstörerische Wirkung auf die junge Psyche haben. In einem Trancezustand, der gleichzeitig Dauerstress erzeugt, werden die Spieler dafür belohnt, möglichst viele »Gegner« niederzumetzeln. Je nach Wiederholungsrate und Spielzeit findet eine Konditionierung statt auf entsprechende Eigenschaften wie Rücksichtslosigkeit, Aggression und Perversion. Entsprechende Glaubenssätze und Werthaltungen verschieben sich gleichzeitig in psychopathologisch auffällige Bereiche. Die Konditionierung durch solcherart »Spiele« ist keinesfalls zum Vorteil des Gamers. Im Gegenteil, eine Anbindung an den Ozean der Möglichkeit und den Zustand der Leichtigkeit wird von derartigen Freizeitbeschäftigungen geradezu verhindert. Gleichzeitig wird im Gehirn das Belohnungssystem so überstrapaziert, dass Depressionen, Angstzustände und Aggressionen quasi vorprogrammiert sind – eine mental erzeugte Kriegshölle, die sich leider oftmals auch im Familienleben realisiert.

TV-Trance für fröhliche Deppen

Auch im Fernsehen finden sich heute Formen geistiger Zerstreuung – moderne Brot-und-Spiele-Varianten der Unterhaltungsindustrie. So sollen uns beispielsweise diverse Reality-Shows vom Denken und Nachsinnen ablenken. Was viele Menschen beim Konsum täglicher Unterhaltung nicht bedenken: Sie versetzt uns in einen Trancezustand, der vor allem den inneren Kritiker einschläfert und uns empfänglicher macht für Suggestionen.

Haben Sie schon einmal den Begriff »Tittytainment« gehört? Dies ist eine Wortbildung aus dem englischen Slangbegriff für die weibliche Brust *(titty)* und dem Wort *entertainment*, die auf Zbigniew Brzezinski, den früheren nationalen Sicherheitsberater des ehemaligen US-Präsidenten Jimmy Carter, zurückgeführt wird. Tittytainment erzeuge den hypnotisierten guten Konsumenten, also den »fröhlichen Deppen«, so die Entertainerin Lisa Fitz. Da nach Brzezinskis Berechnungen zukünftig 20 Prozent der Weltbevölkerung ausreichen werden, um alle benötigten Dienstleistungen und Güter zu produzieren, müsse man die restlichen 80 Prozent medial berieseln, um sie ruhigstellen. Wie dem schreienden Säugling die Brust gegeben wird, müssten dann, so die Behauptung Brzezinskis, die »überflüssigen Menschen« mit trivialer Unterhaltung »bei Laune gehalten werden« (Wikipedia).

Den Kopf in Ketten gelegt bekommen

»Die psychischen Manipulationsmethoden zielen in erster Linie darauf ab, sozusagen den Kopf in Ketten zu legen, durch Produktion geeigneter Ideologien und durch Manipulation des Denkens und Fühlens« (Mausfeld 2019). Der Propagandatheoretiker Harold D. Lasswell hat diese Vorgehensweisen bereits 1930 in der *Encyclopedia of the Social Sciences* auf den Punkt gebracht: »Meinungsmanagement ist kostengünstiger als Gewalt, Bestechung oder irgendeine andere Kontrolltechnik.« Es geht also bei den Soft-Power-Techniken der Indoktrination letztlich um eine psychologische Kriegsführung gegen die Bevölkerung, die für die Bürger möglichst unsichtbar sein soll, indem sie natürliche Schwachstellen des menschlichen Geistes ausnutzt.

Diese Tiefenindoktrination, so beschreibt es Mausfeld weiter, ziele auf längerfristig angelegte Prozesse der Vermittlung politischer und gesellschaftlicher Weltbilder und Wertesysteme. Diese Narrative würden kognitiv und affektiv so tief verankert, dass sie uns gar nicht mehr als ideologische Weltbilder bewusst sind, sondern als Selbstverständlichkeit erscheinen. Dadurch sind sie weitgehend gegen Fakten und Kritik immun. Mit einer Tiefenindoktrination könnten also nicht nur störende Fakten kognitiv und affektiv unsichtbar gemacht werden, sondern gleich ganze Denkräume und Denkmöglichkeiten definiert werden. Die Vermittlungsinstanzen von Tiefenindoktrinationen sind alle Sozialisationsinstanzen, wie Massenmedien und die Kultur- und Unterhaltungsindustrie. Insbesondere gehören nach den Analysen Mausfelds auch die Schulen und Universitäten zu den zentralen Vermittlungsinstanzen von Tiefenindoktrinationen (Mausfeld 2019).

Meinungsmanagement als kostengünstige Staatsführung

Propaganda gehöre also wesenhaft und zwangsläufig zu einer funktionsfähigen Demokratie. Techniken des Meinungsmanagements hätten zudem gegenüber den Kontrolltechniken einer Diktatur den Vorteil, dass sie kostengünstiger als Gewalt, Bestechung oder irgendwelche anderen Kontrolltechniken seien. In diesem Sinne könne man also Demokratie, die durch ein Meinungsmanagement gelenkt sei, als eine optimale Regierungsform angesehen. Dies brachte Edward Bernays besonders offen zum Ausdruck.

Edward Bernays war einer der einflussreichsten Propagandisten, dessen Techniken in seinem 1928 erschienenen Buch *Propaganda* veröffentlicht wurden. Als Propaganda sind alle systematischen Versuche anzusehen, die darauf abzielen, die natürliche Urteilsfähigkeit von Menschen zu unterminieren und Einstellungen, Überzeugungen und Meinungen zu erzeugen, durch die sie sich zum Vorteil der jeweils Herrschenden missbrauchen lassen. Bernays schreibt:

Die bewusste und intelligente Manipulation der Verhaltensweisen und Einstellungen der Massen ist ein wesentlicher Bestandteil demokratischer Gesellschaften. Organisationen, die im Verborgenen arbeiten, lenken die gesellschaftlichen Abläufe. Sie bilden eine unsichtbare Regierung, welche die wahre Herrschermacht unseres Landes ist.

Wir müssen uns klarmachen, dass die von Bernays beschriebene Situation nicht nur irgendein hehres Ziel war, sondern bereits der Ist-Zustand der damaligen Zeit, und diese Situation hat sich seitdem noch beträchtlich verschärft. Propaganda im oben genannten Sinne ist heute als ein notwendiger Teil des Indoktrinationssystems aller westlichen Gesellschaften anzusehen. Und die »unsichtbare Regierung, welche die wahre Herrschermacht unseres Landes ist«, besteht aus nahezu unsichtbaren Geweben von Netzwerken verschiedener Eliten. Diese »lenken die gesellschaftlichen Abläufe«. Sie steuern politische Entscheidungen und vermitteln diese der Öffentlichkeit mittels Journalisten der Massenmedien als unvermeidliche Sachzwänge zum Wohle der Bevölkerung (Mausfeld 2019). Ein weiterer wichtiger Punkt: Propaganda darf, um wirksam zu sein, nicht als Propaganda erkennbar sein.

Die Illusion des Informiertseins – mentale Sedierung

Beim Durchzappen des aktuellen TV-Angebotes bekommt man spontan den Eindruck, die Menschheit sei bereits intellektuell wieder in der Steinzeit angelangt. Es scheint einen rapiden Niedergang von Kultur und Moral zu geben, und man kann sich denken, welche Auswirkungen ein solches Unterhaltungsprogramm auf entsprechende Zuschauer haben wird. Paul Lazarsfeld, einer der bedeutendsten Kommunikationsforscher und zugleich einer der Begründer der modernen empirischen Sozialforschung, schreibt: »Man muss die Bürger mit einer Flut von Informationen überziehen, so dass sie die Illusion der Informiertheit haben.« Durch diese »Illusion der Informiertheit« hat der Bürger ein politisch reines Gewissen; er fühlt sich über alles Wesentliche unterrichtet und kann abends beruhigt zu Bett gehen. In dieser Hinsicht zählen für Lazarsfeld die Massenmedien zu den »most respectable and efficient of social narcotics«. Die Bürger, die beim Frühstück eine namhafte Tageszeitung lesen, nachmittags im entsprechenden Online-Magazin nachschauen und sich abends die Nachrichten im Fernsehen ansehen, sind aufgrund des Gefühls umfassender Informiertheit so selbstzufrieden, dass sie die Krankheit, an der sie leiden, so Lazarsfeld, nicht einmal mehr bemerken. Besonders die sogenannten gebildeten Schichten sind anfällig für diese Illusion des Informiertseins. Aus naheliegenden Gründen sind sie in besonderem Grad durch die jeweils herrschende Ideologie indoktriniert, und durch ihre schweigende Duldung sind sie für diese ein wichtiges Stabilisierungselement. Es gibt genügend Beispiele, wie eine solche Narkotisierung auf affektivem Wege zu erreichen ist. Neben Techniken der Sedierung spielen im politischen Bereich der affektiven Kontrolle Techniken der Angsterzeugung eine wichtige Rolle (Mausfeld 2019).

Übung 13: Dekonditionierung der Meinungsmatrix (Zeitinvestition: 15 Minuten)

1. Reflektieren Sie kritisch Ihr persönliches Informationsmanagement, das Sie zur Meinungsbildung nutzen! Aus wie vielen unabhängigen Quellen beziehen Sie Ihre Informationen?

2. Wie viel Zeit nehmen Sie sich täglich, um ein Thema zu recherchieren, die gesammelten Informationen in Ruhe zu verarbeiten, frei zu denken und sich dann eine eigene Meinung zu bilden? Wie viel Zeit zum persönlichen Meinungsmanagement wäre sinnvoll und möglich?
3. Sammeln Sie ab heute bitte verschiedene Informationen zu einem Thema aus vertrauenswürdigen und möglichst unabhängigen Quellen und nehmen Sie sich genügend Zeit zum Nachdenken, um sich eine eigene Meinung zu einem Thema bilden zu können!
4. Welche Fehler bei der täglichen Berichterstattung in den Massenmedien sind Ihnen über die Jahre aufgefallen und fallen Ihnen aktuell auf?
5. Notieren Sie besonders auffällige Falschinformationen, Widersprüchlichkeiten und Ungereimtheiten, die Ihnen in den Medien begegnen.

Kognitive Verzerrung und Wahrnehmungsfehler

Auch unsere Wahrnehmung und unser Verstand weisen einige typische Schwachstellen auf, die für Manipulationsversuche jeglicher Art ausgenutzt werden können. »Kognitive Verzerrung« ist ein kognitionspsychologischer Sammelbegriff für systematische fehlerhafte Neigungen beim Wahrnehmen, Erinnern, Denken und Urteilen. Diese sich einmal bewusster zu machen, kann davor schützen, in eben diese Denkfallen zu tappen und so vom Ozean der Möglichkeiten abgeschnitten zu werden. Unter dem Begriff »Cognitive Bias« findet man bei einer entsprechenden Internetsuche mittlerweile 188 systematische Muster der kognitiven Abweichung, von denen ich hier nur einige wesentliche hervorheben möchte. So bemerken wir zum Beispiel eher Sachverhalte, die wir bereits kennen oder die sich oft wiederholen, oder wir fühlen uns zu Informationen hingezogen, die unser eigenes Weltbild bestätigen.

In der Werbung wird meist auf bestimmte Komponenten einer Einstellung gezielt: auf Emotionen, Motive, Wissen und die Aktivierbarkeit einer Einstellung oder Vernetzung mit anderen Gedächtnisinhalten, wie Verhaltensskripten und Kontexten (Netzwerkmodelle). Beliebte Techniken der Werbepsychologie, um Einstellungen zu manipulieren, sind das Konditionieren, der Mere-Exposure-Effekt sowie Wiederholung zur Gedächtnisbildung und leichteren Abrufbarkeit von Gedächtnisinhalten. Mit Mere-Exposure-Effekt ist gemeint, dass allein durch die häufige Wahrnehmung eine Information mit der Zeit positiv bewertet wird. So hat der amerikanische Sozialpsychologe Robert Zajonc bereits 1961 in einer Serie von Studien zeigen können, dass die mehrfache Darbietung eines Reizes eine hinreichende Bedingung dafür ist, dass die Einstellung zu diesem Reiz verbessert wird (Six & Schäfer 1985). Weitere kognitive Verzerrungen, die Sie bei genauerer Selbstreflexion auch im eigenen Denken entdecken könnten, sind:

1. Confirmation Bias: Der sogenannte Bestätigungsfehler ist die Neigung, Informationen so auszuwählen und zu interpretieren, dass sie die eigenen Erwartungen erfüllen.
2. Bias Blind Spot: Die Verzerrungsblindheit ist die Tendenz, sich für unbeeinflusst zu halten.
3. Dunning-Kruger-Effekt: Dies ist die Tendenz von wenig kompetenten oder nicht ausreichend informierten Menschen, das eigene Können oder Wissen zu überschätzen und die Kompetenzen von Spezialisten daher zu unterschätzen.
4. Emotionale Beweisführung: Dabei handelt es sich um die Neigung, eine empfundene Emotion als Beweis für eine Annahme zu betrachten.

5. Impact Bias: Die psychischen Auswirkungen eines vorgestellten negativen Ereignisses werden systematisch als zu stark erwartet.

Typische Gedankenfehler und blinde Flecken unserer Wahrnehmung

Auch die Unaufmerksamkeitsblindheit ist ein alltägliches Phänomen. Das *Lexikon der Psychologie* (Dorsch 2014) beschreibt diese als

> *Versagen der Wahrnehmung eigentlich auffälliger und gut sichtbarer Objekte und Dinge. Dieser Fehler zeige sich deutlich bei speziellen Versuchsanordnungen, in denen Probanden eine schwierige Diskriminationsaufgabe zu lösen haben, die die Allokation räumlicher Aufmerksamkeit erfordert. Wird während der Fokussierung auf die Aufgaben ein zusätzliches Objekt dargeboten, welches die Probanden nicht erwarten, wiesen sie diesem keine Aufmerksamkeit zu und das Objekt wird in der bewussten Wahrnehmung nicht erfasst.*

Weitere typische Gedankenfehler sind:

1. Alles-oder-nichts-Denken,
2. übertreibende Verallgemeinerungen,
3. Abwehr des Positiven,
4. voreilige Schlussfolgerung ziehen,
5. vermeintliches Gedankenlesen,
6. falsche Vorhersagen treffen,
7. Über- oder Untertreibungen,
8. Katastrophisieren von erwarteten Ereignissen,
9. emotionale Beweisführung,
10. typische »Ich-muss-Aussagen«,
11. Etikettierung und Schubladendenken.

Übung 14: Wahrnehmungsverzerrung (Zeitinvestition 20 Minuten)

Erinnern Sie sich nun an bestimmte Situationen, in denen Sie möglicherweise in die Falle falscher Glaubenssätze, Hoffnungen oder Erwartungen getappt sind! Diese Situation noch einmal zu rekapitulieren und die eigenen biologisch-kognitiven Schwachstellen herauszufiltern schafft bei Ihnen das Bewusstsein für diese Tendenzen, so dass Sie in Zukunft vorsichtiger sein werden und es weniger wahrscheinlich wird, Sie an diesen Stellen manipulieren zu können.

1. Erinnern Sie sich bitte kurz an eine folgenschwere Fehleinschätzung einer Person oder eines Ereignisses!
2. Bei welchem zu erwartendem Ereignis sind Sie vorab dem Denkfehler »Katastrophisieren« erlegen?
3. Wo haben Sie möglicherweise Informationen so ausgewählt, dass Sie die eigenen Erwartungen und Wünsche bestätigt und kritische Details einfach ausgeblendet haben?
4. Wie haben Sie die Rückmeldungen anderer Personen in dieser Situation erlebt und haben Sie nur die zu Ihrer Erwartung passenden Feedbacks ausgewählt und beachtet?
5. In welcher Situation haben Sie sich möglicherweise einmal für unbeeinflussbar gehalten?
6. Erinnern Sie sich an ein Ereignis oder das Erlernen von etwas Neuem, wobei Sie sich zunächst in Ihrem Können oder Wissen überschätzt haben!
7. In welcher Situation haben Sie vielleicht eine Emotion als Beweis für eine Annahme betrachtet?
8. In welchen Momenten Ihrer Geschichte haben Sie sich einen Worst Case schlimmer und länger vorgestellt, als es den Tatsachen entsprach?

Dekonditionierung durch Wissen, Bewusstsein und Selbstreflexion

Ihr nun entstandenes Bewusstsein über alle diese Mechanismen kann nun dazu führen, dass Sie viel vorsichtiger und sensibler im Umgang mit Meinungen, Glaubenssätzen, Weltbildern und vor allem den Medien umgehen. Im besten Fall haben Sie sich schon einen Plan zurechtgelegt, ab jetzt wieder eigenständig zu denken und sich so von geistigen Ketten und Konditionierungen frei machen zu können. Ein wesentlicher Schritt zur Dekonditionierung ist nämlich das psychologische Hintergrundwissen, aus dem sich PR-Agenturen und Think-Tanks heutzutage bedienen können. Das durch lebenslanges Konditionieren entstandene »mentale Gerümpel« in Ihrem Geist kann genauso wieder entfernt werden, wie es eingespeichert wurde. Mit jedem weiteren Schritt der Befreiung aus der konditionierten Meinungsmatrix wird Ihr Leben leichter.

Dieser Blick in die Abgründe und die Dekadenz unseres Gesellschaftssystems ist leider notwendig, um langfristig Leichtigkeit zu kultivieren. Denn wenn Sie Ihr Gedankengebäude auf konditioniertem Mentalgerümpel aufbauen, kann Ihnen schnell der Boden unter den Füßen weggezogen werden. Die falschen Glaubenssätze, die Ihnen im Laufe Ihrer Sozialisierung implantiert wurden, können Sie nun als solche erkennen. Und genau diese Erkenntnis ist der Weg zur Selbstbefreiung aus der Schwere der Existenz in die Leichtigkeit des Seins. Sie benötigen dazu ein spezielles Trainingsprogramm, das folgende wichtige Komponenten beinhaltet: sich selbst beobachten, hinschauen, wach- und bewusst bleiben. Lassen Sie die Matrix der Meinungen, Einbildungen und Illusionen hinter sich und erweitern Sie Ihre Wahrnehmungsperspektive. Das folgende Kapitel 4 wird Sie darin anleiten, wie Sie sich ganz praktisch täglich ein wenig mehr dekonditionieren können und dadurch Schritt für Schritt mehr Leichtigkeit erleben.

4 Bewusstsein, Selbst und Sinn

Die Existenz der menschlichen Seele
ist zwar ein objektiver Tatbestand,
den wir ganz außerhalb von uns stellen können.
In die Formulierung psychologischer Gesetze
wird aber der Umstand wesentlich eingehen,
daß wir selbst beseelte Wesen sind.

(Heisenberg, Physiker und Nobelpreisträger,
Zitat erstmals veröffentlicht 1989)

4.1 Bewusstsein, Gehirn und Realität

Eine bewusstseinserweiternde Erfahrung von Sein und Nichtsein
Normalerweise hält man sich als Psychologe mit eigenen Erfahrungsberichten zurück, und ich habe mich bisher strikt an diese Regel gehalten. Doch diese eine persönliche Erfahrung zum Thema Bewusstseinserweiterung möchte ich Ihnen nicht vorenthalten und Ihnen aufzeigen, wie extrem manche Ereignisse unser Weltbild in nur einem kurzen Moment sprengen können.
Im Jahre 2008 war ich im Urlaub auf Madeira und machte eine solche außergewöhnliche Erfahrung. Eigentlich lag ich in meinem Hotelbett und schlief tief und fest, als ich mich plötzlich im Schlafzimmer meiner Großmutter wiederfand. Zeitlebens hatte ich zu meiner Großmutter ein besonders inniges Verhältnis. Nun sah ich fasziniert dabei zu, wie sie sich irgendwie aus der Wand heraus und in den Raum »hineinschälte«, so etwa, wie ein Schmetterling, der sich aus seinem Kokon herauswindet. Die Gestalt meiner Großmutter erschien mir wie lebendig-leuchtendes, flüssiges Licht. Zu einer Lichtsäule mitten im Raum zentriert, rief sie, wie gut es ihr doch auf einmal ginge und wie frei sie sich plötzlich fühlte. Sie hörte gar nicht mehr auf über ihren Zustand von Leich-

tigkeit, Freiheit und Freude zu schwärmen. Da ich wirklich keine Ahnung hatte, was dies alles bedeuten sollte, fragte ich sie nur lapidar: »Was ist denn los mit dir?« Die Lichtgestalt meiner Großmutter war wunderschön, sie sah jung und unbeschreiblich glücklich aus. Sie lächelte mich an, und diesen Moment würde ich als Ausdruck absoluter Glückseligkeit beschreiben. Plötzlich riss mich ein schriller Lärm aus dem Raum und in einem Sekundenbruchteil befand ich mich wieder in meinem Hotelbett. Der Wecker hatte geklingelt.

Etwa 3 Stunden später bekam ich einen Anruf von meinen Eltern aus Deutschland, dass meine Großmutter am Morgen friedlich eingeschlafen sei. Der Arzt hatte den Todeszeitpunkt auf 9:30 Uhr datiert und mir jagte schlagartig ein Schauer über den Rücken, denn dies war exakt der Zeitpunkt, an dem mich der Wecker aus dem intensiven Erlebnis zurückgeholt hatte.

Die Naturwissenschaft überschätzt ihren Wahrheitsanspruch

Dieses unbeschreibliche und außergewöhnliche Erlebnis hat mein bisher streng naturwissenschaftliches Weltbild schlagartig erweitert. Ich gebe zu, dass ich vor diesem Erlebnis zwar grundsätzlich offen, aber gleichzeitig immer kritisch mit Berichten von Nahtoderlebnissen umgegangen bin. Im Hinterkopf hatte ich doch die von der materiell geprägten Wissenschaft gehegten Zweifel und die in der Neuropsychologie weit verbreitete These, dass es sich um eine Art Halluzination oder Einbildung handeln würde, auch wenn ich meinen Klienten ihr intensives Erleben selbstverständlich geglaubt habe. Nun musste ich mein eigenes eingeschränktes und materiell geprägtes Weltbild schlagartig erweitern und dieses Erlebnis erst einmal selbst verarbeiten.

Ich begann zu recherchieren und stürzte mich geradezu auf ähnliche Berichte von Neuroforschern, Medizinern und anderen Wissenschaftlern. Während dieser Recherchen stellt sich heraus, dass seit über 30 Jahren intensive Forschungen zu diesem Thema existierten, dieser Forschungszweig nennt sich Thanatologie. Diese Informationen hatten mich bis dato leider nicht erreicht, vielleicht hätte ich sie auch nicht geglaubt und sie, wie viele andere meiner Kollegen, auch völlig voreingenommen als esoterischen Blödsinn abgetan. Die Erfahrungsberichte und Studien von Medizinern zu diesem Thema, wie beispielsweise dem niederländischen Kardiologen Pim von Lommel oder dem amerikanischen Neurochirurgen Eben Alexander, vermitteln ein neues Verständnis von Bewusstsein und eine erweiterte Weltsicht – vom begrenzten Materialismus zur Existenz einer höheren geistigen Welt. Um es mit den Worten des Physikers und ehemaligen Direktors des Max-Planck-Instituts München, Prof. Dr. Hans-Peter Dürr, zu beschreiben: »Doch auch die heute dominierende selbstbewusste Naturwissenschaft überschätzt ihren Wahrheitsanspruch. Auch sie irrt, und sie irrt in manchen Punkten in gefährlicher Weise« (Warnke: Vortrag »Quantenphilosophie und Spiritualität« 2019).

Bewusstsein als reine Funktion des Gehirns

Psychologie und Hirnforschung verorten das Bewusstsein immer noch als eine Funktion der Hirnaktivität. Das *Lexikon der Psychologie* beschreibt das Phänomen Bewusstsein folgendermaßen:

> *Bewusstsein ist zum einen die Gesamtheit der Erlebnisse, d. h. der erlebten psychischen Zustände und Aktivitäten (Vorstellungen, Gefühle usw.); zum Bewusstsein gehört zusätzlich zu diesen bewussten Zuständen oder Aktivitäten auch noch die Tatsache ihres Bewusstseins,*

die besondere Art des unmittelbaren Gewahrseins dieser Erlebnisse.

Im Weiteren wird noch auf eine kognitive Perspektive und einen ganz anderen Zugang zum Bewusstsein eingegangen:

Die kognitive Psychologie betont die Funktionen des Bewusstseins, seine Rolle im Prozess der menschlichen Informationsverarbeitung. Hierbei wird im Allgemeinen davon ausgegangen, dass ein großer Teil der Informationsverarbeitung nicht von Bewusstsein begleitet wird. Dem Bewusstsein zugeordnet werden vor allem das aktivierte Gedächtnis, die fokale Aufmerksamkeit und die kontrollierten (nicht automatischen) Prozesse der Informationsverarbeitung.

Die neurowissenschaftliche Sichtweise des Phänomens Bewusstsein bleibt ebenfalls im materiell-mentalen Weltbild der klassischen Psychologie verhaftet. Durch immer aufwendigere Untersuchungsgeräte erweitert sich ständig das Wissen über Teilstrukturen des Gehirns, die bei bewussten psychischen Prozessen mitwirken, wie Aufmerksamkeit, Sprache, Entscheidung und Problemlösung. »Eine besonders wichtige Rolle für Bewusstsein spielen die Strukturen innerhalb der Großhirnrinde (Kortex). Dennoch wäre es falsch, den Kortex als Sitz des Bewusstseins zu betrachten, denn ohne subkortikale Strukturen ist kein Bewusstsein möglich« (Schandry 2011). Der Grad der Wachheit – vom Tiefschlaf über den Zustand entspannter Wachheit bis hin zu erregter Aufmerksamkeit – wird durch das komplexe retikuläre System (Formatio reticularis) reguliert. Alle Strukturen des Gehirns, die mit der bewussten Verarbeitung von Wahrnehmungsinhalten befasst sind, bekommen die Signale vom Thalamus, wo diese zunächst quasi vorsortiert werden. »Daher wird dieser auch gerne als Tor zum Bewusstsein bezeichnet« (Schandry 2011). Linke und rechte Hirnhälfte sind nach Dorsch beide entscheidend an bewussten Funktionen beteiligt. Die meisten Thesen, die sich mit neuronalen Prozessen als Grundlage des Bewusstseins beschäftigen, orientieren sich auch am sogenannten Hebb'schen Prinzip, das besagt, dass es immer dann zu Bewusstseinszuständen kommt, wenn kreisende Erregungen in Zellverbänden eine gewisse Intensität erreichen.

Das Gehirn als Hardware für geistige Prozesse

Unter meinen Seminarteilnehmern und Klienten finden sich auch immer wieder Psychologen, Neuroforscher und Mediziner mit klassisch materiell geprägtem Weltbild. In bestimmten Situationen ist es dann nötig, die Perspektive zu erweitern und Folgendes klar herauszustellen: Die moderne Neuroforschung mit ihren hochauflösenden Geräten kann zwar recht präzise die Aktivitäten des Gehirns aufzeichnen, und dies stellt selbstverständlich eine gewaltige, wissenschaftlich relevante Leistung dar. Aber bisher konnte kein einziger Gedanke, keine Idee, kein Gefühl, kein künstlerischer Entwurf, keine Melodie oder Bauplan im Gehirn gemessen werden – keine dieser Informationen lassen sich irgendwo im Gehirn abgebildet wiederfinden. Das verwundert nicht, denn dies alles sind reine Informationen, die im Gehirn nur verarbeitet und durch Gefühle, Sprache oder Motorik beantwortet werden. Aber das Gehirn besteht eben nicht aus den Gedanken und Ideen, die dort verarbeitet werden. Das Gehirn ist die Hardware für alle diese geistigen Prozesse, und oftmals werden diese Ebenen leider miteinander verwechselt. Informationen sind nicht messbar, sondern nur die Aktivitäten der Hardware, die diese Informationen verarbeiten – also die Aktivitäten der entsprechenden Hirnareale und chemischen Prozesse.

Der Physiknobelpreisträger des Jahres 1984, der Physiker Carlo Rubbia, erklärt im folgenden Zitat unsere natürliche Wahrnehmungsfokussierung auf die Materie und verweist auf die Schnittstelle, wo Materie und Information fließend ineinanderwirken: »Wir betrachten gewöhnlich nur die Materie, weil wir sie sehen und anfassen können. Viel wichtiger sind jedoch die Wechselwirkungsquanten, welche die Materie zusammenhalten und deren Struktur bestimmen« (Rubbia zitiert in Warnke 2017). Der bekannte Neuroforscher Richard Davidson sieht dies ähnlich (Doepke & Brozda, Interview mit R. Davidson 2019):

> *Es gibt einen Unterschied zwischen Gehirn und Geist […]. Die überwiegende Mehrheit der Neurowissenschaftler würde sagen, dass der Geist das ist, was das Gehirn tut. Und wenn man sich die traditionelle, vorherrschende Neurowissenschaft ansieht, sieht man diese Meinung über die gesamten Neurowissenschaften hinweg vertreten: dass im Grunde genommen der Geist das Gehirn ist. […] Meine Sichtweise ist viel differenzierter, selbst wenn wir eine rein materialistische Sichtweise beibehalten. […] Und zu sagen, dass sich der Geist nur im Gehirn befindet, ist wirklich eine extrem enge Sichtweise und meiner Meinung nach nicht vertretbar mit dem Wissen, das wir heutzutage besitzen.*

Alles, was nicht messbar ist, wird rigoros ausgeschlossen

Auch der renommierte Biophysiker, Autor und Hochschuldozent Ulrich Warnke beschreibt in einem aktuellen Interview das Problem, das die Naturwissenschaften mit dem

Phänomen Bewusstsein haben. In der bisherigen Naturwissenschaft gelte grundsätzlich nur das, was messbar sei: »Messbar heißt, es werden Kräfte übertragen, und dies ist das Grundprinzip jeden Messvorganges. Aber dieses Messergebnis wird interpretiert und formuliert und dafür braucht man Bewusstsein oder Geist. Genau dieser Geist, weil er selbst nicht messbar ist, wird rigoros aus der Naturwissenschaft ausgeschlossen. Das geht so nicht weiter.« In der Naturwissenschaft erforsche man die Methoden und Ergebnisse, die die Natur hervorgebracht habe. Die Natur hat auch uns Menschen hervorgebracht. Wir Menschen sind nach Warnkes Auffassung aber Wesen mit Bewusstsein und Geist. Wenn wir also Naturwissenschaften ehrlich und sauber erforschen wollten, gehören diese Bereiche zwingend dazu.

Bewusstsein und Geist sind also hauptsächlich aus Gründen der Messbarkeit bisher von den materiell geprägten Wissenschaftlern mit Newton'schen Weltbild ignoriert worden. Warnke erklärt: »Aber eine Natur ist nicht durch und durch messbar, weil es nicht überall um Kraftübertragung geht. Sondern es geht um Informationsübertragung« (Warnke 2019). Dies heißt: Sie können sich beispielsweise eine Oper im Fernsehen anschauen und jeden einzelnen Pixel auf dem Bildschirm messen. Sie können aber nicht die Information »Oper« messen, denn Ihr Bewusstsein interpretiert diese Information. Warnke fordert, dass die Naturwissenschaft das Bewusstsein und die geistigen Aspekte des Menschen akzeptieren lernen müsse. Es wäre absolut unlogisch, etwas aus der Betrachtung auszuschließen, nur weil man es nicht messen könne, und dann zu behaupten, dass es folglich auch nicht existieren kann. Bewusstsein und Geist gehörten dazu und seien grundlegende Faktoren des Lebens. Wir müssten endlich anerkennen, dass Bewusstsein, Geist und Spiritualität ein wesentlicher Teil der Wissenschaft sind.

Das Gehirn als Träger eines Hologramm-ähnlichen Gedächtnisses

Karl H. Pribram war ein amerikanischer Neurowissenschaftler und Professor für Psychologie an der Stanford Universität. Er entwickelte in den 1960er Jahren gemeinsam mit dem Einstein-Schüler und Physiker David Bohm ein »holonomes Gehirnmodell«. Diesem Modell zufolge soll das Gehirn Informationen nicht in einzelnen Gehirnzellen oder Zellverbänden speichern, sondern ähnlich wie bei einem Hologramm in Welleninterferenzen bestimmten Musters. Dieses Modell einer ganzheitlichen Funktionsweise des Gehirns sieht Pribram auch als Weiterentwicklung der vom Gestaltpsychologen Wolfgang Köhler aufgestellten Hypothesen zum Feldcharakter der Gehirntätigkeit (Wikipedia).

Pribram hat Nachweise erbracht, die seine Behauptung stützen, dass Erinnerungen im Allgemeinen überall im Gehirn auf eine Art und Weise aufgezeichnet werden, dass die Informationen über ein gegebenes Objekt oder eine Qualität nicht in einer bestimmten Zelle oder einem örtlich begrenzten Teil des Gehirns gespeichert werden, sondern über das ganze Hirn eingefaltet. Diese Speicherung ähnelt von seiner Funktion einem Hologramm, aber ihre Struktur ist wesentlich komplexer (Bohm 2018).

Wenn man aus Versehen das ganze Internet löscht

Meine Großmutter, von deren Tod ich ja bereits berichtet habe, hatte vor einigen Jahren ihr erstes iPad geschenkt bekommen und rief mich eines Tages aufgeregt an, sie hätte wohl aus Versehen das Internet gelöscht. Natürlich konnte ich sie beruhigen und ihr erklären, dass nur ihr Zugang zum Internet unterbrochen sei, es aber niemals möglich sei, das Internet, ein riesiges Netzwerk nahezu unbegrenzter Informationen, zu löschen.

An diesem Beispiel wird schnell klar, dass wir die beiden Ebenen sauber trennen müssen – die materielle, messbare Ebene der Hardware, mit der wir Informationen empfangen und verarbeiten, und die Ebene der Information selbst. Sowenig wie man beim Zerlegen eines Radios den Radiomoderator finden wird, so wenig ist es möglich, von Ihrem PC aus das gesamte Internet zu löschen. Das Internet wie auch die Radiosendung sind nämlich reine Informationen, die über Schallwellen beziehungsweise elektrische Spannung oder die Frequenz von elektromagnetischen Wellen übermittelt werden. Selbst durch die Zerstörung des Radios oder Ihres PCs wird diese Information weiter bestehen. Sie können einen Fernseher bis ins Detail betrachten, alle Bauteile auseinandernehmen oder ihn sonst wie durchleuchten, sie werden keinen Film in diesem Gerät finden, da der Film nur die Information ist, die über elektrische Impulse und Frequenzen empfangen, verarbeitet und über Lautsprecher und die Pixel des Bildschirms wiedergegeben wird.

Das Gehirn ist wie das Internet, Radio oder Fernsehen sowohl Empfänger als auch Verarbeiter und Umwandler von Informationen. Die spannende Frage, auf die ich etwas später zurückkommen werde, ist, woher kommen diese Informationen, die Gedanken und Ideen, die unser Gehirn empfängt und verarbeitet? Der Mediziner Sir John Eccles, Nobelpreisträger in Physiologie, gelangte zu der Überzeugung, dass das Gehirn als eine Empfängeranlage für Energiemuster diene, die im Geist selbst beheimatet seien und als Bewusstsein existierten, das sich in Form von Gedanken ausdrücke. Der amerikanische Psychiater und Autor David R. Hawkins ergänzt: »Die Eitelkeit des Egos beansprucht Gedanken als ›mein‹. Im Gegensatz dazu ordnet ein Genie die Quelle kreativer Bewusstseinssprünge im Allgemeinen jener Grundlage allen Bewusstseins zu, die traditionell als das Göttliche bezeichnet wird« (Hawkins 2010).

Hirnwellen und die verschiedenen Bewusstseinszustände

Lassen Sie uns zunächst dieses besondere Empfangs-, Verarbeitungs- und Wiedergabegerät des Menschen – das Gehirn – bei seiner Tätigkeit und den verschiedenen Funktionen genauer beobachten. Unsere Hirnwellen, die bei verschiedenen Bewusstseinszuständen variieren, werden bekanntermaßen im Elektroenzephalogramm, kurz EEG, nach ihrer Frequenz in fünf Kategorien unterteilt (Schandry 2011).

Gamma (größer als 31 Hz = Schwingungen pro Sekunde)
Beta (14–30 Hz)
Alpha (8–13 Hz)
Theta (4–7 Hz)
Delta (0,5–3 Hz)

Betawellen (14–30 Hz) zeigen sich im EEG bei normalem Wachbewusstsein, bei nach außen gerichteter Aufmerksamkeit und bei logischem, prüfendem und bewusstem Denken. Sie werden besonders bei innerer Unruhe, Angst und Stress beobachtet und auch, wenn unser innerer Kritiker aktiv ist.

In der modernen Hypnotherapie spricht man von dem sogenannten Alphazustand als Tor zum Unterbewusstsein, bei dem sich die Alphawellen zwischen 8 und 13 Hz im EEG ablesen lassen. Diese Hirnwellen treten in gelöster, entspannter Grundhaltung, bei Tagträumen und Visualisieren auf. Alphawellen zeigen sich auch bei leichter Meditation, während der Informationen aus dem Thetabereich in unser Wachbewusstsein gelangen können. Wenn wir so tief meditieren, dass wir nur noch Theta- und Deltawellen, aber keine Alphawellen mehr produzieren, werden wir uns an die Inhalte der Meditation nicht erinnern können. Alpha ist deshalb besonders in Kombination mit anderen Hirnwellen bedeutsam.

Thetawellen (4–7 Hz) sind die Wellen, die den Bereich des Unterbewussten kennzeichnen. Sie kommen besonders im Traum (REM-Schlaf), in tiefer Meditation und während kreativer Zustände vor. Auch unsere unbewussten oder unterdrückten Anteile und Themen, aber auch unsere Kreativität und Spiritualität drücken sich in einer Aktivität dieser Hirnwellen aus. Thetawellen allein bleiben unbewusst, erst wenn auch Alphawellen dazukommen, können wir ihre Inhalte bewusst wahrnehmen oder uns an sie erinnern.

Deltawellen (0,5–3 Hz) sind die Hirnwellen mit der niedrigsten Frequenz und stellen den unbewussten Bereich dar. Im traumlosen, erholsamen Tiefschlaf produzieren wir ausschließlich Deltawellen. Sie kommen aber auch in Kombination mit anderen Hirnwellen vor. Dann entsprechen sie einer intuitiven Aufmerksamkeit, einer Art Radar für Situationen oder andere Menschen.

Gammawellen liegen über 31 Hz und sind bisher noch am wenigsten erforscht. Sie wurden vor allem bei EEG-Messungen meditierender Mönche und Nonnen entdeckt und werden mit starker Fokussierung, Konzentration, hohem Informationsfluss und transzendenten Erfahrungen in

Verbindung gebracht. In diesem Zustand der Bewusstseinsaktivität wurden auch Verschmelzungserlebnisse, das Gefühl universellen Wissens und der Verlust des Ich-Gefühls geschildert. Dabei ist die Synchronisation der Gammawellen über weite Bereiche des Gehirns ein besonderes Kennzeichen.

Kombination verschiedener Hirnwellen als erwachter Bewusstseinszustand

Das Gehirn produziert jedoch selten nur eine einzige Kategorie, sondern meist eine Kombination aus verschiedenen Hirnwellen. Die amerikanische Meditationslehrerin und Biofeedbackspezialistin Anna Wise bezeichnete einen besonderen Bewusstseinszustand, der ein bestimmtes Hirnwellenmuster sichtbar macht als »Awakened Mind«. Wise stellte zusammen mit dem Biophysiker Maxwell Cade fest, dass in diesem Zustand die Informationen frei zwischen allen Bewusstseinsebenen fließen können. Der »erwachte Bewusstseinszustand« ist damit der Schlüssel zu unserer Kreativität und verbindet die verschiedenen Ebenen unserer Persönlichkeit. Dieses spezielle Hirnwellenmuster ist übrigens auch typisch für Kinder im Vorschulalter. Erst nach Beginn der Schulzeit stellen sich langsam die für Erwachsene typischen hochfrequenten Betawellen ein, während sich die Ausprägung der anderen Hirnwellen verringert. Anna Wise bestätigt durch ihre langjährigen Forschungen diesen Hirnwellenzustand als eindeutig trainierbar (Wise 2017).

Nicola Tesla, Physiker und Erfinder elektrischer Energietechnologie, schrieb passend dazu (beruhmte-zitate.de):

Wenn du das Universum verstehen möchtest,
dann denke in den Begriffen Energie, Frequenz und Schwingung.
[...] Unser ganzes biologisches System, das Gehirn und die Erde selbst,
funktionieren auf denselben Frequenzen.

Die verschiedenen Bewusstseinszustände in der Hypnotherapie

Im modernen hypnosystemischen Ansatz sowie auch in der klassischen Hypnotherapie nach Milton Erickson sprechen wir ebenfalls von verschiedenen Bewusstseinszuständen, nämlich hauptsächlich vom Wachbewusstsein und dem Unterbewusstsein beziehungsweise Unbewussten. Die beiden letzten Begriffe werden in der modernen Hypnotherapie nicht scharf voneinander abgegrenzt und vermischen sich häufig im Wortgebrauch.

Das Unbewusste wird im *Lexikon der Psychologie* definiert als »verborgene psychische Struktur, Schicht, Instanz« oder auch »nicht kontrollierbare psychische Prozesse«, also das Gegenstück zum Bewusstsein. In der Tiefenpsychologie ist das Unbewusste eine Metapher für seelische Schichten, aus denen das Bewusstsein gespeist wird. In der Psychoanalyse nach Sigmund Freud hat das Unbewusste als System innerhalb des »seelischen Apparates« eine besondere Funktion zur Bewältigung von Konflikten (Dorsch 2014). Wenn Konflikte nicht bewältigt werden können, werden sie in den Bereich des Unbewussten verdrängt. Nach Freud beinhaltet dieser Bereich also lauter verdrängte Anteile und unsere unterdrückten Triebe. Umgangssprachlich kennt man auch die Bezeichnung, »Leichen im Keller« zu haben und diese unschöne Metapher beruht sicherlich auf dem nicht sehr positiv geprägten

Bild des Unbewussten nach Freuds Modell der psychischen Instanzen.

Der Begriff des Unterbewusstseins hingegen wird eher gebraucht, um eine kausale Erklärung für Erscheinungen zu bieten, die innerhalb des Bewusstseins nicht erklärt werden können. Es wird angenommen, dass psychische Inhalte untertauchen, man keinen Zugang mehr dazu hat, die Inhalte jedoch latent wirken und teils wiederauftauchen oder weiterhin Einfluss auf das Bewusstsein haben (Dorsch 2014).

Hypnose – hochwirksame Arbeit mit dem Unterbewusstsein

In der Hypnotherapie arbeiten die Therapeuten vor allem mit diesen veränderten Bewusstseinszuständen, insbesondere mit dem Alphazustand, der das Tor zum Unterbewusstsein repräsentiert, sowie tieferen Trancezuständen im Theta- und sogar Deltawellenbereich. Das Wort »Hypnose« stammt aus dem Griechischen und bedeutet zwar Schlaf, aber die Trance des Klienten zeichnet sich vielmehr durch hochkonzentrierte, nach innen gerichteter Aufmerksamkeit aus. »Induziert man eine hypnotische Trance, so sinkt der Wachheitsgrad [...] unter das Maß des Ruhezustandes mit offenen Augen und einer nicht angeleiteten Entspannung«, so beschreibt es Dirk Revensdorf, Professor für Psychologie an der Universität Tübingen und Leiter des dortigen M.E.G.-Ausbildungsinstitutes (Revensdorf & Peter 2015). In diesem Zustand können innere Suchprozesse angeregt, Ressourcen aktiviert und positive Lösungsmöglichkeiten gefunden werden. Mögliche Ziele für die Hypnotherapie sind: Veränderungen physiologischer Prozesse, Aktivierung von visuellen, akustischen und somatosensorischen Vorstellungen, Veränderungen des Zeiterlebens, Dissoziation zur Abschwächung hinderlicher, unangenehmer Erfahrungen, Assoziation von hilfreichen Erfahrungen, Regression und Progressionen in der Zeit, also mentale Zeitreisen. Die Hypnotherapie gehört zu den sehr wirkungsvollen Kurzzeittherapien und ist in ihrer speziellen Wirkungsweise mittlerweile wissenschaftlich sehr gut belegt. »Eine gute Wirksamkeit ergab sich bei der Behandlung von Schmerzzuständen, Schlafstörungen und psychosomatischen Beschwerden« (Revensdorf 1996 zitiert in Dorsch 2014).

Das Unterbewusstsein als Pool ungenutzter Ressourcen

Der Bereich des Unbewussten, den wir in Trancezuständen erreichen, ist hauptsächlich gekennzeichnet durch die oben beschriebenen Alpha-, Theta und Deltawellen, die das EEG dann aufzeichnet. Das Unterbewusstsein beziehungsweise Unbewusste zeichnet sich vor allem durch die Unwillkürlichkeit der hier ablaufenden Prozesse aus, die meist außerhalb unserer direkten Wahrnehmung liegen. Auf körperlicher Ebene reguliert es die automatischen Funktionen, das vegetative Nervensystem, unsere Atmung, Herzschlag, Verdauung und vieles mehr. Der bewusste Wachzustand mit den charakteristischen Betawellen steht dagegen für willentlich beeinflussbare, also willkürlich Prozesse, unsere bewusste Aufmerksamkeit und Fokussierung auf äußere Objekte, Ereignisse oder auch innerliche kognitive wie emotionale Vorgänge. Mit Hypnose gelingt es, hochwirksam an sich selbst unwillkürliche Prozesse zu beeinflussen, wie auch aus dem riesigen Pool an Ressourcen im Unterbewusstsein bestimmte Eigenschaften oder Fähigkeiten zu aktivieren. Störende Gewohnheiten oder psychosomatische Muster können mithilfe der Hypnotherapie über das

Unterbewusstsein transformiert werden, welches dann die entscheidenden Prozesse der Anpassung und des Transfers in den Alltag selbstständig und auf wirklich erstaunlich Weise fast automatisch umsetzt. Aber ebenso können mit Hypnose auch innere Blockaden oder Sabotagemuster identifiziert und verändert werden. Nach dem Freud'schen Modell können wir Verdrängtes und im unbewussten Bereich Aufgestautes wieder an die Oberfläche des Bewusstseins holen und hier in einem kreativen Prozess verändern oder auflösen.

Geniale Lösungen auf völlig neuen Ebenen finden

Der Fokus der modernen systemischen Hypnotherapie liegt auf der Selbstregulation des hypnotischen Prozesses, in welchem das oft als »genial« bezeichnete Unterbewusstsein seine ganz eigenen Lösungen auf völlig neuen Ebenen finden kann. Aus meiner langjährigen Erfahrung mit der Hypnotherapie in Therapie- und Coachingprozessen haben wir in derartigen Trancezuständen einen besseren Zugang zu mehreren Bewusstseinsebenen, eben nicht nur zum Unterbewusstsein, welches hauptsächlich alle unwillkürlichen und körperlichen Prozesse unterhalb der Bewusstseinsebene steuert. Sondern wir bekommen vielleicht sogar Zugriff zu einer Bewusstseinsqualität, die eine intensivere Anbindung an den Ozean der Möglichkeiten erlaubt. Dieser erweiterte Wahrnehmungs- und Bewusstseinsbereich erweist sich in der praktischen Arbeit um ein Vielfaches kreativer und lösungswirksamer als die rein kognitive, rationale Ebene und bietet Antworten und Lösungsvorschläge, die in erstaunlicher Weise unsere gewohnten Vorstellungen sprengen können. Hier könnte man tatsächlich den Begriff »Magie« anführen, da wir noch viel zu wenig über diese erweiterten Bewusstseinsebenen und deren Phänomene wissen, die hier offensichtlich zum Wirken kommen.

Der Biologe und Hochschuldozent Ulrich Warnke spricht in seinen Veröffentlichungen und Vorträgen vom »Meer der Möglichkeiten«, wobei er sich mit diesem Begriff eher auf die physikalischen Grundlagen, nämlich das Quantenfeld, bezieht (Warnke 2017). Im hypnosystemischen Coaching nutze ich die Metapher vom »Ozean der Möglichkeiten« als einem allumspannenden, nahezu grenzenlosem Reservoir an Ressourcen und Potenzialen. So werden meinen Klienten ihre nahezu grenzenlosen Möglichkeiten bewusst, wenn sie ihre Wahrnehmungsperspektive erweitern.

Selbstbewusstsein, Unter- und Überbewusstsein

Vor allem in der Renaissance verbreitete sich die religiös-philosophische Weisheitslehre der Hermetik, die das Bewusstsein ebenfalls in verschiedene Ebenen einteilt. Nach den hermetischen Lehren werden diese Ebenen in verschiedenen Phasen der Evolution entwickelt und erfüllen klar voneinander abgegrenzte Funktionen. Dabei handelt es sich um die drei Ebenen Selbstbewusstsein, Unterbewusstsein und Überbewusstsein.

Das Selbstbewusstsein ist der schlussfolgernde, die Aufmerksamkeit lenkende Aspekt des Bewusstseins. Wir verbinden mit Selbstbewusstsein in der Regel unsere Identität, unser wahrnehmendes »Ich«, unseren Intellekt und unsere Emotionen als Eigenschaften des Bewusstseins unseres Selbst. Das Unterbewusstsein funktioniert unterhalb dieser bewussten Ebene des Selbst, und die meisten seiner Aktivitäten sind uns gänzlich unbewusst. Es kontrolliert die autonomen körperlichen Funktionen wie Atmung, Herzschlag, Verdauung, Gleichgewicht sowie Erinnerung,

Traumebene und Gewohnheitsmuster. Das Überbewusstsein ist nach der antiken hermetischen Weisheitslehre der unsterbliche göttliche Funke, der auch als höheres Selbst bezeichnet wird. Unsere Persönlichkeit besteht also aus Selbstbewusstsein, Unterbewusstsein und dem Körper, der das Vehikel für unser jeweiliges Leben beziehungsweise die aktuelle Inkarnation ist. Das Überbewusstsein ist aus unserer materiell geprägten Weltsicht nur schwer zu beschreiben, da es nur indirekt wahrgenommen wird. Aspekte wie Intuition, Eingebungen und Visionen werden vom Überbewusstsein an das Unterbewusstsein übermittelt.

In der Hypnotherapie gelingt eine Anbindung an diese höhere Bewusstseinsebene, die intuitiv stimmige Lösungen ermöglicht und andere erstaunliche Ressourcen zur Verfügung stellt. Wenn der Coach den Klienten von seiner Alltagsproblemtrance in eine stimmige Lösungstrance überführt, wird die geniale Kreativität dieses Überbewusstseins deutlich. Die klassische Hypnotherapie nach Milton Erickson ist mittlerweile wissenschaftlich gut erforscht und ihr Wirkungsspektrum signifikant nachgewiesen. Wichtig wäre nun aus meiner Sicht eine Ausdifferenzierung des hier genutzten Bewusstseinsmodells von Bewusstsein und Unterbewusstem in diese drei verschiedenen Bewusstseinsebenen der hermetischen Lehre. Statt der Vorstellung eines »genialen« *Unterbewusstseins*, welches auch erstaunliche Inputs, Ideen und Eingebungen produziere, würde ich gerne anregen, hier von einer *höheren, geistigen Bewusstseinsebene* zu sprechen. Die kreativen Impulse und erstaunlichen Lösungsvorschläge, die Klienten in Trance produzieren und den Therapeuten regelmäßig in Erstaunen versetzen, werden eben vom Überbewusstsein oder höheren Selbst an das empfangende, wahrnehmende Ich gesendet. Zunächst müsste man jedoch auch in diesem Bereich das althergebrachte materialistische Weltbild erweitern und die geistigen Aspekte in die Hypnose- und Psychotherapieforschung einbeziehen. Die moderne Quantenphysik ist bereits auf dem besten Weg, das Bewusstsein selbst messbar zu machen und damit das wissenschaftliche Weltbild auf diese erweiterte Ebene zu katapultieren.

Bewusstsein aus Sicht der Quantentheorie

Thomas und Brigitte Görnitz (2016) nennen die naturwissenschaftlichen Grundlagen für das Erklären von Bewusstsein:

> *Die moderne Quantentheorie stellt die Strukturen bereit, die notwendig sind, um das Bewusstsein auch naturwissenschaftlich behandeln zu können. Diese Einsicht ist in einer jahrzehntelangen Befassung mit den Grundlagen der Quantentheorie gewachsen, der besten Theorie, die wir in der Naturwissenschaft kennen und deren Geltungsbereich universell ist.*

Die beiden Forscher fordern einen dringenden Paradigmenwechsel und eine neue Sichtweise auf das Phänomen Bewusstsein und seine organische Repräsentation im Gehirn. Es sei notwendig, das Weltbild der Naturwissenschaften völlig neu zu betrachten und die bisherigen Vorstellungen von Materie zu erweitern. Erst dann ließen sich Phänomene des Bewusstseins auch in einen naturwissenschaftlichen Begriffsrahmen einordnen und auf Basis des bereits etablierten Wissens neue Zusammenhänge erkennen. »Der notwendige Paradigmenwechsel kann nicht aus der Hirnforschung selbst kommen, unabhängig davon, wie viele Millionen an Forschungsgeldern hineingegeben werden. Der Anstoß muss von außen, von den naturwissenschaftlichen und den psychologischen Grundlagen her erfolgen.« Mit der modernen Quantentheorie seien neue Vorstellungen möglich geworden, die erlauben, unsere mehr als zweitausend Jahre alten Vorstellungen über Materie zu aktualisieren.

Somit ist der Weg geöffnet, auch die wirkungsmächtige Realität des Bewusstseins anzuerkennen. Eine solch massive Umstellung des Weltbildes in den Wissenschaften, wie auch in den darüber berichtenden Medien, bedeutet logischerweise eine große Herausforderung. Leider werden diese neuen wissenschaftlich fundierten Erkenntnisse zum Thema Bewusstsein von Wissenschaftlern mit veraltetem Weltbild und manchen Journalisten, die sich nie mit dem Thema auseinandergesetzt haben, noch allzu oft in geradezu überheblicher Manier diskreditiert.

Aus Sicht der Bewusstseinsforscher Görnitz und Görnitz ist die Psyche des Menschen eine spezielle Form bedeutungsvoller Quanteninformation, die ihm aber nur zu einem geringen Teil auch bewusst wird. Die Quanteninformation könne zwar im Prinzip reflektiert werden, dabei bleibe allerdings ein Großteil des Informationsverarbeitungsprozesses und auch seines Inhaltes vorbewusst oder unbewusst. Das Bewusstsein ist der Teil des Psychischen, der von den quantischen Möglichkeiten des bewussten Denkens und Fühlens mitsamt dem emotionalen Gehalt, also einem teilweise noch vorsprachlichen Bereich, bis zu unseren faktischen und sprachlich formulierten Gedanken reicht. Dabei sind die unbewussten und bewussten Anteile der Psyche eine spezielle Form der »Protyposis«, sie sind bedeutungsvolle Quanteninformation.

Die Protyposis ist nach Görnitz und Görnitz eine Informationsstruktur, die zunächst bedeutungsfrei ist. Erst in Beziehung zum Lebendigen wird sie zu etwas Bedeutungsvollem. Dadurch kann auch der Beobachter mit seinem Bewusstsein als ein Resultat dieses evolutionären Geschehens mit in die Erklärung der Naturvorgänge einbezogen werden. Neben der klassischen Physik und der Relativitätstheorie bietet die Quantenphysik nun eine dritte Welterklärung. Doch diese drei Paradigmen schließen sich nicht aus, ganz im Gegenteil, sie ergänzen sich gegenseitig. Somit wird das Bewusstsein oder der Geist des Menschen nicht zu einer bloßen Gehirnfunktion reduziert. Er ist insbesondere nach dem Verständnis der modernen Quantenphysik genau dasjenige Element, was die Welt im Innersten zusammenhält. Derzeit findet also der dringend erforderliche Paradigmenwechsel tatsächlich statt, denn ausgerechnet die Physik, die härteste Wissenschaft überhaupt, ist als erste Naturwissenschaft gezwungen, die früher als »weiche Faktoren« bezeichneten Elemente Geist, Seele und Bewusstsein zu integrieren (Görnitz und Görnitz 2016).

Glaube, Aberglaube und kritischer Sachverstand

Besonders wichtig ist mir an dieser Stelle, darauf hinzuweisen, dass dieser erweiterten Weltsicht immer logisch-wissenschaftliche Ansätze zugrunde liegen sollten. Der Glaube an eine geistige Welt, einen Ozean der Möglichkeiten, ein Überbewusstsein, das höhere Selbst oder andere geistige Elemente kann nämlich ohne kritisch-wissenschaftliche und logikbasierte Herangehensweise sehr leicht zum naiven Aberglauben mutieren. Wie oft hört man aus der kommerziellen Esoterikszene, dass dieser oder jener Guru mit angeblich übersinnlichen Wahrnehmungen bedeutsame Fragen eines Menschen beantworten könne. Grundsätzlich helfen wissenschaftliches Denken sowie selbstkritisches rationales Überprüfen dabei, persönliche Einbildungen von den tatsächlichen Fakten zu unterscheiden. Denn so wie das rein wissenschaftliche Denken mit eingeschränktem materiellem Weltbild zu einem Leben ohne Sinn und Bedeutung führen kann, sind auch subjektive Einbildung und naiver Aberglaube keineswegs eine Garantie für ein glückliches Dasein.

Die kommerzielle Esoterikszene sollte von der klassischen wissenschaftlichen Forschung lernen und sich dringend der kritischen Selbstüberprüfung unterziehen. Seit Jahrzehnten wird beispielsweise von den Vertretern des »Positiven Denkens« gepredigt, dass man sein Leben durch Affirmationen ganz einfach selbst gestalten und quasi problemfrei führen kann. Es ist aber in Wahrheit nicht ganz so einfach. Von zentraler Bedeutung bei allen positiven Selbstsuggestionen ist immer der Zusammenhang von Gedanken, Gefühlen und tieferliegenden Mustern, die im Unterbewusstsein wirken. Gleichzeitig darf man Blockaden und Sabotagemuster nicht verdrängen oder schönreden, sondern muss sich diesen realen Widerständen ehrlich stellen. Das Aufgeben von blockierenden Mustern und oftmals auch von systemischen Verstrickungen ist aus psychologischer Sicht für eine dauerhafte Ausrichtung zu mehr Leichtigkeit grundlegend.

Der Einfluss des Bewusstseins auf die Materie

Wenn wir uns etwas wünschen und uns abergläubisch in diese naive Vorstellung hineinsteigern, werden wir oft enttäuscht. Doch die moderne Quantenphysik belegt durchaus, dass unser Bewusstsein einen direkten Einfluss auf die Realität hat. Wie genau funktioniert also die Schnittstelle zwischen Bewusstsein, Gehirn und Realität? Wissenschaftlich betrachtet werden alle Ereignisse auf der Ebene der Quantenphysik von Wahrscheinlichkeiten gesteuert. Langjährige Experimente am PEAR-Lab der Princeton

Universität von Professor Robert Jahn und Brenda Dunne haben gezeigt, dass solche Wahrscheinlichkeiten mithilfe des Bewusstseins sogar über große Entfernungen beeinflusst werden können. Auch der Schweizer Psychologe C.G. Jung erkannte, dass das individuelle Unbewusste direkt mit einer Art globalen Informationsfeld kommuniziert, welches er das »kollektive Unbewusste« nannte.

Jahn und Dunne untersuchten über einen Zeitraum von mehr als zwanzig Jahren Anomalien bei der Interaktion von Mensch und Maschine. Anhand ihrer Forschungsergebnisse wurde deutlich, dass nichtmaterielle Informationen eine Auswirkung auf materielle Prozesse haben können. Wie die Quantenphysik zeigt, ist die Welt der Quanten eine Welt der Möglichkeiten. Materie wäre allein aus sich selbst heraus nicht in der Lage, die komplexe Ordnung und Systeme des Lebens zu bilden. Diese entsteht durch die Einflüsse von Information und Bewusstsein. Es ist also das Immaterielle, Geistige in uns, unsere spirituelle Identität, welche die materielle Form bildet.

Information als Basis der Realität

Die moderne Quanteninformationstheorie zeigt, dass die Basis der Realität nicht Materie, sondern Information ist. Die Schnittstelle zum Bewusstsein, zur intelligenten, geistigen Information, wie sie sich nur in lebenden Wesen manifestiert, ist damit erreicht, und genau diese intelligente, geistige Information steuert die Materie. Aber wie können wir uns diese Wirkung von Bewusstsein auf Materie vorstellen, so dass wir diese Funktionen sinnvoll einsetzen können, um unser Leben zu gestalten und mehr Leichtigkeit und Lebensfreude zu erfahren? Bei meinen Recherchen zu diesem Buch bin ich bei dieser Fragestellung auf den noch recht unbekannten Physiker Burkhard Heim gestoßen, der den Einfluss des Bewusstseins über Informationsfelder auf die Steuerung des Körpers und der Materie mit seinem Weltbild nahezu lückenlos erklären kann.

Nach dem Weltbild des Heisenberg-Schülers Heim, der mittlerweile von anderen Quantenphysikern als der neue Einstein bezeichnet wird, ist das gesamte materielle Sein aus geistigen Dimensionen entstanden. Heim (nach Broers 2018) erklärt die Zusammenhänge von Bewusstsein und Materie folgendermaßen: »Das, was wir als Materie bezeichnen, unterliegt einem Wirkprozess, der von den geistigen Dimensionen gesteuert wird. Von der Entstehung bis zur Steuerung der materiellen Welt entspricht alles den geistigen Dimensionen.«

Das zwölfdimensionale Weltbild des Physikers Heim

Heims neues Weltmodell ist verständlicherweise umstritten. Interessant ist aber, dass sich all diejenigen Physiker positiv äußern, die Heim entweder persönlich kannten oder die dessen Werke auch wirklich studiert haben. Dagegen stammen alle kritischen Urteile nur von solchen Physikern, die Heims Arbeiten nicht einmal gelesen haben (Broers 2018). Unser klassisches physikalisches Weltbild geht nur von vier erfahrbaren Dimensionen aus, den drei Dimensionen des Raumes (Länge mal Breite mal Höhe) und der vierten Dimension, der Zeit. Heims Weltmodell umfasst hingegen ganze zwölf Dimensionen.

Nach Heims mathematischen Berechnungen existieren über die vier bekannten Dimensionen der klassischen Physik hinaus noch weitere, die vor allem organisatorische und informativ steuernde Funktionen aufzeigen. Über dem uns bisher aus der Schulphysik gut bekannten »Energieraum«, bestehend aus Raum und Zeit (Dimension 1 bis 4), existiert nach Heim ein energetisches Steuerungsfeld in den

Dimensionen 5 und 6, ein globales Informationsfeld in den Dimensionen 7 und 8 sowie ein darüberliegender Bewusstseinsraum. Die Dimensionen 9 bis 12, die Heim als »Geistfeld« bezeichnet, bilden die Ebene der höchsten Schöpfungskraft sowie auch des höheren Selbst (Abb. 4-1; Originalvorträge von Heim, veröffentlicht in: von Ludwiger 2006).

Abb. 4-1 Dimensionen

Die bekannten vier Dimensionen der klassischen Physik können wir mit unseren körperlichen Sinnen wahrnehmen und interpretieren. Die Raum-Zeit-Dimensionen mit allen ihren Erscheinungen und Ereignissen entstehen nach Heim durch reines Bewusstsein aus den geistigen Dimensionen.

Man könnte es auch so beschreiben, als spiegelte sich das Bewusstsein in den vier Dimensionen der Raumzeit wider. Was wir in unserer die Körpersinne wahrnehmbaren »Realität« von Raum und Zeit erleben, ist nach diesem Modell Heims das Ergebnis unserer eigenen geistigen Impulse aus den höheren Dimensionen. Durch Energie werden sie in unsere Raumzeit hineinprojiziert und manifestieren sich dort. Heim postuliert, dass unsere reale Welt auch als holografische Projektion unseres Bewusstseins beschrieben werden könnte. Somit ist alles, was uns im Leben widerfährt, egal ob Glück, Erfolg, Gesundheit oder Krankheit, Unfälle und Misserfolge, ausschließlich auf unsere nicht mit dem normalen Alltagsbewusstsein erfahrbaren geistigen Aktivitäten im Bewusstseinsraum – dem Geistfeld – zurückzuführen.

Je mehr wir also unser Bewusstsein entfalten lernen, eine erweiterte Perspektive einnehmen können und Zugang zu diesen höheren Ebenen bekommen, desto bewusster können wir unser Leben gestalten und lenken. Gemäß der Quantenfeldtheorie von Heim ist jeder Mensch ein kreativer Schöpfergeist, der mit seinem Bewusstsein in jedem Moment sein Lebensumfeld gestaltet und von einer ständigen Erweiterung des eigenen Bewusstseins angetrieben wird. Dieses von Heim mathematisch berechnete Modell der zwölf Dimensionen beschreibt den Menschen als geistiges Wesen, das Erfahrungen in der materialisierten Raumzeit machen will. Heim kommt zu dem Schluss, dass wir alleine die Schöpfer unserer Realität sind. Wir sind dabei gleichzeitig Drehbuchautor, Hauptdarsteller und Regisseur unseres Lebensfilms (von Ludwiger 2006, Broers 2018).

Bewusstseinsebenen nach Hawkins: Emotionen erzeugen Schwingungen

Der amerikanische Psychiater und Autor David R. Hawkins beschreibt ein ebenfalls hochinteressantes Modell verschiedener Bewusstseinsebenen. Seiner Ansicht nach befinden sich Menschen entweder auf Bewusstseinsebenen von Angst, Wut und anderen negativen Emotionen oder auf Bewusstseinsebenen von Liebe, Frieden und Lebensfreude. Hawkins Bewusstseinsmodell steigt in Stufen von den unteren, schwachen, krankmachenden Bewusstseinszuständen zu den höheren, starken und gesunden Zuständen auf (Hawkins 2010). Die höheren Bewusstseinszustände entsprechen immer mehr dem Wahrheitsaspekt und manifestieren in immer stärkerem Maße die innewohnende Kraft. Dazu gehören auch die Schöpferkraft und die Möglichkeit der Einflussnahme auf das eigene Leben, in der Psychologie als »Selbstwirksamkeit« bekannt.

»Ein Mensch kann sich in einem bestimmten Lebensbereich auf der einen Ebene bewegen und in einem anderen Bereich auf einer ganz anderen Ebene. Insgesamt ist der Bewusstseinszustand eines Menschen das Ergebnis des Zusammenwirkens dieser unterschiedlichen Ebenen«, so Hawkins.

Gefühlszustände erzeugen Attraktorfelder

Jede Bewusstseinsebene erzeugt nach Hawkins durch die erlebten Emotionen sogenannte Attraktorfelder, die wiederum auf das eigene Leben und den eigenen Körper zurückwirken. Sie ziehen diejenigen Personen und Ereignisse im Leben an, die der eigenen Schwingung entsprechen. Alle negativen inneren Zustände, wie Apathie, Depression, Angst oder Wut, erzeugen eine solche Schwingung, dass das Individuum seine eigene Kraft verliert und dadurch

Gefühle von Angst und Ohnmacht noch verstärkt werden (Hawkins 2010). In der Psychologie spricht man dann von mangelnder Selbstwirksamkeit, und einem solchen Bewusstseinszustand liegt nur wenig Umsetzungs- und Veränderungskraft zugrunde. Positive Gefühle entsprechen dagegen positiven Attraktorfeldern, die zu wahrer Kraft führen und entsprechende positive Ereignisse im Leben anziehen: »Starke Muster stehen in Verbindung mit Gesundheit; schwache Muster mit Krankheit, Leiden und Tod« (Hawkins 2010).

Übung 15: Bewusstseinsebenen imaginieren (Zeitinvestition 15 Minuten)

Erinnern Sie sich an unterschiedliche Situationen, in denen Sie verschiedene emotionale Zustände erlebt und entsprechende körperliche Reaktionen gezeigt sowie Ihre Zustände durch die Umwelt gespiegelt bekommen haben! Imaginieren Sie bitte kurz die entsprechenden Situationen: Wie haben Sie sich gefühlt, wie haben Sie reagiert und wie hat die Umwelt Ihren inneren Bewusstseinszustand gespiegelt?

Eine Situation in der ich Folgendes erlebt habe:

- Ohnmacht
- Angst
- Schuld
- Wut
- Hass
- Neid
- Mut
- Lebensfreude
- Frieden
- bedingungslose Liebe
- Freiheit
- Hilfsbereitschaft
- Dankbarkeit
- Demut
- Leichtigkeit

Aus dem Hamsterkäfig der Angst zu erweiterten Perspektiven

Hawkins' Modell der verschiedenen Bewusstseinsstufen ist ein gutes und sehr wirkungsvolles Erklärungsschema, um die Zusammenhänge zwischen emotionalem Zustand, Bewusstsein und Selbstwirksamkeit beziehungsweise persönlicher Veränderungs- oder Wirkkraft zu erklären. Es geht im Coaching und bei jedem anderen Entwicklungsprozess immer darum, die schwache Bewusstseinsebene der Angst zu verlassen und eine erweiterte Bewusstseinsebene von Mut, Liebe und Leichtigkeit zu erreichen.

Das ist allerdings gar nicht so einfach, denn wir leben, wie bereits in Abschnitt 3.4 erläutert, in einer Gesellschaft, die auf Angst konditioniert ist und diese mindere Bewusstseinsqualität quasi mit der Muttermilch aufgezogen hat. Das Ergebnis dieser lebenslangen Konditionierung ist, dass wir dauernd von angsterfüllten Gedanken begleitet werden. Vieles, was wir planen oder tun, wird mit den Attraktorfeldern dieses schwachen Bewusstseinsmodus begleitet. Existenzängste, Verlustängste, Ohnmacht, Neid, Hass, Angst vor Krieg oder Gewalt lassen uns in diesem schwachen Bewusstseinszustand ausharren, in dem Veränderungen oder ein Aktivieren unserer wahren Schöpferkraft nahezu ausgeschlossen sind. Wir sind im Hamsterkäfig der Konditionierungen gefangen, haben eine sehr eingeschränkte Sicht auf die Welt und erzeugen durch diesen Überlebensmodus entsprechende Wirkungen im Sinne einer sich selbsterfüllenden Prophezeiung und von Noceboeffekten.

Wenn wir lernen, unsere Perspektive zu erweitern und unseren Bewusstseinszustand von der Ebene der Angst zu Mut, Liebe und Freiheit zu erweitern, dann entstehen Empathie, Mitgefühl, Lebensfreude und Leichtigkeit. Ein wesentlicher Schritt, um den engen Hamsterkäfig der Angst zu verlassen, ist das Erlernen von Meditation und Kontemplation. Durch das Aktivieren unseres inneren Ruhemodus können wir uns nämlich von den klebrigen, bremsenden und toxischen negativen Zuständen befreien. Wir gelangen dann in einen Bewusstseinszustand einer massiv erweiterten Perspektive und damit in die höheren Bewusstseinsebenen, die ich als »Schöpfermodus« bezeichne. Dieser innere Befreiungsprozess löst fast automatisch das Gefühl von Leichtigkeit aus.

Auf der Grundidee dieses Modells und in Kombination mit dem Konzept der zwölf Dimensionen nach Heim habe ich im Laufe der letzten Jahre verschiedene Funktionsmodi unseres Bewusstseins zusammengefasst, um diese für effiziente und wirksame Coachingprozesse nutzbar zu machen. Dabei handelt es sich um folgende drei Bewusstseinmodi: Überlebensmodus, Ruhemodus und Schöpfermodus.

Diese drei Modi des Bewusstseins funktionieren wie verschiedene Gänge beim Auto, mit dem wir durchs Leben steuern können.

Überlebensmodus: Tunnelsicht und dauernde Alarmbereitschaft

Oftmals nutzen Menschen in schwierigen Situationen oder bei massivem Stress natürlicherweise den niedrigsten Gang, den Überlebensmodus, denn dieser entspricht den biologischen Reaktionen auf lebensgefährliche Situationen. Bei Bedrohung wird über das autonome Nervensystem in Sekundenschnelle eine biologische Stressreaktion aktiviert. Diese überlebenswichtige Reaktion unseres Organismus auf einen bestimmten Auslöser hat unseren Vorfahren, die noch in Höhlen hausten, bereits das Überleben gesichert. Kam damals etwa ein Säbelzahntiger um die Ecke geschlichen, so wurde die Stressreaktion im Bruchteil einer Sekunde ausgelöst und gab ihnen, ohne lange nachdenken zu müssen, drei sinnvolle Reaktionsmöglichkeiten: Angriff, Flucht oder Erstarren.

Für Angriff oder Flucht ist es entscheidend, sämtliche Kraft und Energie des Organismus blitzartig in die Muskeln und das Herz-Kreislauf-System umzuleiten, um entweder mit der Keule zuzuschlagen oder schnellstmöglich um sein Leben zu rennen. Auch das Erstarren ist bei einigen Gefahren sinnvoll, wie beispielsweise bei der Begegnung mit Giftschlangen. Es kann sich aber manchmal auch als Blackout in Prüfungen oder anderen Stresssituationen bemerkbar machen.

Durch natürliche Auslese haben die Menschen mit den besten Stressreaktionen überlebt, und wir sind die Nachkommen dieser erfolgreichen Überlebenskämpfer und -flüchter. In der heutigen modernen Lebensumwelt stellen uns diese archaische Stressreaktionen und ihre Auswirkungen allerdings vor viele neue Schwierigkeiten. Wenn Sie beispielsweise im Stau stehen und unter Zeitdruck sind, dann nützt Ihnen eine Stressreaktion herzlich wenig. Sie können ja einmal versuchen, ganz natürlich zu reagieren: Steigen Sie aus, greifen Sie den Fahrer vor sich an und machen Sie sich verbal so richtig Luft! Wenn Sie sich dann genug ausgetobt haben, sollte die Stressreaktion langsam wieder in den grünen Bereich zurücksinken, und ihr Organismus kann sich wieder entspannen – jedenfalls bis die Polizei oder der Notarzt eingetroffen ist, der Sie dann aus dem Verkehr ziehen wird. Es gibt also Reaktionsvarianten, die bei Problemen in unserer modernen Lebensumwelt effizienter sind.

Wir brauchen also dringend ein Update für das steinzeitliche Stressprogramm, denn auf Dauer sind die Auswirkungen nicht sehr verträglich und richten entsprechende Störungen und Schäden im Organismus an:

> *Faszinierende Forschungsergebnisse aus den letzten 30 Jahren lassen zunehmend die ursächlichen Zusammenhänge zwischen psychischen Belastungen und Krankheitsentstehung erkennen. Eine besondere Rolle spielen hierbei die Auswirkungen der sogenannten Stresshormone auf das Immunsystem. [...] Die genaue Kenntnis der Zusammenhänge zwischen vegetativem Nervensystem und Immunsystem trägt seit einigen Jahren ganz fundamental zum Verständnis stressbedingter Krankheiten bei (Schandry 2011).*

Bei einer Stressreaktion wird der sogenannte Sympathikus – ein Subsystem des vegetativen Nervensystems – aktiviert. Das sympathische System beeinflusst die Funktion der inneren Organe derart, dass sie an erhöhten Anforderungen, wie körperliche Belastung und mentale Anstrengung, oder an Stressbelastungen adaptiert werden. »Hierbei stellen sich unter anderem folgende Reaktionen ein: Die Herzleistung und der Blutdruck steigen, die Körpertemperatur erhöht sich, der Blutzuckerspiegel steigt an und die Pupillen erweitern sich« (Härle 2018). Diese körperliche Umstellung ist typisch für die Kampf-oder-Flucht-Reaktionen, die beim Auftreten bedrohlicher Reize unwillkürlich ausgelöst werden. Die Stressreaktion ist also nicht unserem Willen unterworfen, sondern wird reflexartig ausgelöst. Dies ist sinnvoll, da kognitive Überlegungen in einer bedrohlichen Lage zu viel Zeit kosten würden. Der Säbelzahntiger aus obigem Beispiel würde uns genüsslich verspeisen, während wir noch damit beschäftigt wären, die Wahrscheinlichkeiten der verschiedenen möglichen Aktionsvarianten zu berechnen. Aber durch die reflexartige Reaktion können wir in Sekundenbruchteil reagieren und unser Überleben sichern. Erst wenn die Alarmbereitschaft abklingt, schaltet sich unser Verstand wieder ein, und wir können wieder bewusst agieren. Dann dämpft der Parasympathikus den inneren Erregungszustand und leitet Ruhe, Entspannung und Erholung ein. Je länger allerdings die Bedrohung anhält, desto länger bleibt der Organismus im Zustand dauerhafter Alarmbereitschaft, was schließlich dazu führen kann, dass sich Gefühle von Taubheit und Irrealität einstellen können. Wir beginnen dann, zu dissoziieren und uns vom Erleben innerlich zurückzuziehen oder ganz abzukoppeln (Härle 2018). Ständige Ängste, chronischer Stress, aber auch Schuldgefühle können schlimmstenfalls zur Erschöpfung, ja sogar bis hin zu Depressionen, Angstzuständen und Ohnmachtsgefühlen führen – alles Symptome, die mir viele Klienten in der Praxis schildern.

Überlebensmodus durch Aberglauben und Schuldgefühle

Ein wirklich trauriges Fallbeispiel für einen durch Aberglauben und Schuldgefühle induzierten Überlebensmodus ist das folgende: Eine junge Klientin, die im Kindesalter adoptiert wurde, berichtete mir, dass sie ein Zwillingskind gewesen und in einem Stamm Madagaskars geboren worden sei, der einen stark ausgeprägten Aberglauben besitze. Die Eingeborenen hätten die Tradition zu glauben, dass Zwillinge Unglück bringen und verflucht seien. Die Eltern dieser Kinder würden gezwungen, beide oder einen der Zwillinge zu verstoßen. Früher seien manche Zwillinge sogar getötet worden. Meine Klientin berichtete mir traurig, ihre Eltern nie kennengelernt zu haben. Sie hatte aber großes Glück, überlebt und so liebevolle Adoptiveltern gefunden zu haben. Obwohl sie eine gute Bildung und Aufklärung genossen hatte, berichtete sie mir von schweren Schuldgefühlen, ein vermeintli-

cher Unglücksbringer zu sein, und beschrieb diffuse Gefühle von Ohnmacht, Schuld, Ängsten und Wertlosigkeit.
So schafft traditioneller Aberglaube tatsächlich ein Stück Realität und erzeugt einen fatalen Teufelskreis sich selbsterfüllender Prophezeiungen, denn der ausgelöste Noceboeffekt mit allen Folgen brachte meiner Klientin und ihren leiblichen Eltern ja tatsächlich Unglück.

Glaube wird Realität, und Bewusstseinszustände wie Schuld und Angst ziehen zwangsläufig das an, was wir im Unterbewusstsein mit uns herumtragen. Alle Formen von Schuldgefühlen wirken wie Seelenschlacken und behindern regelrecht die Erweiterung der Perspektive. Das Loslassen eigener Schuld wie auch das Verzichten auf Schuldigsprechen anderer ist ein wichtiger Schritt, um sich selbst und andere aus dem toxischen Sumpf der Emotionen, die wir im Überlebensmodus produzieren, zu befreien. Dieser Sumpf wird einerseits durch Konditionierungen und falsche Glaubenssysteme geschaffen, wie im Fallbeispiel meiner Klientin, die sich übrigens durch mehrere hypnosystemische Sitzungen Schritt für Schritt aus den Verstrickungen ihres Familiensystems und dem überaus schädlichen Glaubenssystem befreien konnte.

Sich von solcherart Seelenschlacken zu lösen ist für das dauerhafte Einschalten des Schöpfermodus grundlegend, und dieser kann erst dann nachhaltig wirken, wenn wir uns weder schuldig fühlen noch in eine Opferrolle flüchten. Erst wenn wir diese Schlacken entfernt haben, können wir mit unserem freien Willen unseren Bewusstseinszustand wählen und eine Entwicklung in die höher schwingende Bewusstseinsebene der Leichtigkeit erleben.

Schöpfermodus: eine andere »Flughöhe«

Mit speziellen mentalen Techniken kann man lernen, vom anstrengenden Überlebensmodus mit Tunnelsicht und automatisierten Reflexen in einen erweiterten Bewusstseinszustand zu schalten. Über den Ruhemodus gelangen wir dann in den erweiterten Schöpfermodus, in dem wir kreativ denken und mit Leichtigkeit agieren können (Abb. 4-2). Ein Klient beschrieb mir die Auswirkungen dieses Umschaltens in den Schöpfermodus mit einer Metapher aus der Luftfahrt. Er sagte, er fühle sich immer dann, wenn er sich mithilfe seiner Leichtigkeitstankstellen in den Schöpfermodus bringe und in einen Zustand von Lebensfreude einschwinge, wie auf einer anderen »Flughöhe«. Unter sich könne er dann seine Sorgen, Probleme und Schwierigkeiten sowie das Gefühl von Schwere im Leben zurücklassen. Er könne seine Themen von oben gut sehen, würde sich aber innerlich distanziert zu den alltäglichen Stressfaktoren in einem Zustand von Ruhe, Leichtigkeit, fokussierter Aufmerksamkeit und zielgerichteter Aktivität erleben. Durch die im Coaching erlernten Techniken gelänge es ihm mittlerweile immer besser, zunächst den inneren Ruhemodus zu aktivieren und dann in die Flughöhe von Leichtigkeit und Lebensfreude zu gelangen.

Der Ruhemodus ist also die Grundvoraussetzung, um eine Flughöhe von Leichtigkeit und Lebensfreude zu erreichen, indem Sie die Technik verstehen und benutzen lernen. Es geht schließlich darum, den Schöpfermodus wie auf Knopfdruck einschalten zu lernen, wann immer Sie ihn benötigen. Im Schöpfermodus entstehen große Kräfte und ein entsprechendes Attraktorfeld, so dass stärkende, positive Ereignisse im Leben wie magnetisch angezogen werden können. Das mentale Gesetz »wie innen – so außen«

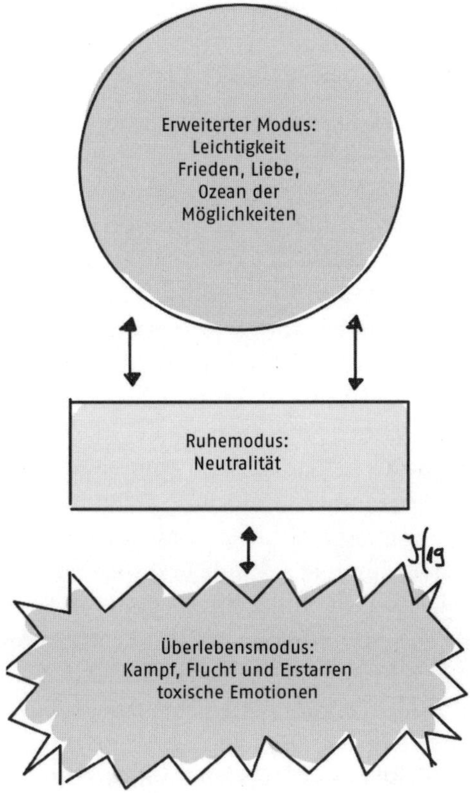

Abb. 4-2 Bewusstseinsmodi

lässt sich genau durch diese innere Ausrichtung und Kraft erklären, ebenso wie das Phänomen der sich selbsterfüllenden Prophezeiung und der Placeboeffekt. Im nächsten Abschnitt erfahren Sie mehr über den Ruhemodus und darüber, wie Sie ihn auch im herausfordernden Alltagsleben verlässlich einschalten können.

4.2 Im Ruhemodus das wahre Selbst finden

Meditation – Grundbaustein einer gesunden Psyche

Seit dem Jahr 2010 unterrichte ich die ersten Weiterbildungsmodule des hypnosystemischen Coaching, und natürlich sind die hochwirksamen Techniken der Hypnotherapie dabei wesentlicher Inhalt. Aber auch die Meditation wird als Technik genutzt, um sich selbst in den Ruhemodus zu schalten und in einen höheren Bewusstseinsmodus zu gelangen. Wenn ich vor 10 Jahren die TeilnehmerInnen fragte, wer bereits Erfahrungen mit Meditation sammeln konnte, meldeten sich meist nur wenige. Seit einigen Jahren hat sich diese Zahl so erhöht, dass bei dieser Frage in der Regel mehr als die Hälfte der Teilnehmerhände hochgehen. Das ist eine sehr gute Entwicklung, denn Meditation und verwandte mentale Techniken sind aus meiner Sicht ein Grundbaustein für eine gesunde und funktionierende Psyche, da Belastbarkeit, innere Ruhe und die Fähigkeit zur Selbstreflexion durch sie gestärkt werden. Für Meditation benötigen Sie übrigens weder Sitzkissen, Räucherstäbchen noch eine Buddha-Figur oder einen mehrwöchigen Aufenthalt in einem Kloster. Dies sind alles nur Klischeevorstellungen, in Wirklichkeit ist Meditation frei von religiösen Vorstellungen und nahezu überall zu praktizieren.

Zwei unterschiedliche Meditationsformen

Das Wort Meditation stammt vom lateinischen Begriff »Meditatio« und bedeutet »Versunken in Gedanken« oder »Nachdenken«. Das Verb »meditieren« bedeutete ursprünglich: »sich in Gedanken, in Betrachtung versenken, nachdenken, nachsinnen, sich auf etwas vorbereiten, eigentlich etwas geistig abmessen oder ermessen« (Pfeifer 1999). Dabei gibt es viele verschiedene Meditationsformen oder

-techniken, die sich jedoch grundsätzlich in zwei verschiedene Kategorien einordnen lassen: die aktiven Meditationen und die stillen Meditationen. Zu den aktiven Mediationsformen gehören beispielsweise Tai Chi, Qigong, Gehmeditation und sogar Joggen, Tanzen, Lesen und weitere Aktivitäten, die einen entspannten veränderten Trancezustand hervorbringen. Die japanische Zen-Meditation wie auch viele andere klassische Meditationsformen im Sitzen sowie diejenigen, die sich auf die Atemtechnik fokussieren, werden eher den stillen Meditationsformen zugeordnet.

Unsere Lebenszeit mehr in der Stille verbringen

In unserer modernen Lebensumwelt wird die natürliche Ruhe und Stille meistens durch Lärm und Reizüberflutung verdrängt. Wir sind daran gewöhnt, ständig auf Trab zu sein, während wir auch innerlich pausenlos in unseren mentalen Hamsterrädern rotieren. Viele Menschen machen heute ihr Handy, das für permanentes Informationsbombardement und Allzeiterreichbarkeit sorgt, zu ihrem ständigen Begleiter. Meditation ist eine Möglichkeit, zur Stille zurückzufinden und den vielen Ablenkungen und Unterhaltungsangeboten für eine begrenzte Zeit zu entkommen. Die Stille kann uns helfen, wieder im Hier und Jetzt anzukommen, statt uns ständig mit dem Leben anderer, Problemen der Vergangenheit oder Sorgen um die Zukunft zu beschäftigen. Durch regelmäßige Meditation, aber zum Beispiel auch durch Aufenthalte in der Natur werden wir wieder empfänglicher für die reale Welt, die uns umgibt, mit ihren optischen Eindrücken, Geräuschen und Gerüchen. Wir verweilen in der Gegenwart, dem Moment, der gerade wirklich existiert. Denn Vergangenheit und Zukunft sind nur Konstrukte unseres logischen Verstandes.

Zeiten und Orte der Stille zu finden ist eine der einfachsten Möglichkeiten, um den inneren Ruhemodus einzuschalten, den gegenwärtigen Moment gewahr zu werden und unsere Perspektive auf sinnlicher Ebene zu erweitern. Das *Lexikon der Psychologie* (Dorsch 2014) beschreibt Meditation als:

> *Sich Versenken in einen Gegenstand oder in eine Gedankenwelt, das durch Schweigen, Entspannung und ein inneres Lauschen eingeübt werden kann. Ein in allen Kulturen und zu allen Zeiten verbreitetes Phänomen, das typologisch in verschiedenen Formen auftritt, so dass der Begriff Meditation keineswegs eindeutig ist. In der therapeutischen Anwendung umfasst Meditation eine ganze Reihe von Übungen zur Bewusstseinserweiterung und zur willentlichen Steuerung mentaler Prozesse, so auch körperliche (Atemkontrolle) wie kognitive Verfahren (Entspannungstherapien).*

Die 3 Gs – gegenwärtig, gesammelt, gleichmütig

Die Voraussetzung für Meditation ist eine besondere innere Haltung: Man ist im gegenwärtigen Moment, gesammelt und gleichmütig, man hört auf zu bewerten und beobachtet nur. Die sogenannte Achtsamkeitsmeditation aktiviert den Parasympathikus, stärkt die willentliche Selbstbeeinflussung und fährt das sogenannte Ruhenetzwerk (Default-Mode-Netzwerk) im Gehirn hoch. Die neuronalen Schaltkreise der Selbstbeobachtung, die Metaaufmerksamkeit, werden trainiert, und die Interozeption, also die Funktion des inneren Beobachters, wird gestärkt. Nichtwertendes Gewahrsein erhöht außerdem die Empathie.

Eine der in der Forschungsliteratur am häufigsten zitierten Definitionen von Achtsamkeitsmeditation stammt von ihrem Begründer, Jon Kabat-Zinn, emeritierter Professor der Universität von Massachusetts. Demnach ist Achtsamkeit eine bestimmte Form der Aufmerksamkeit, die absichtsvoll ist, sich auf den gegenwärtigen Moment bezieht, statt auf die Vergangenheit oder die Zukunft, und nicht wertend ist. Da die Wirksamkeit der Achtsamkeitsbasierten Kognitiven Therapie (MBCT) bei der Rückfallprävention von Depressionen inzwischen als ausreichend belegt gilt, wurde dieses Meditationsverfahren sogar als Therapieempfehlung aufgenommen. So weisen Studien darauf hin, dass Achtsamkeit zu einer verbesserten Emotionsregulation führen kann (Wikipedia).

Die Wellen des Bewusstseins glätten

In den verschiedenen Meditationspraktiken lernt man im Wesentlichen, sich zunächst innerlich in Ruhe zu bringen, um eine gewisse innere Ordnung und Klarheit zu erlangen. Das Ziel ist dabei, im gegenwärtigen Moment vollständig anzukommen, eine erweiterte Perspektive einzunehmen und schließlich einen höheren und klareren Bewusstseinszustand zu erreichen. In vielen traditionellen Meditationsformen wird dieser Bewusstseinszustand als »Selbst« bezeichnet. Meditation reduziert gleichzeitig die Erscheinungen und Eindrücke der äußeren Welt.

Eine gute Metapher, um das Ziel und Wirken der Meditation zu erklären, sind die Eigenschaften von Wasser. Klares, ruhiges Wasser liegt still wie eine Spiegelfläche, in der man sein eigenes Spiegelbild und das der Umgebung deutlich erkennen kann. Wenn Wasser jedoch in Unruhe versetzt wird, durch Strömung, Wellen oder Wind, verzerrt sich das Bild und die Spiegelfläche des Wassers. Analog dazu kann unser Geist bei innerer Aufregung, Stress oder Angstzuständen die Realität nur verzerrt widerspiegeln, wie eine unruhige Wasseroberfläche. Erst wenn das Wasser des Bewusstseins ruhig geworden ist, kann sowohl unser Selbst als auch unsere Lebensumwelt wieder klar und deutlich wahrgenommen werden.

Dann können wir innerlich einen neutralen weißen Raum öffnen und uns dort in Ruhe und Frieden gänzlich neu ausrichten. Wir verlassen den Käfig der Konditionierungen – den Überlebensmodus – und sind nun geistig vollkommen frei von negativen Emotionen, Gedanken und anderen Einflüssen. Wir können jetzt den Fluss unserer Gedanken beobachten, statt in ihm hilflos herumzutreiben und von den Wellen der Gefühle herumgeschubst zu werden. Stellen Sie sich vor, Sie sitzen auf einem Floß oder Boot, auf dem Trockenen und beobachten aus dieser erhöhten Position den Fluss Ihrer Gedanken und Gefühle. Auf diese Weise können Sie innerlich die Wellen des Bewusstseins glätten, statt in ihnen herumzutreiben und mit ihnen kämpfen zu müssen. Sie sind in einem Zustand von

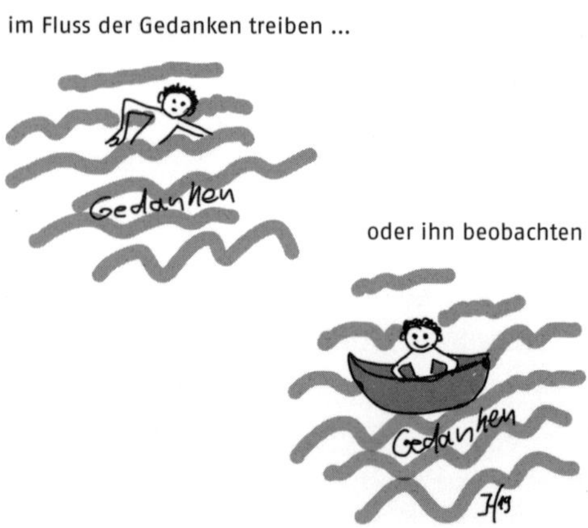

Abb. 4-3 Fluss der Gedanken

Leichtigkeit (En-lighten-ment) angekommen, verbunden mit dem Ozean der Möglichkeiten (Abb. 4-3).

Meditation beseitigt also vor allem die Täuschungen, die unsere wahre Freiheit begrenzen, uns im Überlebensmodus gefangen halten und so vom Ozean der Möglichkeiten abschneiden. Sie ist wie eine Treppe, die aus diesem Hamsterkäfig der Konditionierungen herausführt, so dass unsere Sichtweise erweitert und der Schleier der Illusionen gelüftet wird.

Durch unterschiedliche Techniken einen klaren Geist bekommen

Meditation stabilisiert unser psychisches und physisches Gleichgewicht, unter anderem indem sie eine regelmäßige Atmung forciert. Denn allein das Beobachten des eigenen Atems reicht bereits aus, um diesen regelmäßiger fließen zu lassen. Wenn wir meditieren, verändern wir unseren Zustand der Aufnahmefähigkeit, so als ob wir eine Abstimmung auf eine höhere Wellenlänge vornähmen. Die Konzentration auf den Atem – oder die innere Leere – ist eine Art Scharfeinstellung des Bewusstseins. Eigentlich sind alle diese Prozesse nur eine Erinnerung daran, wer man wirklich ist, welche Möglichkeiten in Wahrheit zur Verfügung stehen, was allerdings ohne das Verlassen der konditionierten Matrix – des Überlebensmodus im Hamsterkäfig – unmöglich ist.

Doch man muss dazu nicht zwangsläufig eine starre Ruheposition einnehmen. Es gibt Menschen, die Probleme damit haben, lange still zu sitzen, und für diese eignen sich aktive Meditationsformen, wie Yoga und Tai Chi besser als beispielsweise die relativ strenge Zen-Meditation mit ihren festen Ritualen und Sitzpositionen. Wer lange spazieren oder wandern geht, wird ebenfalls bemerken, dass der Kopf zu Beginn noch mit seinen Alltagsgedanken und Hamsterrädern beschäftigt ist. Je länger der Körper aktiv ist und der Geist sowohl mit dem Körper als auch dem Hier und Jetzt in Einklang kommt, desto ruhiger wird das Denken.

»Denk-Detox« und Meditation als geistiges Aufräumen

Regelmäßige Meditationspraxis trainiert das Gehirn, vermehrt in Alpha- und Theta-Gehirnwellenzustände einzutreten. In diesen Zuständen wird die Verbindung zwischen dem bewussten Verstand, dem Erleben im aktuellen Moment und dem physischen Körper gesteigert.

Die österreichische Zen-Lehrerin und Autorin Fleur Sakura Wöss, Lehrbeauftragte an den Universitäten Wien, Zürich und Berlin, beschreibt, dass das Gehirn sogar beim Nichtstun arbeite, aber eben in einem ganz anderen Modus. Dabei würde das Default-Mode-Netzwerk aktiv. Dieses aktiviere im Gehirn Bereiche, die mit vielen anderen Zentren im Gehirn vernetzt sind. Das Netzwerk helfe, Eindrücke und Gedanken zu verarbeiten und kreativer zu werden, aber das funktioniere nur, wenn der Mensch dem Hirn regelmäßige Denkpausen verordne. »Die großartige Nachricht ist: gerade wenn wir nichts tun, wird dieses Netzwerk aktiviert und denkt für Sie weiter« (Wöss 2017).

Die effektivste Methode für regelmäßiges »Denk-Detox« ist aus Sicht der studierten Japanologin natürlich die Zen-Meditation. Beim Meditieren richte sich unsere Aufmerksamkeit von außen nach innen, und wir beruhigten dabei unsere Sinne. Meditation sei ein entspannter, gleichzeitig aktiver Zustand, der mentale Freiräume erzeuge. Sie schaffe außerdem mehr Klarheit: »Indem man sich hinsetzt, setzen sich auch die Gedanken. Man wird ruhiger, sieht klarer«, so Wöss (2017). In diesem Zustand geistigen »Aufgeräumtseins« fallen Entscheidungen leichter und Wege werden transparenter. Die allgemeine Entspannungsreaktion bei der Meditation löst wie automatisch einen veränderten Bewusstseinszustand aus, den Meditierende als »innere Ruhe« beschreiben, als Gefühl des »Einsseins« mit der Welt, als Wohlgefühl und Zustand der Leichtigkeit, wie es auch nach körperlichem Training entsteht, jedoch ohne Ermüdungserscheinungen.

Übung 16: Ruhe- und Bewegungspausen
(Zeitinvestition: täglich mindestens zweimal 5 Minuten)

Für ein gesundes und die Kreativität förderndes Denk-Detox brauchen Sie nicht mehr, als täglich eine kurze Pause einzuplanen. Sie können 5 Minuten in der Sonne sitzen und einfach nichts tun. Oder Sie unternehmen einen kurzen Spaziergang oder setzen sich in ihren Lieblingssessel und starren einfach aus dem Fenster. Selbstverständlich können Sie gerne eine bereits bekannte Meditationstechnik einsetzen, aber denken Sie bitte daran, dass Sie eben nicht dabei hochkonzentriert sein sollen, sondern einfach nur nichts tun und sich entspannen. Fernsehen, Internetaktivitäten oder Telefonieren gehören selbstverständlich nicht auf die Liste. Zu welchen Zeiten könnten Sie sich in Ihrem Alltag solche kurzen Pausen für ein Denk-Detox einräumen?

Das Ruhemodusnetzwerk im Gehirn aktivieren

Der US-amerikanische Neurowissenschaftler Marcus Raichle von der Washington Universität, hat in einer 2001 veröffentlichten Studie mittels Positronen-Emissions-Tomografie den Energieverbrauch des ruhenden Gehirns untersucht. Ihm fielen dabei bestimmte Hirnregionen auf, deren Energieverbrauch untypischerweise im Ruhezustand höher waren, als wenn die Probanden Aufgaben erledigen mussten. Die Areale des Default-Mode-Netzwerkes waren in »Ruhe« besonders aktiv (Eismann 2015). Raichle präsentierte der Fachwelt überzeugende Studien zu diesem energetischen Grundrauschen und nannte es übersetzt »Ruhemodusnetzwerk« oder auch »Leerlaufnetzwerk« des Gehirns. In einer großangelegten Studie des Max-Planck-Instituts Berlin zeigte sich, dass dieses Ruhenetzwerk immer dann aktiviert wurde, wenn die Probanden dösten oder sich in Gedanken verloren. Statt Aufgaben zu lösen, überließ sich das Gehirn seinem Autopiloten (Warnke 2019).

Dirk Revensdorf, Professor für klinische Psychologie an der Universität Tübingen, erforscht die neurobiologischen Grundlagen der Hypnose und beschreibt die Funktion des »Leerlaufnetzwerkes« folgendermaßen: Es sei typischerweise in Ruhephasen aktiv, und zwar beim passiven Anschauen von Bildern, beim Geschlossenhalten der Augen, beim Umherschweifen von Gedanken über die eigene Person, beim Überdenken der unmittelbaren Vergangenheit und bei der Vorstellung zukünftiger Ereignisse. Die Aktivität wird beendet, sobald eine aufgabenorientierte Aktivität einsetzt. »Es handelt sich beim DMN um ein umfassendes neuronales Netzwerk, das bei selbstbezogenem Denken, inklusive autobiografischer Informationen, Selbstbeobachtung und der Bewertung sozialer Konsequenzen des eigenen Handelns aktiv ist« (Revendorf & Peter 2015).

Meditation stärkt Willenskraft und positive Grundstimmung

Die wissenschaftliche Forschung zeigt, dass die Verbindung von Stirnlappen und Stammhirn durch bestimmte Meditationsformen gestärkt wird. Die Frontallappen sind maßgebend für Entscheidungsfindung, Planung, Urteilsfindung, Problemlösung, Selbstwertgefühl und moralisches Empfinden. Richard Davidson, Hirnforscher und Direktor des Laboratoriums für affektive Neurowissenschaft, forscht seit vielen Jahren in diesem Bereich, und seine Testreihen zeigen: Meditation wirkt als mentales Training, stärkt allgemein die Willenskraft durch das Verändern der neuronalen Aktivitätsmuster und beeinflusst das Immun- und das Hormonsystem. In Kombination mit anderen positiven Geisteszuständen, wie etwa Mitgefühl, verändert sich die allgemeine Grundstimmung in Richtung stabiler angenehmer Empfindungen und Emotionen (Hangartner 2007). Diego Hangartner, Pharmakologe und Direktor des Mind and Life Institute in Boulder (USA), fasst den gegenwärtigen Forschungsstand zum Thema Meditation zusammen: Die Experimente zeigten, dass das Gehirn durch Meditation verändert werden könne und kontemplative Übungen förderlich für die Gesundheit seien.

Vermehrte Gammaaktivität während der Meditation

Wissenschaftler und Buddhisten pflegen mittlerweile einen regen Austausch, insbesondere in den USA, in den Bereichen Neurologie, Medizin und Physiologie. So führte Davidson in Kooperation mit dem Dalai Lama in seinem Laboratorium Tests mit tibetischen Mönchen durch, die jahrelange Meditationspraxis auszeichnete. Menschen mit langer Meditationserfahrung weisen größere Veränderungen der Gehirnaktivität auf als Anfänger, so die These. Davidson war vor allem an der Messung der Gammawellen interessiert, also derjenigen Gehirnimpulse mit der höchsten vom EEG erfassbaren Frequenz. Gammawellen schwingen 25- bis 100-mal pro Sekunde und bewegen sich normalerweise im Bereich von 40 Hertz. Die Gehirne der Mönche zeigten tatsächlich eine weit stärkere Aktivierung schneller und ungewöhnlich starker Gammawellen, deren

Bewegungsverteilung im Gehirn darüber hinaus weit besser organisiert und koordiniert war als bei unerfahrenen Meditierenden (Lutz et al. 2004).

Eine von Wolfgang Singer vertretene Theorie besagt, dass eine erhöhte Gammaschwingung auf eine größere Harmonie zwischen den verschiedenen Gehirnarealen hindeuten könnte. Auch bei erfahrenen Yogis wurde eine signifikant größere Gammaaktivität gemessen. Möglicherweise können wir daraus schließen, dass Meditation mehr Leichtigkeit und ein höheres Bewusstsein mit sich bringt (Hangartner 2007).

Langfristige positive Veränderungen im Gehirn durch Meditation

Die Veränderungen der Gehirnaktivität, wie sie sich während der Meditation einstellen, sind keineswegs temporär, sondern scheinen auch Veränderungen in der Gehirnstruktur zu bewirken. In einer Studie, die die amerikanische Psychologin Sara Lazar und ihre Kollegen an der Harvard Medical School durchführten, wurden Personen mit langjähriger Meditationserfahrung und eine Kontrollgruppe im Hinblick auf die Verteilung ihrer grauen Gehirnsubstanz verglichen. Die Gruppe der Langzeitmeditierenden wies einen höheren Anteil an grauer Substanz im auditiven und sensorischen Cortex auf (Hölzel et al. 2011). Lazar erklärt: »Wer achtsam ist, richtet die Aufmerksamkeit auf die Atmung, auf Geräusche, auf die Erfahrung des gegenwärtigen Augenblicks und hört auf zu denken.« Auch in der vorderen Hirnrinde, die mit höheren Funktionen wie dem »Arbeitsspeicher« und der Entscheidungsfindung in Zusammenhang steht, war der Anteil an grauer Substanz höher. Es zeigte sich bei Langzeitmeditierenden außerdem eine Verdichtung der grauen Substanz. Die Forscher nahmen an, dass diese und die Veränderungen im Hippocampus mit einer verbesserten Steuerung emotionaler Reaktionen in Zusammenhang stehen und mit der »Wahrnehmung anderer Perspektiven« (Hölzel et al. 2012). Damit ist aus neurowissenschaftlicher Sicht erklärt, warum Meditation dabei hilft, die Perspektive zu erweitern und Leichtigkeit zu erzeugen.

Meditation fördert Plastizität und Neurogenese

Es gibt zahlreiche weitere Studien, die zeigen, dass regelmäßiges Meditieren Stress reduziert, das Immunsystem stärkt, die Schlafqualität verbessert, die Zellalterung verlangsamt, die Schmerzempfindlichkeit herabsetzt und die Aufmerksamkeit erhöht. Der Pegel des Stresshormons Cortisol sinkt bei Meditierenden, und man kann im MRT sehen, dass bestimmte Gehirnregionen, etwa die für Körperwahrnehmung oder für Steuerung von Angst, sich signifikant und auf positive Weise verändern.

Fred Gage, Neurobiologe und Professor für Neurowissenschaften an der University of California, konnte eindeutig aufzeigen, dass das Gehirn in der Lage ist, neue Nervenzellen zu produzieren, sogar im hohen Alter. Dies bezeichnet man als Neurogenese. Doch nur ein aktives Gehirn passt sich immer weiter an und bleibt plastisch, während Abkapselung, Isolation und das Fehlen von Stimuli und Lernprozessen im Gehirn zu verminderter Aktivität und über eine Rückkoppelung dann zu einem Fehlen von Lebensfreude führt. Zu diesen Befunden ergänzt Lazar (Schulte 2015):

> *Es ist gut dokumentiert, dass mit zunehmendem Alter der Cortex schrumpft – es fällt schwerer, Dinge zu begreifen und sich an etwas zu erinnern. Aber in dieser*

besonderen Region des präfrontalen Cortex wiesen meditierende Fünfzigjährige die gleiche Menge an grauer Substanz auf, wie man sie sonst bei 25-Jährigen findet.

Synchronisierung der Hirnhälften durch Meditation

Ein weiteres wichtiges Merkmal der Meditation sei die Synchronisierung der beiden Gehirnhälften, die dann zeitweise ein kohärentes elektrisches Schwingungsfeld im EEG-Thetabereich aufbauen würden, so beschreibt es der Biophysiker Ulrich Warnke in einem Vortrag (Warnke 2018). Die wichtigsten Frequenzen dabei seien 7,8 bis 8,1 Hz, denn diese elektrischen Schwingungsfrequenzen würden die Zirbeldrüse und den Thalamus aktivieren. (Den Thetabereich gibt er etwas abweichend zu anderen Quellen mit 4 bis 8,1 Hz an.) Die Meditation bringe die beiden Hirnhälften ins Gleichgewicht, wobei die linke Hirnhälfte modellhaft für Logik und kognitive Fähigkeiten stünde und die rechte Hirnhälfte für Emotionen, Symbolik, Bildsprache und Kreativität. Die ausgeglichene Aktivierung, so Warnke, führe zu einem höheren Bewusstseinszustand, welcher durch Gammawellen im Bereich von 30 bis 100 Hz Schwingung im EEG abzulesen sei (Warnke 2020).

Die Verarbeitung der Signale in der linken Hirnregion geschehe eher linear, entspreche dem naturwissenschaftlichen Denken, sei zweckgebunden, zielorientiert, mit dem Glauben, ein isoliertes Individuum zu sein. Die Aktivitäten der rechten Hirnhälfte entsprächen eher der Fantasie, Lebensfreude und dem Gefühl der Einheit mit etwas Höherem. Diese modellhafte Einteilung der Hirnhälften und ihrer Funktion basiert auf den aktuellen Forschungsergebnissen der Hirnforscherin Diane Hennacy Powell (zitiert in Warnke 2020). In der Meditation gelingt es also, beide

Hemisphären in ihrer Aktivität miteinander auszugleichen und so die beiden vollkommen unterschiedlichen Denkarten zu harmonisieren.

Die Brücke zwischen beiden Hirnhälften

Der Informationsaustausch zwischen den beiden Hirnhälften verläuft über eine Brücke von durchschnittlich mehreren Millionen Nervenfasern – dem Corpus callosum. Jüngste Erkenntnisse legen nahe, dass eine enge Verbindung zwischen langfristigen Meditationspraktiken und der Struktur des Corpus callosum besteht. Um diese Hirnregion im Rahmen der Meditation weiter zu untersuchen, wurde bei Meditierenden eine Magnetresonanztomografie durchgeführt. Bei Meditierenden wurde so eine stärkere Konnektivität entdeckt, was möglicherweise auf eine stärkere hemisphärische Integration bei zerebralen Prozessen zurückzuführen ist. Eine solche Gehirnorganisation könnte mit dem Erreichen bestimmter mentaler Zustände und Fähigkeiten im Zusammenhang mit Meditation ver-

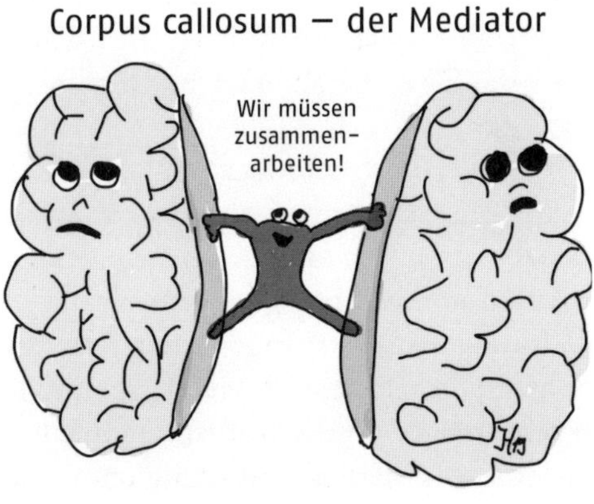

Abb. 4-4 Corpus callosum

bunden sein. Diese Ergebnisse wurden im Jahre 2012 am Laboratory of Neuro Imaging in Los Angeles gesammelt (Luders 2012). Durch Meditation könnten also rechte und linke Hirnhälfte im Gleichgewicht arbeiten, und dies bedeutet offensichtlich ein ausgeglicheneres, erweitertes Denken und Fühlen, so dass Logik und Emotion ins Gleichgewicht kommen können (Abb. 4-4).

Regelmäßige Meditationspraxis als Grundlage für Leichtigkeit

Meditation schafft also im Gehirn alle Grundvoraussetzungen für das Gefühl von Glück und Leichtigkeit. Wie oben ausführlich dargestellt, bestätigt die Neuroforschung, dass regelmäßige Meditationspraxis nicht nur die »Software«, sondern sogar die »Hardware« des Gehirns verändert und so einen inneren Zustand von Leichtigkeit begünstigt.

Wir können mithilfe von Meditation also die Veränderungsmöglichkeiten unserer mentalen Landkarte und Erlebniswelten ausschöpfen und uns selbstständig »umprogrammieren«. Jede Stufe der persönlichen Entwicklung beim Meditationstraining erweitert die Wahrnehmung und führt so immer mehr zu einer bewussten Einstellung zum Leben.

Der Biophysiker Dieter Broers erklärt, wie unsere unterschiedlichen Bewusstseinszustände sich physikalisch in den Frequenzen abbilden, in denen unser Gehirn arbeitet. Unter optimalen Voraussetzungen üben sie eine synchronisierende Wirkung auf die Funktionen aller Organe aus. Wenn Epiphyse (Zirbeldrüse), Hypophyse und der Hippocampus synchron schwingen, können sie optimal funktionieren, was unsere Visualisierungsfähigkeit stärkt und somit auch unsere mentale Manifestationskraft erhöht, so

Broers. Meditation wirke dabei unterstützend, diese Harmonie wiederherzustellen (Broers 2018).

Den Geist zu seiner wahren Natur zurückbringen

Der tibetische Meditationsmeister Sogyal Rinpoche erklärt, den Schlüssel zu uns selbst zu finden, bestehe darin, »den Geist zurückzubringen zu seiner wahren Natur, ihn heimzubringen durch die Praxis der Meditation«. Dies gelinge nur, wenn wir die Wurzel allen Übels, die gewohnheitsmäßige Tendenz unseres Geistes zur Ablenkung, ausreißen können (Ringpoche 2013).

> *Der Buddha saß bescheiden und in heiterer Würde auf der Erde, den Himmel über sich und um sich, als wolle er uns demonstrieren, dass wir in der Meditation mit einer offenen, himmelsgleichen Geisteshaltung sitzen, gleichzeitig aber präsent und geerdet am Boden bleiben. Der Himmel ist unsere absolute Natur, die keine Grenzen kennt und unermesslich ist, und der Boden ist unsere Wirklichkeit, unsere relative, gewöhnliche Bedingtheit.*

Wenn wir im Lotussitz auf dem Boden sitzen, symbolisiert diese Haltung, dass wir Himmel und Erde, oben und unten verbinden. Sie steht für die innige Verbundenheit der himmelsgleichen unsterblichen Natur unseres Geistes mit dem Geerdetsein unseres Körpers und seiner vorübergehenden, sterblichen Existenz. Meditation zu erlernen, so Rinpoche, sei das größte Geschenk, das Sie sich in diesem Leben machen könnten. Denn nur durch Meditation könnten Sie sich aufmachen zur Entdeckung Ihrer wahren Natur. Und nur in ihr würden Sie die Stabilität und das Vertrauen finden, die nötig sind, um gut zu leben und um gut zu sterben.

Innere Haltung des Nichtwollens erlernen

Widmen wir uns einer regelmäßigen Meditationspraxis, so erleben wir, wie sich unser Geist im Laufe der Zeit allmählich selbst zu entwirren beginnt, Täuschungen und Einbildungen ablegt und zu seiner innewohnenden Klarheit und einem Gefühl von glücklicher Leichtigkeit findet. Dazu bedarf es natürlich viel Geduld, Disziplin und eine entsprechende Übungspraxis. Wir müssen deshalb zunächst genauer wissen, wie unser Geist funktioniert und arbeitet. Dieses Verständnis können wir dann nutzen, um ihn zu zähmen und mit ihm umgehen zu lernen. Das große Ziel dabei ist, der Meister unseres eigenen Geistes zu werden, so dass wir ihn schließlich sinnvoll für uns und zum Wohle aller einsetzen können.

Unser Geist ist in der Regel allerdings ruhelos, immerfort beschäftigt, die vielen innere Stimmen, mit denen er spricht, sind oftmals widersprüchlich, Gefühle bekämpfen sich, so dass wir uns im schlimmsten Fall in einem inneren Zustand des Chaos befinden. Unser Augenmerk zu Beginn der Meditation liegt also zunächst darin, vom verstrickten Akteur zum neutralen Beobachter werden zu können. Mit der inneren Haltung des »Nichtgreifens« oder »Nichtwollens« gelingt es, die inneren Widerstände zu umschiffen und innerlich loszulassen. Loslassen bedeutet, sich aus dem Gefängnis des Greifens und Wollens zu befreien, weil man erkannt hat, dass alle Angst und Verzweiflung aus dieser Begierde heraus entspringen, so formuliert es Rinpoche (2013). Die innere Haltung ist bei der Meditation also wichtiger als eine bestimmte Technik.

Kontemplation als Hilfsmittel zu mehr Selbsterkenntnis

Ein grundlegendes Hilfsmittel auf dem Weg zu mehr Selbsterkenntnis und Bewusstseinsentfaltung ist neben der

Meditation noch die Kontemplation. Der Begriff Kontemplation stammt aus dem Lateinischen (contemplatio) und bedeutet so viel wie »richten des Blickes nach etwas«, aber auch »Anschauung« oder »Betrachtung«. Wir begeben uns dann für eine bestimmte Zeit in die Ruhe und betrachten unseren ständigen Gedankenstrom oder bestimmte Ereignisse, ohne uns von diesen mentalen Impulsen beeinflussen zu lassen. Ziel der Übung ist die Loslösung von der Identifikation mit mentalen Vorgängen, indem wir eine innere Distanz gewinnen. Wenn wir die Gedanken, Gefühle oder bestimmte Ereignisse aus der erweiterten Position des Bewusstseins unseres Selbst betrachten, entwickeln wir eine Neutralität. Kontemplation ist ein passives inneres Beobachten aus der inneren Ruhe heraus.

Es kann dabei sowohl um Betrachtung eines geistigen, ungegenständlichen Objekts gehen, in das man sich vertieft, um darüber Erkenntnis zu gewinnen. Aber auch die Reflexion bestimmter Ereignisse, Verhaltensweisen oder Ursache-Wirkungs-Verkettungen können Gegenstand der inneren Betrachtung einer Kontemplation sein.

Selbstgewahrsein – zum Beobachter seiner Realität werden

Das anerzogene Denkkonzept der ständigen Bewertung hält uns in einer gedanklichen Matrix fest. Glaubenssätze erzeugen entweder positive oder negative Rahmen, die zu entsprechenden Bewertungen führen. Diese Bewertungen begrenzen unsere Wahrnehmungsperspektive auf »gut oder schlecht«, »richtig oder falsch«. Statt alle bunten Farben zu sehen, limitieren wir unsere Wahrnehmung so auf Schubladen- und typisches Schwarz-Weiß-Denken und kappen die Verbindung mit dem Ozean der Möglichkeiten. Erst wenn Sie dieses Konzept der Bewertung transformieren und lernen, ohne zu werten, präsent im Moment anzukommen, entsteht ein erweiterter Wahrnehmungs- und Bewusstseinszustand. Diese mentale Transformation bedeutet, vom Gefangenen Ihrer Bewertungsmatrix zum Schöpfer Ihrer eigenen Realität zu werden.

Solange wir rein aus dem logischen Verstand und unserem limitierten Denkkonzepten heraus handeln und bewerten, bleiben wir in den unteren Wahrnehmungsebenen hängen. Durch Bewertungen stecken wir uns selbst in eine enge geistige Schublade. Doch die höheren Bewusstseinsebenen in Verbindung mit dem Ozean der Möglichkeiten wirken auf uns wie ein magnetischer Nordpol, und unser Selbst richtet sich wie eine Kompassnadel danach aus. Keine Erwartungen zu haben, keine Bewertungen, sondern in reiner Freude Dinge zu erschaffen, führt zu den höchsten Bewusstseinsfrequenzen und zu grenzenloser Leichtigkeit.

Übung 17: Stiller Beobachter
(Zeitinvestition: täglich zweimal 5 Minuten)

Gönnen Sie sich ab heute bitte täglich einige Minuten Ruhe und Zurückgezogenheit vom lauten, turbulenten Alltagslärm. Suchen Sie sich einen ruhigen Raum oder ein ungestörtes Umfeld, setzen oder legen Sie sich bequem hin und schließen Sie die Augen!

1. Atmen Sie bewusst einige Male wie in Zeitlupe ein und wieder aus und genießen Sie dabei, wie die Luft durch die Nase, die Luftröhre bis in die Lungenspitzen hineinströmt! Es kann sein, dass Sie ein sanftes Kribbeln an der Nasenspitze wahrnehmen.
2. Nun verlagern Sie wie automatisch Ihre Aufmerksamkeit auf Ihre Innenwelt! Beobachten Sie die »Wasseroberfläche« Ihres Geistes, die Wellen, die Ihre Gedanken und Gefühle schlagen! Akzeptieren Sie diese Wellen, ohne etwas daran ändern zu wollen, und beobachten Sie die einzelnen Wellen völlig absichtslos einige Minuten!
3. Danach machen Sie sich bewusst, wer dies alles beobachtet. Sie sind nun in der Wahrnehmungsperspektive des Selbst angelangt – dem Beobachter Ihrer Gedanken und Gefühle.

4. Sie können nun auch bestimmte Szenen Ihres Lebens betrachten, wie etwa ein bestimmtes Verhalten, ein Tagesereignis oder etwas anderes, was Sie gerne neutral reflektieren möchten.

Zum Beobachter des eigenen Gedankenstromes werden

Wenn wir durch Meditation und Innenschau in einen Zustand gelangen, in dem wir in uns selbst ruhen können, gelangen wir mental in eine Art Beobachterposition. Aus dieser erweiterten Perspektive können wir auf unsere Gedanken und Gefühle schauen und erleben uns als distanziert von ihnen. Wir sind nun der Beobachter des kontinuierlichen Stroms von Gedanken, Gefühlen, unseres Verhaltens und unserer Reaktionen. Aus dieser erweiterten Perspektive, von der aus wir wie von außen oder wie von oben auf unseren Gedankengefühlsstrom schauen, sind wir im Bewusstsein unserer selbst angekommen. Wir erleben, dass wir nicht unsere Gedanken und Gefühle sind, sondern in einer Beobachterposition außerhalb oder oberhalb von ihnen. Wenn wir also unseren Gedanken- und Gefühlsstrom von außen oder oben beobachten können, sind wir logischerweise nicht diese Gedanken und Gefühle, sondern etwas anderes, etwas Höheres oberhalb dieses kontinuierlichen Stroms. Genauso ist es mit unseren Trieben, mit unseren Automatismen und Gewohnheiten, mit unseren Reaktionen und unserem Körper (Abb. 4-5).

Aus dieser erweiterten Perspektive, dem Gewahrsein unseres Selbst, können wir unsere Triebe, wie etwa Hunger, Durst, Sexualität und dergleichen von oben beobachten, genauso wie wir alle körperliche Erscheinungen, unser Verhalten, bestimmte Reaktionen und Muster oder Gewohnheiten beobachten können. Wir sind also nicht diese Muster, Automatismen und Programme und wir sind auch nicht unser Körper. Wir sind in diesem Moment in einem

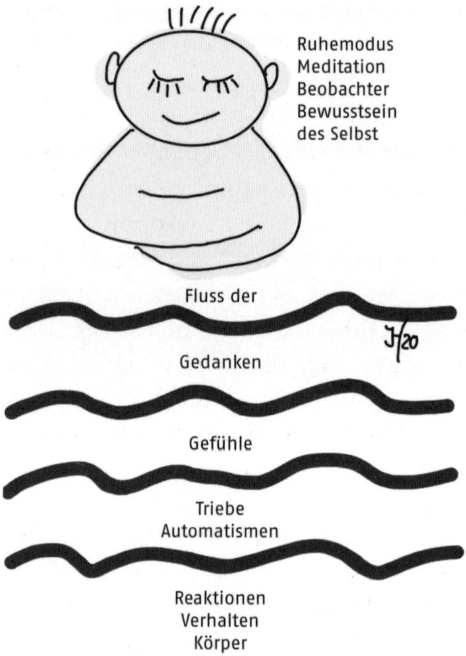

Abb. 4-5 Beobachter des Gedankenstroms

Bewusstseinszustand des Selbst, und der Strom all dieser Aspekte fließt an uns vorbei oder unter uns hindurch. Wir können nun alle Gedanken, Gefühle und Reaktionen einfach beobachten, ohne sie zu bewerten oder in irgendeiner Weise zu unterdrücken. Statt zu versuchen, Gedanken und Gefühle abzuschalten oder unsere Triebe und Gewohnheiten zu unterdrücken, werden wir ihrer als untergeordnete Positionen oder Sphären gewahr. Wir erkennen im Gewahrsein des Selbst, was diese Dinge in Wahrheit sind, nämlich unsere Werkzeuge, die wir benutzen lernen können (mehr dazu in Abschnitt 4.3).

Die höhere Instanz unseres Selbstbewusstseins

In dem Moment, wo wir in der Bewusstseinsebene unseres Selbst-Gewahrseins ankommen, entsteht Leichtigkeit, Freiheit, aber auch eine Erkenntnis von Macht. Unser Selbst ist eine höhere Instanz als unsere Gedanken und Gefühle, als unsere unterbewussten Programme, Automatismen, Triebe und unser Körper. Aus dieser Bewusstseinsebene des Selbst heraus haben wir die Fähigkeit, uns von unseren Gefühlswogen zu trennen und unseren Gedankenstrom völlig unberührt unter uns hindurchfließen zu lassen. Wir brauchen uns nicht länger von ihnen versklaven zu lassen. Nun identifizieren wir uns nicht länger mit dem Strom der Dinge, die unter uns hindurchfließen, sondern nehmen diese bewusst als »Objekte« wahr, die wir beobachten und lenken lernen können. Mit entsprechendem Training, so Elias Rubenstein, Leiter der internationalen Hermetik-Akademie, können wir sogar bewusst entscheiden, was wir denken möchte und unsere gesamte »Mentalsphäre« meistern (Rubenstein 2019).

So entsteht langfristig Leichtigkeit, innere Ruhe und Bewusstsein unseres wahren Selbst, statt Schwere und Verwirrung, die so typisch sind für den Alltag eines westlich geprägten modernen Menschen. Entscheiden Sie sich also bewusst, wie Sie sich genau fühlen wollen: Leicht und verbunden mit dem Ozean der Möglichkeiten oder im Überlebensmodus voller Stress, Angst und Schwere?

Im Ruhemodus die Spielchen des Egos durchschauen

Die Spielereien des Egos zu durchschauen und sich nicht länger von ihm verführen zu lassen ist für das dauerhafte Einschalten dieser neuen Flughöhe »Schöpfermodus« grundlegend. Solange wir allerdings von unseren Egostrukturen beherrscht werden, uns in eine Opferrolle flüchten und nicht erkennen, dass wir selbstständig mit unserem freien Willen unseren Bewusstseinszustand wählen können, solange ist unsere Entwicklung in die höher schwingende Bewusstseinsebene der Leichtigkeit leider nicht möglich.

In der Regel werden die Grundstrukturen des Denkens, also die Summe aller Einbildungen und Glaubenssätze, im Laufe der Entwicklung übernommen. Sie werden indoktriniert durch die Gesellschaft, in der Sie leben, die Erziehung, die Sie erfahren haben, das Schulsystem und die jeweiligen kulturellen und religiösen Denkschemata, in die Sie hineingeboren wurden. All diese mentalen Bewertungsschemata und Ihr Glauben über sich und die Welt bildet zusammen Ihr Ego.

Das Ego mit all seinen Schablonen funktioniert wie ein Filter, mit dem wir die Umgebung, uns selbst und andere wahrnehmen und Ereignisse sofort, quasi reflexhaft, bewerten. Wir können nämlich niemals objektiv eine Situation wahrnehmen, denn zum einen sind schon unsere Wahrnehmungsorgane, wie Augen, Ohren, Nase, Mund und Hautrezeptoren auf ein bestimmtes Wahrnehmungsspektrum beschränkt. Wir können beispielsweise keinen Ultraschall hören, keine Infrarotstrahlen sehen und keine Radioaktivität fühlen. Zum anderen ist unser Gehirn spezialisiert darauf, Wahrgenommenes sofort nach einem bestimmten Schema zu bewerten und ohne viel Denkaufwand in entsprechende Schubladen zu stecken. Es analysiert und interpretiert die wahrgenommenen Daten immer auf Basis seiner erlernten Denkschemata, seiner Einstellungen und Wertesystems, um möglichst schnell Entscheidungen treffen zu können.

Das Ego, das wahre und das falsche Ich-Bewusstsein

Der Begriff Ego bezeichnet die Identifikation mit der eigenen »materiellen Persönlichkeit«. Es gibt dabei zusätzlich in vielen antiken Bewusstseinsmodellen eine Unterscheidung zwischen »wahrem Ich« und »falschem Ich«.

Das wahre Ich ist die eigene Identität als Individuum. Man empfindet sich als Teil der großartigen Schöpfung und identifiziert sich gleichzeitig auch auf gesunde Weise mit der eigenen materiellen Persönlichkeit. Die Verbindung mit diesem wahren Ich gelingt in tiefer Meditation oder mit hypnosystemischen Techniken, wenn man in Trance aus einer erweiterten Perspektive plötzlich Situationen viel klarer wahrnimmt und völlig neue Lösungsimpulse bekommt.

Das falsche Ich ist die alleinige Identifikation mit der materiellen Persönlichkeit. Dieses Ego unterliegt den gängigen Illusionen der materiellen Welt, die im Hinduismus »Maya« genannt werden (Risi 2016). Maya ist ein Begriff aus dem Sanskrit und bedeutet »Illusion« oder »Zauberei«, ist also ein Zustand der geistigen Verblendung, mit allen Konditionierungen, Kompensationsversuchen und dem Streben nach immer mehr Erfolg, Macht oder finanziellen Reichtümern. Alle diese Täuschungen verhindern wahre Lebensfreude, vernichten die Leichtigkeit und erschweren unseren Alltag.

Das Loslassen mentaler Anhaftungen

Das Ego wird überlagert von einem endlosen Morast von Selbstdefinitionen, von denen einige vorteilhafter sind also andere. Besteht das Ego mehrheitlich aus sinnvollen, förderlichen und positiven Definitionen, fühlt man sich eher glücklich in seinem Leben. Sind diese Selbstdefinitionen aber begrenzend oder schädlich, dann fühlt man sich in seiner gesamten Existenz eher deprimiert, ängstlich, ohnmächtig oder schuldig. In Wirklichkeit sind alle diese Selbstdefinitionen gleichermaßen falsch und irreführend (Hawkins 2005). Um die Identifikation mit dem Ego zu überschreiten, bedarf es eines bewussten Loslassens aller oben erwähnten mentalen Anhaftungen, falscher Glaubenssätze und einschränkender Denkschemata. Das erfordert allerdings die Bereitschaft, alle persönlichen Meinungen und Vorurteile in tiefster Demut zu opfern.

Wenn man genauer hinsieht, stellt man fest, dass alle Bewertungsschemata lediglich Konstrukte unseres Denkens sind und damit meist Ergebnisse einer lebenslangen Indoktrination von außen. Diese Denkschablonen mit all ihren Auswirkungen in Form von Konflikten, Problemen und schlechten Gefühlen rufen in unserem Leben endloses Leiden und Schwere hervor.

Ego-Zustände können durch Traumata entstehen

Aber warum entstehen solche Persönlichkeitsteile oder Ego-Zustände überhaupt? Nach dem Mediziner und Lehranalytiker Jochen Peichl entstehen die sogenannten »Ego-States« insbesondere auch in traumatischen Situationen oder durch chronische Bedrohung (Abb. 4-6). Sie sind »hochkomplexe, innerpsychische Weiterverarbeitungen, also primäre genetisch determinierte Handlungsbereitschaften des defensiven Systems eines Menschen als Reaktion auf Bedrohung«, so Peichl. Die herausgebildeten Teile oder Ego-States sind eine wichtige Dissoziationsmöglichkeit der Psyche (Peichl 2012). Beispielsweise ist bei missbrauchten Kindern häufig der Abwehranteil gehemmt, weil die Gegenwehr des Kindes durch den Täter unter Strafe gestellt wurde oder weil keine Erfolgsaussicht bestand. Der so blockierten Aggression bleibt folglich nur noch der Weg nach innen, wo sie sich in einem oder mehreren inneren Teilen, also Ich-Zuständen, manifestiert. Wenn dann das Kind nicht lernt, diese blockierte Aggression, normal auszuagieren, dann entsteht ein entsprechender Ego-State. Es wird sich dann möglicherweise öfter ohnmächtig oder hilflos fühlen und entsprechende Kompensationen finden. Hier wird also deutlich, wie schwierig es sein kann, sich von bestimmten Ego-Anteilen zu lösen, die ja eigentlich eine positive Absicht verfolgen und immer einen Lösungsversuch des Systems darstellen. Während dieses Prozesses ist es sicher eine große Hilfe, sich von einem erfahrenen Traumatherapeuten begleiten zu lassen, um die verschiedenen Teile oder Ego-States näher kennenzulernen und das System in eine gute Balance zu bringen.

Abb. 4-6 Ego-States

4.3 Das Unterbewusstsein lenken lernen

Achten Sie auf Ihre Gedanken, denn sie werden Worte.
Achten Sie auf Ihre Worte, denn sie werden Handlungen.
Achten Sie auf Ihre Handlungen, denn sie werden Gewohnheit.

Achten Sie auf Ihre Gewohnheiten, denn sie werden Ihr Charakter.
Achten Sie auf Ihren Charakter, denn er wird Ihr Schicksal.

(aus dem Talmud)

Zwerg Logik und der Koloss Unterbewusstsein
Ein Unternehmer und Physiker bat mich um Hilfe, da er bei Präsentationen und Vorträgen, die er halten müsse, großes Lampenfieber habe. Bereits Tage vorher würde er sich innerlich in die Nervosität hineinsteigern und sogar um den wohlverdienten Schlaf bringen. Er erzählte mir, dass er sich mit diesem Thema bereits intensiv auseinandergesetzt habe und er rational genau wüsste, welche Gedanken dazu führen würden, dass sein Organismus in einen solchen Stresszustand komme. Er habe bereits einige Bücher zu dem Thema gelesen, aber all das würde nichts bringen. Die Nervosität sei sogar noch etwas schlimmer geworden, weil er nun erst recht das Gefühl habe, nichts tun zu können und dem Lampenfieber hilflos ausgeliefert zu sein. Obwohl er doch logisch betrachtet genau wisse, was zu tun sei, nämlich ruhig und gelassen zu bleiben. »Ich habe ziemlich viel gelesen, viele Podcasts und Videos zu dem Thema angeschaut und alles Mögliche ausprobiert. Nun bin ich mal sehr gespannt, was Sie mir Neues erzählen wollen«, fügte er etwas provokativ hinzu.
Ich antwortete ihm, dass ich ihn zunächst einmal enttäuschen müsse. Logik und Wissen alleine reichten nämlich nicht aus, um das Unterbewusstsein zu beeinflussen. Man müsse auch die spezielle »Sprache« sprechen und wissen, wie man das Unterbewusstsein lenken könne. Er könne mit seinem Unterbewusstsein weder argumentieren noch streiten. Das Unterbewusstsein könne er sich vorstellen als einen riesigen Koloss, wie ein prähistorisches Mammut, in dem die ganze Umsetzungskraft darauf wartet, gelenkt zu werden. Der logische Verstand sei hingegen vom Kräfteverhältnis her wie ein kleiner Zwerg, der sich diesem kolossalen Mammut mit Worten und logischen Argumenten entgegenstem-

men wolle. Genau diese Erfahrung habe er ja bereits ausreichend gemacht. Mein Klient nickte zustimmend und fragte, wie er dann seinem Unterbewusstsein eingeben könne, was er wolle, und ob es möglich sei, es zu beherrschen.
»Beherrschen nicht direkt«, antwortete ich, »aber es lenken und zähmen lernen, das geht sehr wohl. Mit roher Gewalt, logischen Argumenten oder auch mit schönster Überredungskunst erreicht man bei dem Mammut rein gar nichts. Das Unterbewusstsein hat eine Affinität zu Symbolen, Bildern, Metaphern und reagiert auf alles, was intensive Gefühle hervorruft. Die Hypnotherapie hat sich genau auf diese spezielle Kommunikation mit dem Unterbewusstsein spezialisiert. Ein hypnosystemischer Coach leitet seinen Klienten an, sein eigenes Unterbewusstsein in die gewünschte Richtung zu lenken«, erklärte ich ihm. Es sei ein bisschen wie zwischen Verstand und Unterbewusstsein zu dolmetschen. Wir müssten dem Unterbewusstsein also in seiner eigenen Sprache die Anweisung geben, in diesen problematischen Situationen anders zu reagieren. Wie er sich bei Vorträgen denn fühlen wolle, fragte ich ihn.
»Ist das denn ein Wunschkonzert?«, fragte er zurück. »Kann ich etwa bestimmen, wie ich mich fühlen möchte?«
»Wenn wir in der speziellen Sprache der Hypnotherapie die gewünschte Richtung vorgeben, dann wird das mächtige Unterbewusstsein mit seiner geballten Kraft diese neue Richtung einschlagen. Dabei verhält es sich genauso, wie ein träger Körper in der Physik. Es bedarf eines gewissen Kraftaufwands, um ihn in Bewegung zu bringen. Entsprechend der Gesetze der Physik folgt das Unterbewusstsein solange der einmal angestoßenen Richtung, bis eine neue Krafteingabe erfolgt, um es in eine andere Richtung laufen zu lassen. Diese Krafteinwirkung auf den trägen Koloss erreichen wir vor allem durch einen veränderten Bewusstseinszustand, in dem wir dem Unterbewusstsein mit möglichst lebendigen Imaginationen und angenehmen Emotionen das Ziel schmackhaft machen.«
Mein Klient hatte das Prinzip schnell verstanden und die nun folgende hypnosystemische Sitzung veränderte sein Erleben in Vortragssituationen grundlegend.

Die Programmiersprache des Unterbewusstseins nutzen

Auch die Metapher »Computer« hebt einige wichtige Aspekte hervor, um die Funktionsweise des Unterbewusstseins zu erläutern. Man kann sich das Unterbewusstsein nämlich vorstellen wie ein komplexes Computersystem. Bestimmte Befehle müssen wie bei jedem Computer in einer speziellen Programmiersprache eingegeben werden. Das Computersystem verarbeitet diese Eingaben, und es kommt dann ein entsprechendes Ergebnis heraus. Das Computersystem »Unterbewusstsein« reguliert im Wesentlichen alle körperlichen Prozesse und steuert alle unbewussten Reaktionen oder Verhaltensweisen, unsere Stimmung und viele andere Prozesse. Da sich die wenigsten Menschen mit ihrem Unterbewusstsein befassen, geben sie per Zufall lauter Befehle ein, die oftmals genau das Gegenteil dessen erzeugen, was sie eigentlich erreichen wollen. Der Computer versteht beispielsweise keine Verneinungen. »Ich will keine Angst mehr haben« oder »Ich will nicht mehr arm sein« sind also Befehle, die das Computersystem ohne die Verneinung umsetzt. Die Aussage »kein Grund zur Panik« ist quasi eine direkte Suggestion, jemanden genau in einen solchen Zustand zu versetzen.

Auch ist wichtig zu wissen, dass Ihr Computerunterbewusstsein keine Bewertung vornimmt oder Ihre Eingaben nicht nach Sinn und Unsinn filtert. Jeder Befehl, der in das System in der richtigen Programmiersprache eingegeben wird, ob nützlich oder schädlich, wird umgesetzt. Dabei werden nicht nur die eigenen Befehle ausgeführt, sondern auch alle möglichen Befehle, die von von außen eingegeben werden, ob durch Werbung, Medien, Eltern oder Schule. Trifft der Befehl in der richtigen Sprache im System ein, wird er verarbeitet und ausgeführt, ob man will oder nicht.

Wenn 5 Prozent bewusster Verstand gegen die 95 Prozent Urgewalt kämpfen

Der amerikanische Neuroforscher und Autor Joe Dispenza beschreibt das alltägliche Problem, dass 5 Prozent bewusster Geist gegen die 95 Prozent ankämpfen müssen, die aus unterbewussten automatischen Programmierungen bestehen (Dispenza 2015). Wenn jemand beispielsweise tiefsitzende Versagensängste hat, so ist dieses automatisierte Sabotageprogramm aktiv und wird unbewusst und automatisch ausgeführt. Das Versagen realisiert sich Schritt für Schritt und bestätigen dann die Ängste. Da nützt weder Ratio noch ein bewusst logisch formulierter Gegenbefehl. Der emotional intensiver erlebte, buntere und lebendigere Befehl überwiegt, so dass sich unsere Sorgen und Ängste leider oft realisieren, auch wenn wir uns ganz andere Dinge wünschen. In diesem Fall hilft nur eines: das innere Sabotagemuster zu finden und aufzulösen, so dass endlich die positiven Befehle umgesetzt werden können.

Das hypnosystemische Coaching leistet übrigens genau dies, denn so können Blockaden, ungesunde Muster und Sabotageprogramme aufgespürt und nachhaltig gelöst werden. Der Coach begleitet den Prozess achtsam und leitet den Klienten darin an, wie er sich sinnvoll und nachhaltig selbst »programmieren« kann. Er hilft ihm dabei, ganz so wie ein erfahrener Computerspezialist, die schädlichen Sabotageprogramme zu finden und aufzulösen. Ist dieser Prozess einmal in Gang gesetzt, dann läuft er ganz selbstständig in die vorgegebene Richtung weiter. Das bedeutet, die neuen, gesünderen Programme wirken und können sich weiter entfalten. Das Unterbewusstsein entwickelt an dieser Stelle sogar eine geniale Eigendynamik, denn durch Aktivieren der Fähigkeit zur Selbstregulation und Lenken positiver Erwartungshaltungen können natürliche Selbstheilungskräfte in Gang gesetzt werden.

Das »geniale Unterbewusstsein« in Psychologie und Hypnotherapie

Die Neuro- und Hypnoseforschung beschäftigt sich mittlerweile intensiv mit dem Begriff des Unterbewusstseins, und die Hypnotherapie spricht vom »genialen Unterbewusstsein«, denn in seiner unglaublichen Kraft stecken gleichzeitig unsere größten Ressourcen. Die meisten Handlungen im Alltag finden ohne Zutun des Bewusstseins statt. Aus evolutionärer Sicht war es von Vorteil, Abläufe im Gehirn so weit wie möglich zu automatisieren und damit vom Bewusstsein fernzuhalten. Denn unbewusste Prozesse sind schneller, effektiver und stoffwechselphysiologisch sparsamer. Äußere Reize drängen nur dann ins Bewusstsein, wenn es sich um ein wichtiges oder unbekanntes Geschehen handelt, das für die unbewusste Verarbeitungsebene zu kompliziert ist. Etwa wenn es darum geht, neue Bedeutungen zu erfassen, komplexe Probleme zu lösen, neue motorische Fertigkeiten zu erlernen oder Handlungen langfristig zu planen. Wir können uns äußere Reize aber auch willentlich bewusst machen, indem wir unsere Aufmerksamkeit darauf lenken und in einen selbstreflektorischen Prozess eintauchen.

Wo sich das Unterbewusstsein im Gehirn versteckt

Das Unterbewusstsein beinhaltet also Wissen, Muster, Programme und Prozesse, die dem Bewusstsein gerade nicht zugänglich sind. Das Atmen geschieht beispielsweise meistens automatisch und damit unbewusst. Natürlich können wir auch willentlich die Atmung verändern, indem wir z.B. bewusst langsamer und tiefer atmen. In diesem

Moment wäre uns das Atmen vorübergehend wieder bewusst. Beim Atmen würde sich das Unterbewusstsein neuropsychologisch betrachtet dann also aus allen Hirnbereichen zusammensetzen, die mit dem automatischen Atmen zu tun haben. Diese Schaltkreise sitzen hauptsächlich im Kleinhirn. Genauso ist es auch beim Gleichgewichtssinn, der dafür sorgt, dass wir automatisch aufrecht sitzen oder gehen können. Das Kleinhirn steuert viele unserer unbewussten motorischen und metabolischen Prozesse. Auch unsere Glaubenssätze (s. Kapitel 3) sind ja in der Regel unterbewusst oder sogar völlig unbewusst und liefern die Grundlage für unsere Bewertungen und Entscheidungen. Alles, was irgendwie vom Gehirn geleistet wird – Steuerungs-, Wahrnehmungs-, Bewertungsfunktionen, Denken, Erinnern und Kreativität – hat einen mammutgroßen unbewussten Anteil. Im Gehirn sitzen diese unbewussten Anteile immer in der Region, die für die entsprechende Funktion zuständig ist.

Auf körperlicher Ebene reguliert das Unterbewusstsein alle automatischen Funktionen, das vegetative Nervensystem, die Verdauung, das Herz-Kreislauf- und Hormonsystem. Dadurch, dass das Unterbewusstsein so viele Funktionen gleichzeitig steuert oder überwacht, können wir beispielsweise beim Laufen telefonieren und noch eine Tasse Tee von A nach B tragen. Die gesamte Steuerung von Muskulatur, Bewegung, Gleichgewicht, alle lebenserhaltenden inneren Systeme sowie die hochkomplexen neuronalen Prozesse der Sprache werden dabei geradezu perfekt gesteuert und wie automatisch ausgeführt. Wir brauchen uns deshalb bewusst nur auf den Inhalt des Gespräches und den Duft des frischgebrühten Tees zu konzentrieren. Auch hochkomplexe Bewegungsmuster, wie beim Leistungssport, beim Tanzen oder Fechten, sind im Unterbewusstsein als Subroutinen gespeichert. Diese Subroutinen und Bewegungsmuster müssen zuvor erlernt und solange trainiert werden, bis sie so gut gespeichert sind, dass sie automatisch abgerufen werden können. Zudem speichert das Unterbewusstsein noch biografischen Daten, Erlebnisse, Erinnerungen, Fähigkeiten und erlerntes Wissen.

Das Alltagsdenken, das Vorbewusste und das Unbewusste

Dirk Revensdorf, Leiter der Akademie der Milton Erickson Gesellschaft für klinische Hypnose, unterscheidet drei grundsätzlich verschiedenen Ebenen der menschlichen Informationsverarbeitung (Revensdorf & Peter 2015):

- **Das Alltagsdenken:** bewusstes, willentliches Denken, Planung, Analyse, Vorstellung
- **Das Vorbewusste:** Wertesystem, Glaubenssätze, Ideale, Idole, Indoktrination
- **Das Unbewusste:** tiefe Trance, Traum, subliminale Wahrnehmung etc.

Diese drei Ebenen seien durch unterschiedliche Zugänge gekennzeichnet und könnten entweder durch unsere logische Alltagssprache oder durch Bilder, Metaphern, Symbole und Suggestionen erreicht werden. Die klassische Hypnotherapie, so erklärt Revensdorf, beschäftige sich mit der Sprache als Zugang eben nicht nur zu den bewussten, sondern vor allem auch zu den unbewussten Ebenen des Denkens. Sie nutze dabei die Möglichkeit, auf mehreren Ebenen gleichzeitig zu kommunizieren, also sowohl das alltägliche Wachbewusstsein als auch Vorbewusstsein und das Unbewusste anzusprechen. »Die Traum- und Tranceebenen zeichnen sich, wie schon Freud bemerkte, durch eine Art der Verarbeitung aus, die primärprozesshaft genannt wird, bzw. durch symmetrische Logik gekennzeichnet ist. Dieser Denkmodus ist besonders kreativ und kann vorteilhaft für Problemlösungen herangezogen werden.« Diese »Trancelogik« entspreche einem Denken, in dem alles Gesagte wortwörtlich und bildlich aufgenommen würde, die Logik in den Hintergrund trete und Affekte und emotionales Erleben verstärkt würden (Revensdorf & Peter 2015).

Die Nutzung des Unbewussten und seines »stillen Wissens«

Jeder Mensch könne aus Sicht der modernen Hypnoseforschung auf ein unbewusstes Wissen zurückgreifen, so Revensdorf. Dieses sogenannte »stille Wissen« beziehe sich auf Inhalte und Informationen, die nicht nur als persönliche Erfahrung schon einmal bewusst waren und dann möglicherweise vergessen oder verdrängt wurden. Auch Informationen, die dem kollektiven Unbewussten entstammen, gehören zum »stillen Wissen«. Das Unbewusste, bestehend aus dem eigenen teils verborgenen Wissensschatz sowie den Informationen aus dem kollektiven Unbewussten, kann also aus Sicht der modernen Hypnoseforschung als wichtige Informationsquelle gezielt erschlossen und genutzt werden (Revensdorf 2015).

Jeder Mensch könne lernen, Kontakt zu seinem Unbewussten und somit zu einem wichtigen Teil seines Selbst aufzunehmen. Durch das Konstrukt des Unbewussten könnten nicht integrierte oder abgespaltene Erlebens- und Verhaltensweisen, wie etwa Symptome, im sogenannten »Selbstkonzept« der Person Raum bekommen, erklärt der Diplom-Psychologe und Hypnotherapeut Wilhelm Gerl. Das Unbewusste fungiere dabei als Motor und Organisator der Symptome, aber eben auch der Ressourcen. Deshalb werde das Unbewusste in die verschiedensten Metaphern gekleidet wie »intuitives Wissen«, »Weisheit des Organismus«, »emotionale Intelligenz« oder »Stimme des Herzens« und vieles mehr. »Je personaler das Unbewusste erscheint, z.B. als ein innerer Weiser, umso leichter und sinniger kann mit ihm kommuniziert werden«, so beschreibt es Gerl im renommierten Hypnosemanual für die Praxis *Hypnose in Psychotherapie, Psychosomatik und Medizin* (Gerl in Revensdorf & Peter 2015).

Wie man das Unterbewusstsein lenken kann

Der Schlüssel zu diesem Geheimnis, wie Sie Ihr Unterbewusstsein neu ausrichten können, ist die fokussierte mentale Aufmerksamkeit. Sie können nämlich lernen, Ihre Aufmerksamkeit wie einen Laserstrahl auszurichten und damit Ihr Unterbewusstsein zu lenken. Regelmäßiges Praktizieren und eine damit einhergehende Routine und Disziplin sind natürlich entscheidend dafür, wie erfolgreich Sie mit Ihrem mentalen Laser umgehen können.

Viele meiner Klienten ärgern sich zunächst über ihr Unterbewusstsein, das ihnen scheinbar größte Probleme und fatale Sabotagemuster einbrockt. In Sekundenbruchteilen kann es schlimmste Ängste oder Panikattacken aktivieren, ihre wohlverdiente Nachtruhe stören oder in den unmöglichsten Situationen belastende Symptome, wie Herzrasen, Schwitzen, Erröten, Schmerzen oder Prüfungsangst, auslösen. Wie wir bereits aus dem Fallbeispiel oben wissen, unterliegt das Unterbewusstsein ähnlichen Prinzipien wie dem physikalischen Gesetz der Trägheit. Ohne Krafteinwirkung von außen neigt ein bewegungsloser Körper dazu, in Ruhe zu verbleiben. Ein Körper in Bewegung tendiert dazu, sich in der gleichen Richtung weiterzubewegen. Mit unserer gebündelten Aufmerksamkeit können wir nun in Form geeigneter Suggestionen oder intensiver Vorstellungen auf das Unterbewusstsein einwirken. Das Unterbewusstsein wird sich dann entsprechend dem Naturgesetz von Ursache und Wirkung in die forcierte Richtung in Bewegung setzen. Dabei ist es entscheidend, die eigene Aufmerksamkeit im Alltag grundsätzlich auf die konstruktiven, positiven Aspekte der Realität lenken zu lernen und sich somit insgesamt auf Leichtigkeit und Lebensfreude auszurichten. Gleichzeitig ist es aber genauso wichtig, zu erkennen, wo möglicherweise noch alte Sabotagemuster im Unterbewusstsein schlummern, und uns diese inneren Blockaden bewusst zu machen, sie ehrlich anzuschauen und dann nach geeigneten Lösungen zu suchen. So können wir uns Schritt für Schritt aus dem Hamsterkäfig negativer Gewohnheitsmuster und Konditionierungen befreien.

Selbstsuggestionen programmieren das Unterbewusstsein

Wenn das Unterbewusstsein allerdings andauernd mit falschen Informationen, Illusionen oder negativen Glaubenssätzen bombardiert wird, ist die Wahrscheinlichkeit groß, dass es unser Leben negativ beeinflusst. Eine sich selbsterfüllende Prophezeiung nimmt ihren Lauf, wiederholte Suggestionen werden auf Dauer Realität. Ein Teufelskreis etabliert sich, denn unbewusst suchen wir mit negativen mentalen Schablonen und Glaubenssätzen nach den entsprechenden »Beweise« für die Richtigkeit unserer Annahme. Durch unsere spezielle Wahrnehmungsbrille werden die Falschinformationen und Glaubenssätze dann bestätigt.

Wenn wir beispielsweise glauben, wir seien nur das arme Opfer, das in einer feindlichen Umwelt hilflos dem Leben ausgeliefert ist, wird das Unterbewusstsein diese dauerhaften Suggestionen von Hilflosigkeit und Ohnmacht in unserem Erleben und Verhalten umsetzen und auch körperliche Reaktionen auslösen. So realisieren sich unsere Vorurteile und werden immer wieder bestätigt, bis wir die eigentliche Ursache in unserem Inneren (Glaubenssätze, Selbstsuggestionen) erkennen und unsere unterbewussten Blockaden lösen. Erst dann können wir den nächsten Schritt tun, nämlich eine neue Richtung bestimmen und die entsprechenden Selbstsuggestionen definieren.

Übung 18: Selbstsuggestionen analysieren (Zeitinvestition: 10 Minuten)

Nehmen Sie sich täglich einige Minuten Zeit, um Ihre in der Vergangenheit verwendeten Selbstsuggestionen zu reflektieren! Dies wird Ihnen die Ursache Ihrer aktuellen Lebenssituation bewusster machen. Denn erst, wenn Sie die Ursache Ihres derzeitigen inneren und äußeren Zustandes verstanden haben, können Sie Gegenwart und Zukunft verändern. Sie können dabei Ihre Augen schließen und die Kontemplationsübung aus Abschnitt 4.2 zum Einstieg nutzen! Schauen Sie dann wie von oben auf Ihre aktuelle Situation und suchen Sie nach den entsprechenden Selbstsuggestionen, Glaubenssätzen und anderen Mustern, die sich in Ihrem Leben realisiert haben! Folgen Sie einem Ereignis – einer Szene nach der anderen! Sie können auch bestimmte Situationen Revue passieren lassen, die vielleicht Jahre zurückliegen. Nehmen Sie wahr, wie Ihre Selbstsuggestionen, Ihre inneren Bilder und Glaubenssätze sich Schritt für Schritt realisiert haben! So können Sie die Aufeinanderfolge von Ursache (Selbstsuggestion) und Wirkung besser nachvollziehen. Natürlich gibt es auch immer wieder Schicksalsschläge und Herausforderungen, die uns das Leben präsentiert und für die wir nicht verantwortlich sind (mehr dazu in Abschnitt 4.4).

1. Welche Suggestionen geben Sie tagtäglich in Ihren unbewussten Computer ein? (Siehe auch Abschnitt 4.4)
2. Welche Wirkung werden diese Befehle in Ihrem Computersystem Unterbewusstsein voraussichtlich entfalten?
3. Was sind Ihre eigentlichen Ziele und welche Richtung möchten Sie ihrem Unterbewusstsein vorgeben? Welche Richtungsvorgaben wären sinnvoller und gesünder?

4. Schauen Sie für einen Moment in die Vergangenheit! Welche Befehle in Ihr Computersystem sind möglicherweise die Ursache für bestimmte derzeitige Lebensumstände?
5. Sie können jederzeit Ihre Selbstsuggestionen durch entsprechende neue Befehle in Ihr Computersystem verändern. Welche neuen Suggestionen müssten Sie Ihrem Unterbewusstsein eingeben, um in die gewünschte Richtung von mehr Leichtigkeit im Leben zu gelangen?

Intensive Vorstellungen wirken im Gehirn wie Realität

Ein mit allen Sinnen vorgestelltes, emotional geladenes Bild, wie beispielsweise »Vitalität« oder »Leichtigkeit« wirkt im Inneren genauso real wie das gleiche Ereignis auf der materiellen Ebene. Das Gehirn kann nämlich nicht zwischen einer intensiven Vorstellung und der Realität unterscheiden. Die lebendige innere Vorstellung geht der Manifestation in der Außenwelt immer voraus. Beispielsweise kann das Erleben von Mangel, welches man möglicherweise aus seiner Ursprungsfamilie als geistige Brille mitbekommen hat, zu entsprechenden mentalen Schablonen und Glaubenssätzen führen. Die wiederholt ausgesprochene Selbstsuggestion »Ich bin reich« führt zu gar nichts, wenn Sie sich innerlich arm fühlen. Die andauernden inneren »Gefühlsbilder« von Armut, Mangel oder Schwere programmieren das Unterbewusstsein, und das entsprechende Ergebnis wird sich manifestieren. Sie manifestieren nicht, was Sie sich wünschen, sondern das, was Sie innerlich aufgrund mentaler Blockaden und Sabotagemuster wirklich fühlen.

Man muss also zunächst seine unbewussten mentalen Schablonen erkennen und optimieren, um sich langfristig positiv verändern zu können. Durch Optimierung dieser Muster und Schablonen, durch »korrekte Befehle« in Ihr

Unterbewusstsein, realisieren Sie dann das, was Sie sich wirklich wünschen. Wenn Sie also mehr Leichtigkeit, Lebensfreude und Fülle in Ihr Leben bringen wollen, wäre es wichtig, sich diese Aspekte mit allen Sinnen vorzustellen und zunächst das innere Bild zu erschaffen. Stellen Sie sich intensiv vor, wie Sie mit mehr Leichtigkeit Ihren Alltag meistern! Was genau verändert sich nun in Ihrem Denken, Erleben und Verhalten? Wie verändert sich Ihre Persönlichkeit? Welche körperlichen Veränderungen nehmen Sie wahr? Wie verändern sich Ihre Beziehungen zu Partner, Kindern oder Eltern, Freunden, Kollegen, Vorgesetzten oder Lehrern? Und wie verändert sich Ihr Leben allgemein? Welche neuen Projekte wollen Sie vielleicht realisieren? Stellen Sie sich einzelne Filmszenen vor, in denen Sie sich selbst als Hauptdarsteller wahrnehmen. Nehmen Sie die einzelnen Filmsequenzen in aller Lebendigkeit wahr, sehen, hören, riechen, schmecken und fühlen Sie hinein! Vielleicht erleben Sie das alles sogar in einem Zustand von tiefer Dankbarkeit? Seien Sie sich aber immer auch bewusst, welche Konsequenzen diese Suggestionen und Veränderungen vielleicht nach sich ziehen könnten.

Übung 19: Selbstsuggestionen als Filmsequenzen vorstellen

Nehmen Sie sich bitte 10 Minuten Zeit und überlegen Sie, welche Veränderungen Sie sich in Ihrem Leben wünschen! Wie genau soll sich Ihr Leben verändern und welche gefühlsintensiven inneren Bilder möchten Sie als Selbstsuggestionen definieren, um Ihr Unterbewusstsein in eine neue Richtung zu bewegen? Sie können sich vielleicht vorstellen, in eine andere Realität schauen zu können oder in einen magischen Spiegel, der die beste Version von Ihnen offenbart. Entwickeln Sie nun ein kurzes Drehbuch in Stichworten für eine oder mehrere kurze Filmsequenzen aus Ihrem neuen Lebensalltag! Bleiben Sie bei der Beschreibung unbedingt im Präsens, das bedeutet: Stellen Sie sich alle Szenen so vor, als ob sich diese bereits realisiert haben, so dass Sie tiefe Dankbarkeit für diese positive Entwicklung erleben können!

1. Beschreiben Sie kurz in Stichworten, wie sich Ihre Persönlichkeit in eine von Ihnen gewünschte Richtung verändert! Welche neuen Eigenschaften und Stärken erleben Sie an sich?
2. Wie verändert sich Ihr Körper und welche Entwicklung wünschen Sie sich auf dieser Ebene? Was würde Ihnen guttun und Sie mehr in den Zustand von Leichtigkeit bringen? Stellen Sie sich Ihren Körper so vor, als sei diese Entwicklung bereits vollendet!
3. Wie verändern sich Ihre Beziehungen zu Ihrem Partner, zu den Kindern, Eltern, Freunden, Kollegen, Vorsetzen und auch zu anderen?
4. Was verändert sich in Ihrem Leben beruflich? Welche neuen Projekte setzen Sie um? Was wagen Sie Neues und welche Veränderungen sind Ihnen wichtig?
5. Wie fühlen Sie sich jetzt? Erleben Sie tiefe Dankbarkeit für diese Möglichkeiten und beobachten Sie innerlich genau, was sich jetzt in Ihrer Wahrnehmung und Ihrem Körpergefühl verändert hat!

CD als Unterstützung: Sie können sich auch von den zwei auf der CD »Magie der Leichtigkeit« aufgenommenen Meditationen professionell anleiten lassen (Hullmann 2020), um gesunde Selbstsuggestionen voller Leichtigkeit in einem angenehmen Entspannungszustand in Ihrem Unterbewusstsein zu verankern. Mehr Informationen zur CD finden Sie am Ende dieses Buches.

Glaubenssätzen als alte Erbstücke

Sie können jede Situation transformieren, indem Sie die entscheidenden Impulse setzen, damit sich Ihre Zukunft dementsprechend formt. Wenn Sie eines Ihrer Reaktionsschemata oder eine Ihrer Verhaltensweisen als destruktiv empfinden, dann stellen Sie sich wie in einer kurzen Filmsequenz vor, wie Sie optimaler handeln würden. Die von

Ihnen fokussierte Absicht wird Sie mit Ihren inneren Ressourcen und dem Ozean der Möglichkeiten verbinden. Stellen Sie sich das erwünschte Resultat bitte immer in einer positiven Weise vor. Wenn es also Ihr Ziel wäre, ein Leben voller Möglichkeiten und Leichtigkeit zu führen, fragen Sie sich zunächst, welche inneren Schablonen Sie bisher davon abgehalten haben, diesen Zustand zu realisieren. Woher kommen diese Glaubenssätze, die diese Vorstellungen sabotieren? Oftmals beschreiben mir Klienten das Gefühl, keine Legitimation dafür zu spüren, also keine Erlaubnis zu haben, es sich gutgehen zu lassen. Diese Art von innerem Verbot entspringt in den meisten Fällen einer systemischen Verstrickung, wenn die Ahnen ein »schweres Leben« geführt haben und man selbst sie quasi nicht »überflügeln« möchte. Man verzichtet dann aus falsch empfundener Loyalität gegenüber seiner Ursprungsfamilie auf Lebensfreude, Fülle und Leichtigkeit.

Wenn Sie das innere Sabotagemuster gefunden haben, das Sie von Ihrer Zielvorstellung abbringt, beispielsweise einen Glaubenssatz aus Ihrem Elternhaus, wie »Man muss hart um sein Leben kämpfen«, dann besteht der nächste Schritt darin, die positive Absicht dahinter zu finden. Der Satz ist also gar nicht Ihre eigene Erfindung und passt auch nicht mehr in die heutige Zeit, also Ihre Alltagsumgebung. Der Glaubenssatz ist quasi ein altes Erbstück und war möglicherweise früher, zu Zeiten von Hungersnot und Krieg, wirklich einmal sinnvoll. Deswegen ist es wichtig, diese alte Überlebensstrategie zunächst zu würdigen und die liebevolle Verbindung zu den Ahnen zu erkennen, die auf diese Weise harte Zeiten durchgestanden haben. Erst dann können Sie damit beginnen, sich von dieser alten Tradition abzunabeln. Bei diesem wichtigen Schritt, der mit der bedingungslosen Loyalität und Liebe gegenüber dem

Ursprungssystem zu tun hat, empfehle ich dringend, sich von einem entsprechend ausgebildeten hypnosystemischen Coach oder einem systemischen Psychotherapeuten begleiten zu lassen.

Aktives Handeln schafft Synergien

Wie bereits in den vorangegangenen Kapiteln erklärt wurde, nützt die schönste Vorstellung nichts, wenn Sie selbst nicht anfangen, aktiv zu handeln. Auch hier gilt das einfache Naturgesetz von Ursache und Wirkung. Wenn Sie Ihren Job wechseln wollen, dann ist eine entsprechende Vorstellung von Ihrem Wunschjob gut, sie müssen allerdings auch gleichzeitig auf der physischen Ebene aktiv werden und beispielsweise Stellenangebote recherchieren sowie Bewerbungen schreiben. Auch diese physischen Handlungen stellen eine starke Krafteinwirkung auf Ihr Unterbewusstsein dar und Sie richten sich innerlich dadurch besser aus.

Die meisten Menschen blockieren sich mental ständig selbst, indem sie einander wiedersprechenden Glaubenssätzen Raum geben. So bekämpfen sich diese widersprüchlichen Dynamiken und löschen ihre Krafteinwirkung auf das Unterbewusstsein gegenseitig aus. Durch systematisches Handeln in der Außenwelt sortieren Sie sich hingegen zwangsläufig auch im Inneren, wie Sie in Kapitel 2 bereits erfahren haben. Die aktiv im Äußeren geschaffenen Ereignisse und Veränderungen wirken selbstsuggestiv auf das Unterbewusstsein zurück, so dass sich entsprechend wirksame Dynamiken gegenseitig verstärken und Synergien schaffen. Jeden Tag entsprechend Ihrer Zielvorstellung aktiv zu sein, zu handeln, sich zu bewegen und dranzubleiben ist also eine der mächtigsten Selbstsuggestionen und wird Ihre Wirkkraft um ein Vielfaches steigern.

Ich-Stärkung und Selbstwirksamkeitserwartung

Es gibt keinen schlimmeren Glaubenssatz, als den, selbst nichts ändern zu können und dem Leben hilflos ausgeliefert zu sein. Diese »Opferhaltung« zementiert als mächtige Selbstsuggestion die innere Hilflosigkeit sowie die so erzeugte Schwere und Ohnmacht. Deswegen ist es wichtig zu erkennen, dass wir andauernd auf unser Leben und unsere Umgebung mental einwirken, nur eben oftmals nicht so, wie wir es uns wünschen. Besonders Menschen, die die Verantwortung für ihr eigenes Leben gerne an andere abgeben, müssen als Erstes diese Zusammenhänge erkennen und ihr Selbstgefühl stärken.

Das Konzept der »Ich-Stärkung« wurde 1971 von dem Psychiater und Hypnosetherapeuten John Hartland eingeführt, dessen Ansatz aus unterstützenden Suggestionen bestand, die das Selbstvertrauen von Patienten stärken sollten (Dorsch 2014). Oftmals wird von anwendenden Therapeuten noch von »Ego-Stärkung« gesprochen. Nach der Differenzierung von wahrem Selbst und Ego in Abschnitt 4.2 empfehle ich an dieser Stelle aber dringend lieber das »Selbstgefühl« beziehungsweise das »wahre Ich« zu stärken, statt dem von Illusionen angetrieben Ego mehr Triebkraft zu verleihen. Es geht bei der Stärkung des Selbstgefühls vor allem darum, die Fähigkeit zur Bewältigung unterschiedlichster Herausforderungen zu verbessern sowie Ängste und Sorgen abzubauen.

Hinter dem hiermit verwandten Konzept der Selbstwirksamkeit steht die Idee, bei Menschen eine zuversichtliche Erwartungshaltung in Bezug auf ihr eigenes Handeln zu wecken, damit diese dann mit Krisensituationen besser umgehen können. Die Selbstwirksamkeitserwartung ist also »die subjektive Überzeugung, neue oder schwierige Anforderungssituationen aufgrund eigener Kompetenzen bewältigen zu können. Das Konzept der Selbstwirksamkeit beruht ursprünglich auf der sozialkognitiven Theorie von Albert Bandura« (Dorsch 2014).

Das Selbst-Bewusstsein als Meister seiner vier Werkzeuge

In vielen alten mystischen Traditionen, wie beispielsweise dem Buddhismus oder auch der jüdischen Kabbala, gibt es ein interessantes Bewusstseinsmodell, welches ich in stark vereinfachter Form in den Seminaren zur Erklärung gewisser Prinzipien einsetze. Dieses Modell unterscheidet sich grundlegend von unserem »modernen« materialistisch geprägten Bewusstseinsmodell. Versucht die westlich geprägte Psychologie das Bewusstsein als eine Funktion des Gehirns zu erklären, so gehen die teils Jahrtausende alten Meditationslehren weit über dieses Konzept hinaus. In den Vorstellungen dieser alten Traditionen gibt es verschiedene Bewusstseinszustände, in denen vor allem die Erfahrung des sogenannten »Selbst« als Basis der persönlichen Entwicklung angestrebt wird, wie es bereits in Abschnitt 4.2 beim Thema Kontemplation erläutert wurde.

Der Mensch strebt nach der Umwandlung der niederen Sphären, damit das Bewusstsein des Selbst möglichst permanent und stärkend erfahrbar wird. Dabei handelt es sich um folgende vier Elemente:

1. Der Intellekt: die Ratio und die Gedanken
2. Die Emotion: die Gefühle und Stimmungen
3. Das Unterbewusstsein: alle Automatismen, Muster und die Triebe
4. Der Körper: die somatische Ebene, Vitalität und Verhalten

Aufgrund seiner Willenskraft kann der Mensch lernen, aus der Position des Bewusstseins seines Selbst diese vier Elemente als Werkzeuge zu lenken (Rubenstein 2019). Zunächst müssen wir also lernen, über Meditation in den Bewusstseinszustand des Selbst zu gelangen, und dies funktioniert nur durch Ruhe und Beobachtung, so wie es in Abschnitt 4.2 eingehend erläutert wurde. In dem Moment, wo wir unser Denken, Fühlen und Tun beobachten, nehmen wir eine erweiterte Bewusstseinsperspektive ein und können uns distanzieren von diesen Gedanken, Gefühlen, Mustern, Trieben oder Verhaltensweisen. Durch die erlebte Trennung von beobachtendem Selbst und dem, was auf der mentalen und der physischen Ebene abläuft, erkennen wir schließlich auch unsere wahre Wirkkraft, auf diese Elemente Einfluss auszuüben. Wir sind nach diesem Bewusstseinsmodell also nicht unseren Gedanken, Gefühlen, Mustern und Trieben ausgeliefert, sondern wir schauen auf diese »Werkzeuge« herunter und können lernen, diese sinnvoll einzusetzen und zu nutzen.

Das Bewusstsein des Selbst durch Meditation erfahren

Auf diesem Weg der Selbsterkenntnis ist es ein entscheidender Lernprozess, das falsche Selbst – unser Ego – als das zu erkennen, was es wirklich ist: ein Teil, der auf Illusionen und auf Strategien wie der Kompensation beruht. Die drei mentalen Bereiche, also unsere Gedanken, unsere Gefühle und das Unterbewusstsein mit allen Automatismen, Mustern und Trieben, bilden unsere Persönlichkeit. Das vierte Instrument, das sich von der Ebene des wahren Selbst-Bewusstseins steuern lernen lässt, ist der physische Bereich des Verhaltens und des Körpers.

Die in der Psychologie bekannte Persönlichkeit eines Menschen besteht nach dieser Auffassung aus den unteren Bereichen der mentalen und physischen Ebene und wird als ein »Vehikel« auf dem Weg der persönlichen Entwicklung verstanden, quasi wie ein Fahrzeug, welches das wahre Selbst als Fahrer steuern lernen kann, erklärt Dr. Elias Rubenstein, Leiter der internationalen Hermetik-Akademie in Wien (Rubenstein 2019). Deshalb gilt es zunächst, unsere Identifikation mit dem Körper, dem Verstand oder den Gefühlen aufzugeben und das eigene Bewusstsein auf die Ebene der Selbstwahrnehmung, also den inneren Beobachter, einzuschwingen. In diesem Bewusstwerdungsprozess werden schrittweise unterbewusste Verhaltensmuster

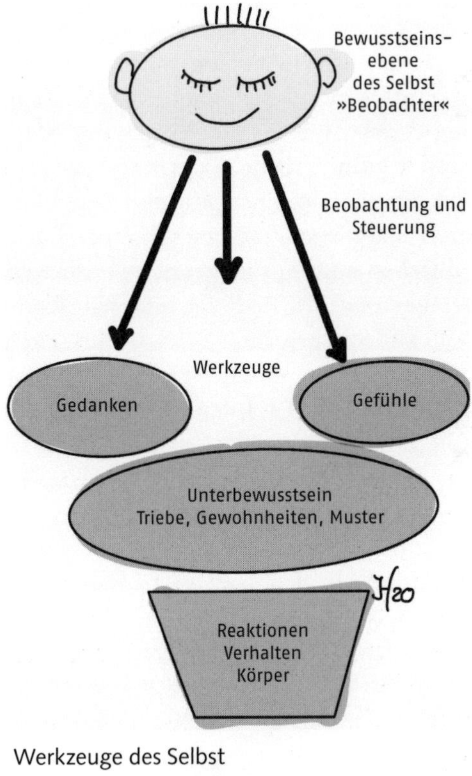

Abb. 4-7 Werkzeuge des Selbst

durch reifere Muster ersetzt, welche die Einheit des Lebens verkörpern. Im Sinne der Selbst-Stärkung und des Konzeptes der Selbstwirksamkeit nach Bandura eignet sich dieses Modell ganz besonders, um uns bewusst zu machen, dass wir selbst »Meister unserer Werkzeuge« werden können. Wir können lernen, unsere eigenen Gedanken, Gefühle und unser Verhalten wirksam zu lenken und somit unser Unterbewusstsein so zu beeinflussen, dass wir unser Leben dadurch aktiv gestalten (Abb. 4-7).

Sich geheime Zweifel bewusst machen

Vielleicht denken Sie jetzt insgeheim: »Kann das wirklich so einfach sein?« und »Warum machen es die meisten Menschen dann nicht«. Eben, weil es in der Realität nicht ganz so simpel ist, wie man es in Worten beschreiben kann. Denn es sind kontinuierliche Aktivitäten sowie ein gewisses Maß an Motivation, Disziplin und Durchhaltevermögen gefordert. Zum einen müssen wir einen Bewusstseinswandel vollziehen und erkennen, dass wir die Kraft haben, unser Unterbewusstsein und die anderen Werkzeuge zu lenken. Zum anderen erfordert es auch Mut und Selbstverantwortung, aus einem möglichen Teufelskreis der Ohnmachtsgefühle und des »Opferseins« auszubrechen und uns selbst in die Verantwortung zu nehmen. Aktiv zu handeln, unsere Blockaden zu lösen und unser wahres Potenzial an Wirksamkeit zu erkennen und zu erproben, das genau führt uns mehr und mehr in die Leichtigkeit.

Doch leider mischt sich trotz aller Meisterschaft immer wieder unser Schicksal ein und präsentiert Herausforderungen, Krisensituationen und andere Prüfungen, die es zu bestehen gilt. Ob eine schwere Krankheitsdiagnose, ein wirtschaftliches Fiasko, eine menschliche Enttäuschung, eine körperliche Benachteiligung – was auch immer das Leben an unschönen Überraschungen für uns bereithält, führt uns meistens genau bis an unsere Grenzen. Wir können uns entweder aus der Selbstverantwortung ziehen und die »Meisterschaft« ablehnen. Oder aber wir machen uns bewusst, dass wir selbstwirksam mit diesen Herausforderungen umgehen können und so Schritt für Schritt auch harte Schicksalsschläge meistern lernen. Wie wir mit mehr Leichtigkeit an diese Lektionen des Lebens herangehen können, möchte ich im nächsten Abschnitt erläutern.

4.4 Schweres mit Leichtigkeit meistern

Gott ist die Leichtigkeit in ihrer höchsten Existenz.
Leichtigkeit ist Gott in ihrer höchsten Existenz.
Leichtigkeit ist eine Eigenschaft Gottes,
ein Aspekt Gottes in seinem Sein und Wirken.

(Johannes Thut, Schweizer Theologe und Seelsorger)

Leichtigkeit und Lebensfreude im Herzen tragen

Eine 70-jährige Klientin kam zu mir in die Praxis und berichtete mir deprimiert, dass sie von verschiedenen Ansätzen der Schulmedizin bis hin zu alternativen Heilpraktiken so ziemlich alles ausprobiert hatte, aber nichts davon habe geholfen, ihren schlimmen Husten und ihre nächtlichen Erstickungsanfälle zu lösen. Seit dem Tod ihres Mannes habe sie diese furchtbaren Asthmaanfälle, meistens werde sie schlagartig im Schlaf von ihnen überfallen und müsse stundenlang große Atemnot und Todesängste ausstehen. Sie fühle sich inzwischen komplett ausgezehrt, seelisch und körperlich erschöpft. Das Allerschlimmste sei aber der Verlust ihres geliebten Mannes, der zwei Jahre zuvor an einer Tumorerkrankung verstorben war. Seitdem wolle sie selbst eigentlich nicht mehr weiterleben, gestand sie mir. Ein Teil von ihr wolle sterben, ein anderer weiterleben, so dass sie sich wie zwischen den Wel-

ten erlebte. Lieber wäre sie selbst anstelle ihres Mannes gestorben, denn sie habe ihn trotz aller Therapieversuche nicht retten können.
Ich fragte sie, wie es denn wohl gewesen wäre, wenn sie vor ihrem Mann gegangen wäre. Sie überlegte eine Weile, sah mich dann entsetzt an und antwortete: »Das wäre ja schrecklich, weil mein Mann dann so gelitten hätte, wie ich jetzt. Das hätte er nicht geschafft und deswegen war es wohl besser, dass er vor mir gestorben ist und ich dieses schwere Los tragen muss.« Ihre Körper richtete sich nun auf und ihr Gesichtsausdruck zeigte deutlich, dass in ihr ein tiefgreifender Prozess ablief. Ich antwortete ihr: »Dieses schwere Leid, was Sie nun bereits zwei Jahre ertragen mussten, das ist Ihrem Mann erspart worden. Und Sie sind es, die es ihm erspart haben.« Sie lächelte nun und nickte: »Ja, ich würde es immer wieder für ihn tun. Nun finde ich es auf einmal richtig, dass das Schicksal ihn zuerst gehen lassen hat und mich, als seelisch Stärkere, dazu verdonnert hat, um ihn zu trauern.« Mir fiel auf, dass die Körperhaltung meiner Klientin sich weiter straffte und sie auch eine ganze Weile schon nicht mehr gehustet hatte.
»Was meinen Sie«, fragte ich weiter, »würde Ihr Mann nun zu Ihnen sagen, wenn er jetzt hier bei uns wäre und auf diesem Stuhl dort (ich zeigte auf einen leeren Stuhl in meiner Sitzgruppe) Platz nehmen würde?« Meine Klientin vertiefte sich zusehends in diese Vorstellung und starrte mit einem liebevollen Blick auf den Stuhl. Als ob sie jemandem zuhören würde, antwortete sie an sich selbst gerichtet: »Frieda, hör endlich auf, zu trauern, und genieße dein Leben! Ich will nicht, dass du wegen mir leidest. Umgekehrt würdest du das auch nicht wollen. Nimm dein Glück jetzt wieder in die Hand. Ich kann meinen Frieden erst finden, wenn du wieder glücklich bist.« Eine Weile war es ganz still im Raum, und meiner Klientin liefen die Tränen vor Rührung über die Wangen. Was sie nun ihrem Mann antworten würde, fragte ich vorsichtig. Sie sagte: »Lieber Willi, ich verspreche dir, dass ich ab heute mein Leben wieder in die Hand nehme und dir keinen Kummer mehr mache. Ich verspreche dir, wieder gesund und glücklich zu werden, bis wir uns irgendwann wiedersehen.« Meine Klientin be-

gann zu lächeln. »Ja, das fühlt sich jetzt ganz richtig an. Ich möchte leben und wieder glücklich sein, für Willi.«
Im nächsten Schritt bahnte ich mit der Technik des hypnosystemischen Stellens eine Kommunikation mit ihrer Symptomatik – dem Husten und den Erstickungsanfällen – an. In dieser einen Sitzung konnte sich die Klientin bereits innerlich vollkommen neu sortieren, sie sah wieder einen Sinn in ihrem Leben und bestätigte mir, dass das Husten nun völlig aufgehört hatte und sie nun etwas ganz Neues, »Leichtigkeit und Lebensfreude unter dem Herzen«, wie sie es ausdrückte, fühlte. Sie bat mich abschließend noch darum, über ihren Fall unbedingt in meinem neuen Buch zu berichten, um anderen Menschen in ähnlicher Lage Mut zu machen: »Man kann wirklich jedes Problem lösen, wenn man den Sinn erkennt und die Lektion dahinter versteht.«

Sinnerfüllung macht vieles ertragbar

Leider stecken Menschen oft monatelang in derartigen Krisensituationen fest. Sie leiden mitunter sogar Jahre, ohne sich zeitnah um Hilfe zu bemühen. Fälschlicherweise denken die meisten immer noch, dass sie schwere Schicksalsschläge und Herausforderungen des Lebens ganz alleine lösen müssten. Solche Fälle wie im Beispiel oben begegnen mir in der Praxisarbeit sehr häufig. Das Problem ist oftmals nicht die Krisensituation selbst, sondern der Umgang mit Lebenskrisen im Allgemeinen, das Zweifeln an sich und der Welt, vor allem aber das Gefühl, alles alleine stemmen zu müssen. Die meisten Menschen erkennen keinen Sinn hinter dem, was sie aktuell belastet oder herausfordert. Aber dadurch wird auch das Leiden komplett sinnlos.

»Es gibt keine einzige Leidenssituation, die nicht irgendeine Möglichkeit böte, sie in eine sinnvolle Situation umzuwandeln.« Dies sagte Viktor Frankl, der berühmte Wiener Psychiater und Neurologe. Frankl hatte im Zweiten Weltkrieg unter der Naziherrschaft vier Konzentrationslager überlebt und seine seelisch-geistige Überlebensstrategie wurde zur Basis seines Therapieansatzes. Er erforschte die Zusammenhänge zwischen Sinnerfüllung, Hoffnung und psychischer Gesundheit und kam zu dem Schluss: »Wer ein Warum zu leben hat, erträgt fast jedes Wie.« Sinnerfüllung sei auch angesichts schwerer Schicksalsschläge möglich und versetze Menschen in die Lage, in Krisenzeiten seelisch heil zu bleiben. Lebenssinn und Resilienz stehen im Mittelpunkt der von Frankl begründeten Logotherapie, seiner Auseinandersetzung mit Holocaust-Überlebenden und seiner kritischen Haltung gegenüber der modernen Konsumgesellschaft. Neben den berühmten Psychoanalytikern Sigmund Freud und Alfred Adler wird Frankl als Begründer der »Dritten Wiener Schule der Psychotherapie« genannt. Er widerspricht der Freud'schen Auffassung, dass das menschliche Streben nach Sinn ein psychologischer Makel sei, sondern belegt mit seinem erfolgreichen Therapieansatz genau das Gegenteil: »Hoffnung und Sinnstreben liegen in der Natur des Menschen, und damit liegen sie auch schon in der Natur der Welt« (Frankl im Interview mit ORF, YouTube 2017).

Das Wesentliche ist die geistige Einstellung

Der Geist bestimme den Körper, so betont Frankl in Interviews und seinen Büchern immer wieder, und der Körper sei das Instrumentarium. Die persönliche geistige Einstellung zu einer Situation, sei das Wesentliche, was entscheidet, ob man das Leiden an ihr und in ihr überwinden könne. Von einer Reporterin des ORF gefragt, was ihn persönlich denn vom Selbstmord nach seiner Befreiung aus dem Konzentrationslager und der Rückkehr nach Wien gerettet hatte, antwortete Frankl wörtlich: »Es war folgender Gedankengang: Entweder, angesichts dieser Umstände nimmt man einen Strick und hängt sich auf. Oder aber man findet irgendwelche inneren Ressourcen, die einen davon abhalten, und das war mein bedingungsloser Glaube an einen bestimmten Sinn, der uns zwar verborgen sein mag, aber er ist da.« Die sinnzentrierte Psychotherapiemethode, die Frankl begründete, sieht den Menschen als ein im Grunde nach Sinnverwirklichung strebendes Wesen.

Dieser Sinn lässt sich nach Frankl auf dreifache Weise umsetzen: zum einen schöpferisch, indem wir ein Werk schaffen, uns künstlerisch betätigen oder ein Projekt realisieren. Wir erleben ebenfalls Sinn, wenn wir die Schönheit der Natur genießen oder das Zusammensein mit Menschen. Eine dritte wichtige Säule des Erlebens von Sinn sei die innere Einstellung, mit der wir unser Leiden annehmen und es in Tapferkeit und Würde tragen. In einem Interview aus dem Jahre 1976 sagt Frankl: »Auf jeden Menschen wartet ein anderer Sinn. Und jede Stunde, jeder Tag bietet ihn an, wartet auf mit einem neuen, mit einem anderen Sinn. Und darauf kommt es an, daß man den findet.« Die Ausrichtung auf einen Daseinssinn, auf eine Lebensaufgabe sei lebensrettend, auch in einer Extremsituation, so ist sich Frankl sicher. Der Mensch brauche außerdem die Herausforderung, er brauche die Spannung im Leben und eine Aufgabe, die auf ihn wartet. Hier bezieht sich Frankl auch auf die Stresstheorie des Mediziners und Biochemikers Hans Selye, der sagte, dass Stress das Salz im Leben sei. Der Mensch brauche eine gewisse Spannung (Frankl 1976).

Schwierige Situationen annehmen

Wir können unsere Einstellung gegenüber allem frei wählen, was uns widerfährt. Denn sie ist jederzeit veränderbar.

Wenn wir merken, dass unsere früher geprägte oder erlernte Einstellung zum Leben nicht funktioniert, so können wir uns fragen: Wie müsste ich meine Einstellung verändern, damit es wieder einen Sinn hat? Kapitel 3 dieses Buches hat Sie im Wesentlichen in das Thema Weltbild, Glaubenssätze und Einstellungen eingeführt und Sie mit Übungen angeleitet, das eigene Glaubenssystem zu analysieren und zu überarbeiten. Sich von negativen »sinnlosen« Überzeugungen und Glaubenssätzen zu befreien, ist sicher eine der zentralen Faktoren für eine bessere Bewältigung schwerer Lebensphasen. Wenn wir mit anderem, sinnstiftendem Blick auf das Leben schauen, unsere Perspektive erweitern, dann werden wir in jedem Augenblick unseres Lebens Sinn entdecken können. Dazu müssen wir lernen, unsere Aufmerksamkeit so zu lenken, dass wir auch sehr schwierige Situationen annehmen, akzeptieren und als Herausforderung zu bewältigen versuchen.

Alex Pattakos, Professor für Politikwissenschaften und Gründer des »Global Meaning Instituts«, schreibt: »Wir können über uns hinauswachsen und die Welt verändern, und sei es nur ein ganz klein bisschen.« Dazu sei es wichtig, zu lernen, nicht gegen uns selbst zu arbeiten, sondern authentisch den eigenen Zielen zu folgen und unseren eigenen Intentionen nicht zuwider zu handeln. »Wir können uns von uns selbst distanzieren, um Einsichten und neue Perspektiven zu entwickeln, und über uns lachen«, so ist sich Pattakos sicher (Pattakos 2011).

Schweres trainiert unsere mentale Stärke

Das Leben ist wie ein Fitnessstudio, und wir brauchen den Widerstand, um unsere Kraft zu entfalten. Muskeln wachsen nur durch wiederholte Belastung. Auch im Leben geraten wir immer wieder in Situationen, die uns extrem belasten, so dass wir mit der Zeit große Kraft und Ausdauer entwickeln. Durch unsere wachsende Stärke erleben wir das Gefühl von Selbstwirksamkeit. Diese mentale Stärke ist das Ergebnis von persönlicher Einstellung und Denkprozessen, so dass wir Misserfolge besser wegstecken, Ressourcen aktivieren und mit mehr Leichtigkeit Schweres bewältigen können.

Auch in der Architektur weiß man, dass ein Gewölbe nur durch Belastung stabil wird. Und dieses einfache Gesetz lässt sich sogar schon beim Einräumen eines leeren Bücherregals beobachten: Unter Belastung entsteht Stabilität. Diese Beispiele erweitern vielleicht Ihre Sichtweise auf eine Lebenskrise und möglicherweise erkennen Sie gerade, dass Sie ein Trainingsprogramm im Leben absolvieren, das Sie mental stärkt. Wie ein Enzym, das im Körper weitere Kettenreaktionen auslöst, kann diese neue Einstellung und Herangehensweise an Schweres zu ganz neuen Lösungsansätzen führen. Sie verbinden sich wieder mit dem Ozean der Möglichkeiten, und es entsteht Leichtigkeit.

Übung 20: Schweres trainiert (Zeitinvestition: 15 Minuten)

Reflektieren Sie bitte kurz Ihren persönlichen Lebensweg mit allen Höhen und Tiefen. Welche wichtigen Ereignisse haben Sie positiv geprägt? Und welche schweren Ereignisse oder Krisen haben Sie bereits in Ihrem Leben durchgemacht? Es geht nun um die jeweilige Intensität Ihres persönlichen Gefühls von Schwere beziehungsweise Ihres individuellen Stresslevels im Sinne des in Kapitel 3 dargestellten Überlebensmodus. Stellen Sie sich eine simple Skala vor, vom Wert 0 bis zum Wert 10, wobei 0 für völlige Entspannung steht und 10 für das absolute Maximum an Schwere und Stress. Gehen Sie gedanklich kurz Ihre Biografie durch, so wie Sie persönlich die Ereignisse in Ihrem Leben erlebt haben. Schreiben Sie bitte Ihre Erlebnisse in Stichworten auf:

1. Schauen Sie sich kurz die positiven Erlebnisse in Ihrem Leben an! Welche positiven Erlebnisse haben Sie geprägt?

2. Sammeln Sie nun die schweren Erlebnisse, die Sie in Ihrem Leben durchgestanden haben beziehungsweise momentan vielleicht erleiden! Welche schwierigen Herausforderungen haben Sie bereits gemeistert? Welche Krisen haben Sie in Ihrem Leben überstanden?
3. Skalieren Sie nun bitte die schweren Erlebnisse auf der oben beschrieben Skala von 0 bis 10! Wie schwierig, belastend oder stressreich waren die einzelnen Erlebnisse auf dieser Skala?
4. Reflektieren Sie bitte kurz: Was konnten Sie jeweils aus den intensiveren Erlebnissen lernen (Werte zwischen 5 und 10 auf der Skala)? Welche Stärken, Fähigkeiten und Erkenntnisse haben Sie durch die schweren Erlebnisse dazugewonnen?

Veitstanz der Selbstbeschäftigung

Natürlich gelangen wir mit nahezu traumwandlerischer Sicherheit immer wieder in Situationen, in denen uns das Leben mit negativen Zuständen konfrontiert. Die meisten Menschen versuchen, sich dann abzulenken, das Erlebnis zu bekämpfen oder zu verdrängen. Statt dem negativen Gefühl, dem Schmerz, der Angst oder der Ohnmacht auf den Grund zu gehen, sie als Wachstumszone und neue Herausforderung zu begreifen, flüchten wir in der Regel vor diesen Emotionen, wir lenken uns ab oder versuchen, die negativen Zustände zu eliminieren, um die bedrohlichen Gefühle für einen Moment auszublenden. Das Verdrängen klappt besonders gut, wenn wir keine Zeit haben, um innerlich zur Ruhe oder – schlimmer noch – zum Nachsinnen zu kommen.

Schwups landen wir wieder im Hamsterrad der Beschäftigung, im Überlebensmodus. Viele Menschen lehnen die intensive Auseinandersetzung mit sich selbst und einer Krisensituation sogar komplett ab. Der Unternehmensberater und Mediziner Thomas Bergner bringt es auf den Punkt: »Um es nicht zu fühlen, führen viele einen Veitstanz der Selbstbeschäftigung auf. Ihnen soll ihre Aktivität dazu dienen, sich auf keinen Fall mit sich selbst, mit dem Wesentlichen im eigenen Leben auseinandersetzen zu müssen.« Daraus resultiert bei vielen Personen eine pausenlose Suche nach Ablenkung, Erfolgssteigerung, nach Arbeit, Shoppen, Drogen oder sportlichen Adrenalinkicks. Die Liste der Ablenkungen ließe sich beliebig fortführen. Aber »wenn die Weile zu lang wird und nichts geschieht, was davon ablenkt, steigt die Gefahr Genaueres von seinen inneren Stimmen wahrzunehmen«, so Bergner (2013).

Den Rhythmus des Lebens akzeptieren

Es bleibt Ihnen also nichts anderes übrig, als sich mit Ihrem Leid und all den schweren Emotionen, die es mit sich bringt, auseinanderzusetzen. Sie können zwar eine ganze Weile in Ihrem Hamsterrad rennen und versuchen, der Auseinandersetzung mit Ihrem Thema oder Muster zu entwischen. Weit werden Sie allerdings mit diesem »Fortbewegungsmittel« nicht kommen. Sie laufen auf der Stelle beziehungsweise immerzu im Kreis, was außer körperlicher und seelischer Erschöpfung keine weiteren Veränderungen bewirkt. Ich bitte Sie also um Logik und Effizienz! Verlassen Sie Ihr Hamsterrad und nehmen Sie sich Zeit für das Wichtigste in Ihrem Leben: Ihre persönliche Entwicklung und die Möglichkeit, ein wichtiges Thema oder wiederkehrendes Muster in Ihrem Leben lösen zu können.

Leid kann, wenn es entsprechend verarbeitet wird, wirklich ein Motor für unsere Entwicklung sein. Deshalb brauchen wir das Schwere im Leben, um unsere alltägliche Komfortzone verlassen zu müssen und in unsere Wachstumszone vorzudringen. Dabei wird bei vielen meiner Klienten eine Art Rhythmus im Leben deutlich: Krisen- und Glücksphasen wechseln einander ab. Genauso, wie es in der Natur Zyklen gibt, werden diese auch in unserem Leben sichtbar, und es ist wichtig, mit dem natürlichen Auf und Ab, anstrengenden und entspannten Phasen, mitzugehen, statt gegen diese anzukämpfen.

In der Natur fließt alles in entsprechenden Zyklen, das Ein- und Ausatmen, die Gezeiten, Wachstum und Verfall. Der Ausschlag des Pendels zu einer Seite ist das Maß für den Ausschlag in das andere Extrem, so dass der Rhythmus sich insgesamt gesehen somit ausgleicht. Es entsteht eine Art Balance zwischen den beiden Extrempolen. Um ein Pendel daran zu hindern, zu einer Seite auszuschlagen, müssen Sie es festhalten und dabei eine große Kraft aufbringen. Bei vielen Klienten, die mit Diagnosen wie Depressionen oder Burnout zu mir in die Praxis kommen, erlebe ich genau diesen inneren Kampf gegen den Ausschlag in die andere Richtung. Das Problem ist nicht der Ausschlag des Pendels, sondern einzig der Kampf des Menschen, der das Bekämpfte auf diese Weise nur noch schlimmer macht.

Die Illusion vom Schlaraffenland pausenlosen Glücks

Sollten Sie ein Fan kommerzieller Esoterik sein, so muss ich Sie leider enttäuschen: Der Traum vom ständigen Glück im Schlaraffenland des Lebens ist eine Illusion, allerdings eine, mit der so mancher bisher einen Haufen Patentrezepte verkauft hat. Es gibt neben der Schwerkraft und anderen physikalischen Naturgesetzen auch geistige Naturgesetze, wie beispielsweise das oben beschriebene Gesetz von Zyklus oder Rhythmus. Ein weiteres entscheidendes mentales Grundprinzip lautet: Gesetz der Kausalität. Jede Ursache zieht eine entsprechende Wirkung nach sich. Wenn wir uns mit dem Prinzip auseinandergesetzt haben, dass eine bestimmte Handlung entsprechende Konsequenzen hat, aber ebenso ein Unterlassen einer bestimmten Handlung eine Konsequenz nach sich zieht, dann wird uns wieder bewusst, dass wir mehr Wirkkraft auf unser Leben ausüben könnten, als uns glauben gemacht wurde. Es ist absolut sinnvoll, sich vorab mit einer geplanten Handlung (Ursache) zu beschäftigen, die eine gewünschte Konsequenz nach sich ziehen soll. Also, was müssten Sie folglich denken oder tun, um eine gewünschte Wirkung zu erzielen?

Wenn Menschen unglücklich sind, hat das viel damit zu tun, dass sie eine völlig überzogene Erwartungshaltung an den Tag legen, sie entweder zu kopflastig sind, zu materiell fixiert oder sich vom Leben pausenloses Glücklichsein erhoffen. Diese Erwartung führt leider direkt in die Schwere, sie macht Glück und Leichtigkeit unmöglich. Durch das ständige Enttäuschtsein verpassen diese Menschen die schönen Momente im Hier und Jetzt.

Den inneren Widerstand aufgeben und loslassen

Eigentlich ist jede Form der Veränderung ganz natürlich und an sich auch nicht schmerzhaft. Es ist in der Regel nur unser Widerstand gegen Veränderung, der unser Leiden erzeugt. Veränderung plus Widerstand ergibt also Leid. Um in der Leichtigkeit des Seins zu verbleiben, ist es also entscheidend, Probleme, Leid und Krisen anzunehmen, sie zu akzeptieren und zu lernen, an ihnen zu wachsen.

Trotz der Schwere, die wir immer wieder phasenweise durchleben müssen, können wir gleichzeitig dankbar sein für alle Annehmlichkeiten unseres Lebens, statt uns nur über das Negative und Schwere aufzuregen. Durch ein Selbstcoaching, wie in diesem Buch, können wir lernen, unsere Perspektive zu erweitern und uns innerlich zu ordnen. Wir können durch Meditation die innere Ruhe wiederfinden und grundsätzlich anders an Krisensituationen herangehen. Sie anzunehmen als Lektionen des Lebens, durch die wir über uns selbst hinauswachsen können, ist ein wesentlicher Schritt in die Leichtigkeit.

Neun altvedische Regeln zum Umgang mit dem Leben

Kürzlich wurden in einem uralten Buch aus dem Sanskrit, der ältesten Form des Altindischen, die neun Regeln des Menschseins entdeckt. Die neun zentralen Regeln, die auf etwa 1500 Jahre vor Christus datiert wurden, geben auch dem modernen Menschen eine sinnvolle Anleitung, mit dem eigenen Leben und schweren Herausforderungen besser umzugehen. Ganz im Sinne Frankls werden schwierige Lektionen hier als Dreh- und Angelpunkt unserer geistig-mentalen Entwicklung betrachtet. Schwere Ereignisse sollen wir als Entwicklungschancen sehen, um eine Erweiterung unseres Bewusstseins zu forcieren (Abb. 4-8).

9 Regeln für das Menschsein
aus dem alten Sanskrit überliefert:

1. Du erhältst einen Körper.
2. Du wirst Lektionen lernen.
3. Es gibt keine Fehler, nur Lektionen.
4. Eine Lektion wird wiederholt, bis sie gelernt ist.
5. Der Unterricht hört nicht auf.
6. Es gibt kein besseres Dasein als hier.
7. Andere sind nur Spiegel von dir.
8. Was du aus deinem Leben machst, liegt bei dir.
9. Die Antworten liegen in dir.

Abb. 4-8 Lektionen des Lebens

Die erste Regel bestätigt, was am Anfang dieses Kapitels im Modell des Bewusstseins bereits beschrieben wurde: Sie haben einen Körper als Werkzeug für Ihre Entdeckungsreise erhalten. Vielleicht werden Sie ihn mögen oder ablehnen, aber dieser Körper, in dem Sie jetzt stecken, wird für die gesamte Zeitperiode Ihres Lebens Ihr Vehikel sein. Die zweite Regel besagt, dass Sie sich nun in einer Art Schule des Lebens befinden und in dieser werden Sie pausenlos Gelegenheit haben, Lektionen zu erlernen. Möglich, dass Sie diese Lektionen mögen oder als dumm, zu schwer oder unnötig bewerten. An den Lektionen wird sich deshalb nichts ändern. Und aus diesem Grund gibt es, so die dritte Regel, auch keine Fehler, sondern eben nur Lektionen, die man annehmen oder ablehnen kann. In letzterem Fall dauert der Prozess dann eben etwas länger. Wachstum ist ein Prozess von Versuch und Irrtum, des Experimentierens und Scheiterns. Wobei das Scheitern und alle »Fehler« ebenso Teil des Prozesses und für die Entwicklung absolut sinnvoll sind.

Die vierte Regel verdeutlicht, dass es kein Ausweichen oder Schummeln gibt, denn eine Lektion wird so lange wiederholt, bis sie erfolgreich gelöst ist. Die gleiche Lektion wird immer wieder in den verschiedensten Varianten präsentiert, bis sie gelernt wurde. Danach kann man zur nächsten Lektion übergehen, so dass die Lektionen niemals enden, solange wir leben. Regel Nummer 5 stellt klar heraus, dass es keine Zeit im Leben gibt, in der keine Lektionen erfolgen. Solange Sie also auf dieser Erde wandeln, wird es für Sie spezielle, genau auf Sie abgestimmte Lektionen zur Weiterentwicklung geben. Natürlich denkt mancher vielleicht, er wäre am falschen Ort oder in der falschen Zeit geboren. Aber es ist perfekt, so wie es ist, und es gibt nichts Besseres als das Hier und Jetzt. Auch wenn das Gras auf der anderen Seite grüner erscheint und man sich wegwünscht oder nach einem anderen Leben sehnt, nichts ist für Sie und Ihre Entwicklung stimmiger als die Situation, in der Sie gerade sind, so besagt die sechste Regel.

Lektion 7 erklärt, wie wir mit Konflikten und zwischenmenschlichen Problemen sinnvoll umgehen können. Denn andere Menschen und alles, was Ihnen in Beziehungen widerfährt, sind nur Spiegel Ihrer selbst. Alle Dinge im Äußeren reflektieren die eigenen Themen und Entwicklungsprozesse im Inneren. Folglich kann man nicht etwas lieben oder hassen, wenn dies nicht auch einen Teil des eigenen Inneren widerspiegelt. Wenn Sie an einer anderen Person etwas lieben oder hassen, dann ist es nur eine Reflexion Ihrer Selbst und der eigenen Themen, die gelöst werden möchten. Man sagt umgangssprachlich auch, »lieber vor der eigenen Tür kehren« oder »sich einmal an die eigene Nase fassen«, statt immer wieder zu versuchen, beim Gegenüber eine Veränderung zu bewirken oder sich über andere zu beschweren.

Dass wir in diesem Entwicklungsprozess absolut selbstwirksam und mächtig sein können, das bestätigt Regel Nummer 8: Was Sie aus Ihrem Leben machen, ist Ihre alleinige Entscheidung. Sie besitzen alle Werkzeuge, die Sie für diesen Prozess und dieses Leben benötigen. Machen Sie Gebrauch von Ihrem freien Willen! Nutzen Sie Ihre Entscheidungsfreiheit für oder gegen eine Lektion, Sie können entweder akzeptieren und annehmen oder weiter leiden, indem Sie sich gegen die Lektionen wehren, das Schwere bekämpfen oder verdrängen. Das ist alleine Ihre persönliche Entscheidung, und Sie haben jederzeit die Wahl, wie Sie an die Dinge herangehen. Die letzte und neunte Regel könnte auch aus der systemischen Hypnotherapie stammen, denn sie lautet: Alle Antworten sind nur in uns selbst zu finden. Alle Ressourcen liegen bereits unbewusst im Verborgenen und warten darauf, genutzt zu werden. Sie müssen nur aktiviert werden. Somit liegen auch alle Antworten auf Fragen oder Probleme in Ihnen selbst. Sie müssen nur hinschauen, zuhören und sich selbst und dem Prozess, dem Leben und seinen Lektionen vertrauen. Sie verfügen über alle Tools und Ressourcen, die Sie benötigen, was Sie allerdings daraus machen, liegt ganz bei Ihnen. Treffen Sie Ihre Wahl!

Übung 21: Lektionen des Lebens (Zeitinvestition: 20 Minuten)

Reflektieren Sie ein aktuelles Thema, eine Lektion, die für Sie schwierig ist oder Schwere in Ihrem Leben erzeugt! Schauen Sie sich das Thema von außen an, als ob Sie einen Film anschauen und sich selbst als Hauptdarsteller darin erleben!

1. Notieren und benennen Sie in Stichworten das Thema, was Sie zurzeit belastet!
2. Wie würden Sie den Film betiteln, der gerade vor ihrem inneren Auge abläuft?
3. Welche Ressourcen besitzt der Hauptdarsteller (Sie selbst) in diesem Film?
4. Welche Lektionen hat er bereits in seinem Leben erfolgreich gemeistert?
5. Welche Widerstände und Hindernisse machen es dem Hauptdarsteller aktuell so schwer?
6. Wie würden Sie die aktuelle Lektion des Hauptdarstellers beschreiben?
7. Welche Regieanweisungen würden Sie geben, um den Hauptdarsteller darin zu unterstützen, seine Lektion zu lernen? Was müsste er ändern oder tun? Auf welche Weise müsste er seine Sichtweise erweitern, um weniger zu leiden?
8. Schreiben Sie sich einen kurzen Brief aus der erweiterten Perspektive des Zuschauers beziehungsweise Regisseurs an den Hauptdarsteller! Was wäre besonders hilfreich und wie könnten Sie Mut und Kraft aktivieren?

Die acht Säulen der Freude

In einem Austausch befassten sich die beiden bekannten Friedensnobelpreisträger, der Dalai Lama und Erzbischof Desmond Tutu, mit verschiedenen Aspekten, welche die Lebensfreude stärken. Sie entwickelten gemeinsam ein Modell und nannten es »Die acht Säulen der Freude«. In diesem Modell benennen sie vier wichtige Geisteshaltungen und vier Eigenschaften des Herzens, die Menschen nachhaltig in den Zustand von Freude und Leichtigkeit bringen. Die vier grundlegenden Geisteshaltungen sind: die Erweiterung des Blickwinkels, Bescheidenheit, Humor und Akzeptanz. Bei den vier Eigenschaften des Herzens, die mit dieser Geisteshaltung kombiniert werden müssen, handelt es sich um: Vergebung, Dankbarkeit, Mitgefühl und Großzügigkeit (Dalai Lama & Tutu 2016). Neben der geistig-mentalen Ausrichtung sind also auch Eigenschaften des Herzens entscheidend, um das eigene Leben immer mehr in die Leichtigkeit zu transformieren.

Beim Loslassen von Schuldgefühlen ist die Vergebung ein zentraler Aspekt. Dankbarkeit ist das Gefühl, nicht Anspruch auf etwas zu haben, sondern Freude für ein Gelingen oder ein Geschenk zu erfahren. Diese Freude, statt der überzogenen Erwartungshaltung, führt uns in die Leichtigkeit. Dank der zunehmenden Bedeutung der positiven Psychologie wird die Dankbarkeit etwa seit dem Jahr 2000 wissenschaftlich erforscht. Es konnte belegt werden, dass dankbare Menschen glücklicher sind als undankbare mit hoher Erwartungshaltung. Sie leiden weniger unter Depressionen, sind zufriedener mit sich und ihrem Leben und erfahren ihr Dasein als sinnerfüllter (Watkins et al. 2009). Erleben wir ein Gefühl von Dankbarkeit, wird der Neurotransmitter Dopamin ausgeschüttet, der zu den Glückshormonen zählt. Auf die beiden anderen Eigenschaften des Herzens kann hier nicht weiter eingegangen werden.

Allerdings dürfen wir vor lauter Lebensfreude nicht die Realität aus den Augen verlieren. Es gibt genügend Aspekte, die in die Betrachtung einbezogen werden müssen, um uns ein realistisches Bild von unserer Lebensumwelt zu machen. Deswegen wäre es nicht richtig, sich gedanklich nur auf das Positive auszurichten und alle negativen Aspekte unserer Welt hintanzustellen. So sieht es auch die amerikanische Sachbuchautorin Barbara Ehrenreich, die auf die Gefahr hinweist, dass die Realität ausgeblendet werden könne. Sie argumentiert folgerichtig, dass wir das Negative auch wahrnehmen müssen, wenn wir etwas gegen Ungerechtigkeit und Umweltzerstörung ausrichten wollen (Ehrenreich 2009).

Übung 22: Brief der Dankbarkeit
(Zeitinvestition ca. 15 Minuten)

In einem Test forderte man die Teilnehmer auf, einen Dankesbrief zu schreiben, an eine Person, die ihnen einmal geholfen hat, ohne dass sie es jemals richtig gewürdigt hätten. Anschließend sollten sie den Brief persönlich überbringen. Bei den Mitgliedern dieser Gruppe gab es im Vergleich zur Kontrollgruppe einen großen Zuwachs an Glückserleben, das auch längere Zeit anhielt (Seligman 2005).

Ich bitte Sie nun, einen solchen Dankesbrief zu schreiben. In dieser Übung müssen Sie ihn auch gar nicht wirklich absenden, zumal er sich an mehrere Personen richten soll.

1. Machen Sie sich also einen Moment Gedanken darüber, wem Sie alles dankbar sein könnten! Bedanken Sie sich innerlich bei jeder Person, die Ihnen etwas Gutes getan hat oder Ihnen auf irgendeine Weise behilflich war!
2. Schreiben Sie dann einen Brief, in dem Sie allen danken, die Ihnen jemals geholfen haben oder Ihnen wohlgesinnt waren!
3. Was verändert sich alles in Ihrem inneren Zustand? Wo im Körper sind diese gefühlten Veränderungen am intensivsten?

Leichtigkeit ist eine Eigenschaft Gottes

Sie besitzen nun alle Grundlagen, die Sie dazu befähigen, aus dem Hamsterkäfig des Überlebensmodus beziehungsweise dem Hamsterrad der Beschäftigung innerlich auszubrechen (Abb. 4-9). Durch ihre innere Ruhe, die Sie nun durch verschiedenste Techniken aktivieren können, beispielsweise mithilfe von Meditation und Kontemplation, können Sie eine erweiterte Perspektive einnehmen. Jetzt gelangen Sie wie automatisch in den Schöpfermodus, Sie sind verbunden mit dem Ozean der Möglichkeiten. Hier gelangen Sie an Ihr wahres Schöpferpotenzial, sie erleben inneren Frieden, Lebensfreude und Dankbarkeit. In diesem Zustand gelingt es Ihnen ebenfalls, Ihr Selbstgefühl derart zu aktivieren, dass Sie Ihre Werkzeuge, Ihre Gedanken, Gefühle, Ihr Unterbewusstsein und Ihren Körper entsprechend lenken können.

Ein Gespräch mit einem erfahrenen Theologen und Seelsorger kurz vor Fertigstellung dieses Manuskriptes erbrachte mir noch völlig neue Erkenntnisse in Bezug auf die Leichtigkeit und den Schöpfermodus. Nachdem ich ihm mein Modell der drei Bewusstseinsmodi vorgestellt hatte (Abb. 4-2), formulierte er auf höchst bemerkenswerte Weise, wie diese Dinge aus seiner theologischen Sicht zusammenhingen. Er brachte das Thema Leichtigkeit auf den Punkt und bat sogar darum, dass ich ihn an dieser Stelle zitieren möge: »Gott ist die Leichtigkeit in *ihrer* höchsten Existenz. Leichtigkeit ist Gott in *ihrer* höchsten Existenz. Leichtigkeit ist eine Eigenschaft Gottes, ein Aspekt Gottes in seinem Sein und Wirken.« Am nächsten Tag schrieb er mir noch in einer E-Mail zusätzlich folgenden Gedanken: »Die Jakobsleiter ist ein altes Bild aus dem Alten Testament, auf der Engel rauf und runter gehen. Dies ist vielleicht ein Bild für den Ruhemodus, wo man unten abgeholt und mit hochgenommen wird« (Thut 2020).

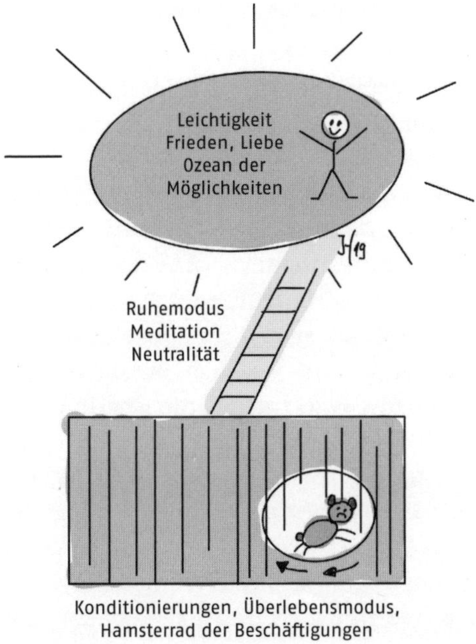

Abb. 4-9 Hamsterkäfig als Modell der drei Bewusstseinsmodi

Die Gedanken auf Leichtigkeit ausrichten

Ihre Zukunft ist das Resultat Ihrer jetzigen Gedanken, Gefühle und Taten. Sie besitzen einen freien Willen und haben in jeder Sekunde die Wahl, eine Entscheidung zu treffen. Vor allem aber können Sie Ihre eigene Wahrnehmungsperspektive und Ihren Bewusstseinszustand durch Anwendung der in diesem Buch beschriebenen Modelle und Techniken erweitern. Bestimmen Sie ab jetzt jeden Tag ein bisschen mehr, auf welche Gedanken und Zielzustände Sie Ihre Aufmerksamkeit richten, denn Ihre Gedanken sind die Schablonen für das, was in die Realität gezeichnet wird. Sie können sich dieses Prinzip vorstellen wie die unterschiedlichen Aggregatzustände des Wassers, erklärt Dr. Elias Rubenstein, Leiter der Hermetik-Akademie in Wien. Ihre inneren Vorstellungen sind quasi die feinstofflich-geistigen Schablonen, so wie Wasserdampf erst kaum wahrnehmbar und diffus ist. Der Dampf kann kondensieren und sich verwandeln in flüssiges Wasser, das immer noch flexibel ist, aber deutlicher für unsere Sinne sichtbar und wahrnehmbar wird. Durch weiteres Verdichten beziehungsweise Herabsetzen der Temperatur, also durch die Schwingungsrate, kann aus dem flüssigen Wasser sogar festes Eis werden – eine gute Metapher für die Manifestation in der Realität mithilfe unserer geistigen Vorstellung und unserer gerichteten Aufmerksamkeit. Es sind einfach drei verschiedene Aggregatzustände derselben Sache. Erst benötigen wir das geistige Bild plus Aufmerksamkeit, und durch die Schwingungsrate der Moleküle verdichtet sich das geistige Bild immer mehr, bis es schließlich zu fester Materie geworden ist.

Machen Sie sich nun bitte bewusst, was Sie über Ihre Vorstellungskraft verdichten und realisieren möchten! Wie bereits oben beschrieben, haben Sie die freie Wahl, mit welchen Bildern Sie Ihr Unterbewusstsein füttern und es ausrichten. Auch dieser Vorgang der Verdichtung des Aggregatzustandes einer Idee oder einer Vorstellung will gelernt sein, und man muss diese Fähigkeit tatsächlich intensiv und über Jahre trainieren, bevor man Meisterschaft erlangt. Das anschließende Kapitel leitet Sie dazu an, ein persönliches, individuell für Sie passendes Trainingsprogramm für Ihr Unterbewusstsein zu entwerfen. Es soll Sie dabei optimal unterstützen, Ihre Zielvorstellungen langfristig zu erreichen und mehr Leichtigkeit in Ihr Leben zu bringen. Verlassen Sie nun Ihren Hamsterkäfig des Überlebensmodus und wechseln Sie in den viel angenehmeren erweiterten Modus Ihrer Schöpferkraft!

Alles ist Energie und dazu ist nicht mehr zu sagen.
Wenn du dich einschwingst in die Frequenz
der Wirklichkeit,
die du anstrebst, dann kannst du nicht verhindern,
dass sich diese manifestiert. Es kann nicht anders sein.
Das ist nicht Philosophie. Das ist Physik.

(Albert Einstein, Physiker, Nobelpreisträger)

5 Trainingsprogramm für Leichtigkeit

Ich – ich im weitesten Sinne des Wortes,
d. h. jedes bewußt denkende geistige Wesen,
das sich als »Ich« bezeichnet oder empfunden hat –
ist die Person, sofern es überhaupt eine gibt,
welche die »Bewegung der Atome«
in Übereinstimmung mit den Naturgesetzen leitet.

(Erwin Schrödinger, Physiker und Nobelpreisträger)

5.1 Leichtigkeitstankstellen aktivieren

Die Krönung der Theorie durch die Praxis

Wenn Sie die vorherigen vier Kapitel durchgearbeitet haben, dann sind Sie jetzt optimal vorbereitet für den fünften Schritt, den praktischen Teil, der Sie zu Ihrem individuellen Trainingsprogramm führen soll. Sie haben in Kapitel 1 wichtige Fakten zum Thema Leichtigkeit gelernt, in Kapitel 2 innere Ordnung geschaffen, in Kapitel 3 Ihr Mindset transformiert und in Kapitel 4 gelernt, wie Sie durch Veränderung Ihres Bewusstseinszustandes zum Meister Ihrer mentalen Werkzeuge, vor allem auch Ihres Unterbewusstseins, werden können. Nun geht es darum, alle diese Erkenntnisse praktisch umzusetzen und sie in ihren Alltag zu integrieren. Es ist nun ganz entscheidend, eine für Sie stimmige Routine zu entwickeln, die Sie darin unterstützen kann, mehr Leichtigkeit und Lebensfreude zu erfahren.

Ihre Handlungen, insbesondere wiederholte Aktionen, sind besonders wirksame Suggestionen für Ihr Unterbewusstsein. Beim klassischen Imaginieren stellen Sie sich Ihr inneres Bild in den drei Raumdimensionen Länge mal

Breite mal Höhe vor. Indem Sie aber wiederholt symbolisch wirksame Handlungen vollziehen, bringen Sie Ihre Suggestionen mindestens noch in eine weitere Dimension, nämlich Raum mal Bewegung, also Zeit. Auf diese Weise potenzieren Sie Ihre Suggestionen um ein Vielfaches. Zweck des Trainingsprogramms ist es, dass Sie selbstwirksam Ihre innere Einstellung sowie Ihre Gedanken und Emotionen in eine positive Richtung lenken lernen. »Ein Gramm Handeln ist mehr wert als eine Tonne Predigt«, sagte der indische Rechtsanwalt und Friedensaktivist Mahatma Gandhi. Nur wenn Sie handeln, gelingt der Transfer des Gelernten von der Theorie in die Praxis – die Krönung Ihres Veränderungsprozesses.

Ihre persönliche goldene Mitte finden

Seit einigen Jahren gibt es einen regelrechten Selbstoptimierungshype. So hat mich vor einigen Wochen eine Redakteurin eines bekannten deutschen Magazins um ein Interview zum Thema Selbstoptimierungscoaching gebeten. Sie erzählte mir in diesem Zusammenhang von vielen Lesern, die sich enttäuscht über die verschiedensten Coaching-Varianten geäußert hätten, wie etwa Erfolgs-Coaching, Abnehm-Coaching oder Lifebalance-Coaching. Dies alles würde nur zur Desillusionierung führen, da man dauernd dazu eingeladen würde, sich noch weiter zu perfektionieren. Auch sie selbst habe bereits enttäuschende Erfahrungen mit diversen Coachings gemacht, die allesamt ihr tiefliegendes Problem nicht gelöst hätten.

Ich erklärte ihr, dass es verschiedene Ebenen der Veränderung gebe, und wenn ein Coaching nur auf der äußeren Verhaltensebene arbeite, wäre es eher eine Beratung oder bestenfalls noch ein Konditionierungstraining. Solange nicht das Unterbewusstsein mit in den Prozess einbezogen werde, stemme sich Zwerg Logik gegen den Koloss Unterbewusstsein. So gelinge aber keine nachhaltige Veränderung. Wir müssten also unbedingt das geniale Unterbewusstsein mit an Bord holen sowie die Selbstwirksamkeit des Klienten stärken, damit der Transfer in den Alltag und Veränderungsprozesse unterstützt würden. Die Idee der Selbstoptimierung und dauernden Leistungssteigerung entsprächen selten der wahren Motivation eines Menschen. Echte Ziele hätten in der Regel wenig mit indoktrinierten Erwartungshaltungen einer völlig überzüchteten Leistungsgesellschaft zu tun, sondern im Gegenteil ginge es meist darum, zu sich selbst zurückzufinden.

Nur aus der Ruhe kommt die wahre Kraft, und genau dort finden Sie die Antworten auf viele Fragen, die Ihr Leben und auch Ihre Berufung betreffen. Vergessen Sie alle Formen leistungssteigernder Selbstoptimierung im Sinne eines gesellschaftlichen Klischees! Werden Sie lieber authentischer und finden Sie Ihr wahres Selbst, Ihre innerste Motivation und eine gesunde Balance im Leben! Diese entspricht nicht unbedingt den Idealvorstellungen der Gesellschaft oder Medien. Entscheidend ist vielmehr, Ihre persönliche goldene Mitte zu finden, jenseits von Extremen.

Aus dem »falschen Film« gesellschaftlicher Klischees aussteigen

Wenn Sie nun das Trainingsprogramm für Leichtigkeit absolvieren, sollte nicht Ihr Ziel sein, realitätsfern und ewig lächelnd durch den Alltag zu schweben und jedes Aufkeimen von Zweifeln, Sorgen oder Schweregefühlen zu unterdrücken. Wichtig ist, Schritt für Schritt Ihr Mindset tiefgreifend zu ändern. Dies ist ein lebenslanger Prozess, in dem Ihnen immer weitere Muster und Blockaden begegnen werden. Diese langsam aufzulösen, ist wohl der zentrale Punkt, damit Sie sich nachhaltig in Richtung Leichtigkeit bewegen können.

Auch durch Meditation und Kontemplation wird sichergestellt, dass der Veränderungsprozess auf verschiedenen Ebenen in Gang gesetzt wird. Eine innere Einstellung von Dankbarkeit und Optimismus, statt einer überhöhten Erwartungshaltung, ist für den Zustand von Leichtigkeit ebenfalls entscheidend. Durch Wiederholung entsteht eine Krafteinwirkung auf die träge Masse Unterbewusstsein, so dass der Veränderungserfolg auf Dauer Bestand hat.

Innere Leichtigkeitstankstellen aktivieren

Im ersten praktischen Schritt bitte ich Sie nun, sich über alles, was Sie in einen angenehmen Zustand von Leichtigkeit versetzen könnte, Gedanken zu machen. Dabei kann man unterscheiden zwischen inneren Aspekten, die sich vor allem auf Ihr Mindset und das Selbstgefühl beziehen, und äußeren Faktoren. Alles, was Sie mehr in einen Zustand von Leichtigkeit bringen kann, bezeichne ich als eine »Leichtigkeitstankstelle«. Die inneren Aspekte haben wir bereits in den Kapiteln 2 bis 4 intensiv bearbeitet: innere Ordnung schaffen, das Mindset überarbeiten, sich von Sabotagemustern lösen, das Weltbild erweitern und vom Überlebensmodus in der Ruhemodus oder Schöpfermodus schalten. Die Übungen dieser Kapitel können Sie mehrmals durchführen, da sie einen nachhaltigen Prozess anregen. Je weiter dieser Entwicklungsprozess fortgeschritten ist, desto tiefgreifendere Antworten und Ergebnisse werden Sie mit den Übungen erzielen.

Äußere Leichtigkeitstankstellen im Alltag zelebrieren

Nun soll es aber auch um die äußeren Leichtigkeitstankstellen gehen, also alle Dinge, Tätigkeiten, Bilder oder Rituale, die Ihnen eine Portion Leichtigkeit zuführen. Wenn eine Leichtigkeitstankstelle funktioniert, spüren Sie in wenigen Sekunden ein angenehmes Gefühl und Sie können die Veränderung sogar auf der physischen Ebene beobachten. Was bringt Sie zum Lachen? Welche Tätigkeiten hellen Ihre Stimmung merklich auf? Was macht Sie glücklich? Das kann alles Mögliche sein, wie etwa Musik hören, Laufen, Lachen, Basteln, Tanzen, Gärtnern, einen Sonnenuntergang anschauen, in einer Hängematte schaukeln, Baden, Katzen streicheln, Vögel beobachten, Witze erzählen, sich mit Freunden treffen, lustige Videos anschauen und vieles mehr. Denken Sie daran: Die Wirkung heiligt in diesem Fall die Mittel, und Ihre Tankstellen dürfen auch etwas ausgefallener sein, möglicherweise sogar skurril anmuten.

Schnecken aus Nachbars Garten retten

Eine tierliebe Klientin von mir fand ganz nebenbei eine ziemlich skurrile Methode, sich in den Zustand von Leichtigkeit zu bringen. Sie hatte in ihrem Garten viele große Weinbergschnecken, die sie wunderschön fand. Da die Nachbarn die Tierchen oftmals töteten, begann sie, die Häuschen der Schnecken vorsichtig mit einem wasserfesten Stift (mit biologisch abbaubarer Tinte) zu markieren. Sie klärte dann ihre Nachbarn auf, dass alle Schnecken mit einem goldenen Herz auf dem Panzer ihre persönlichen Schnecken seien und die Nachbarn sie nicht vernichten dürften, sondern gerne wieder auf ihr Grundstück zurücksetzen könnten. Immer, wenn sie fortan in ihrem Garten auf eine Schnecke traf, beobachtete sie das Tierchen eine Weile, malte ein schönes goldenes Herz auf den Panzer und erhielt im Gegenzug eine Riesenportion Leichtigkeit und Glücksgefühl.

Lachen ist für die Seele dasselbe,
wie Sauerstoff für die Lungen.

(Louis de Funes)

ZWAB – zum Wohle aller Beteiligten handeln

Der Kreativität bezüglich Ihrer persönlichen Leichtigkeitstankstellen sind also kaum Grenzen gesetzt, aber doch gibt es eine wichtige Regel zu beachten. Ihre Leichtigkeitstankstellen sollten unbedingt dem ZWAB-Prinzip entsprechen. ZWAB ist die Abkürzung für »zum Wohle aller Beteiligten«. Das bedeutet, dass Ihre Taten, Ihr Handeln nützlich sein und nicht etwa irgendjemanden oder irgendetwas schädigen sollte. Meine Klientin aus dem Beispiel hat also nicht nur sich selbst, sondern auch den Schnecken etwas Gutes getan. Und auch die Nachbarn profitierten von ihrem Handeln. So erzählte sie mir, dass die Nachbarn nun auch immer schmunzeln mussten, wenn eine Schnecke mit Herz auf dem Panzer durch ihren Garten schlich. Der Natur war ebenfalls gedient, da die Nachbarn ab diesem Zeitpunkt selbst sensibler gegenüber vermeintlichen Schädlingen wurden und kein Schneckengift mehr ausstreuten. Die Idee mit den Herzen auf den Schneckenhäuschen ist also ZWAB – zum eigenen Wohle als Leichtigkeitstankstelle, zum Wohle der Schnecken, der Nachbarn sowie auch der Natur.

Nur wenn Sie Ihr Denken und Ihr Tun so gut wie möglich an das ZWAB-Prinzip anpassen, können Sie langfristig echtes Glück, Gesundheit und Erfolg im Einklang mit Ihrer Umwelt erfahren. Wenn jemand auf Kosten anderer Leichtigkeit erlebt, vielleicht dabei seiner Familie, Freunden oder der Umwelt schadet, erfüllt er keinesfalls mehr das ZWAB-Prinzip. Er wird dann nach einiger Zeit entsprechend dem Gesetz von Ursache und Wirkung ein entsprechendes Feedback auf sein Verhalten bekommen. Dieses Feedback wird ihm seine Taten spiegeln und wohl nicht mehr sehr viel Leichtigkeit einbringen, sondern eher Gefühle wie Ärger, Wut, Hass oder Angst. Wie Sie bereits in

Kapitel 1 erfahren haben, geht es bei der Leichtigkeit vor allem auch um einen wohlwollenden und gelassenen Umgang mit sich selbst und anderen. Die angestrebte Grundhaltung entspricht der des Buddhismus, die sich durch vier positive mentale Eigenschaften auszeichnet: Wohlwollen, Mitgefühl, Freude und Gelassenheit. Leichtigkeit ist somit eine emotionale Qualität, die zum Wohle aller Beteiligten, zum Wohle des Ganzen ist.

Übung 23: Leichtigkeitstankstellen finden (Zeitinvestition: 15 Minuten)

Was auch immer Ihnen dabei hilft, sich in einen Zustand von Leichtigkeit zu versetzen, sollten Sie ab jetzt mindestens dreimal täglich in Ihren Tagesablauf einbauen: morgens, mittags und abends, insbesondere aber vor dem Einschlafen, denn da ist die Wirkung auf Ihr Unterbewusstsein am stärksten. Gerne können Sie die Dosis auch etwas erhöhen.

1. Brainstorming: Was oder welche Tätigkeiten bringen Sie flugs in einen Zustand von Leichtigkeit? Stellen Sie eine Liste dieser »Tankstellen« auf!
2. Was verändert sich dabei in Ihrem Körper, in Ihrem Gefühl und in Ihrem Denken?
3. Wie können Sie einige dieser Tankstellen in Ihren Alltag einbauen? Was können Sie ganz konkret tun, um sich eine Dosis Leichtigkeit zu verabreichen?
4. Bitte tragen Sie die gefundenen Tankstellen in Ihren Terminplan ein, mindestens dreimal täglich eine Tankstelle!
5. Was denken Sie, würde sich in Ihrem Alltag verändern, wenn Sie diese Übung ein ganzes Jahr lang durchführen und sich täglich dreimal eine Dosis Leichtigkeit verabreichen?

Dankbarkeit üben, kostbare Momente sammeln und loslassen

Sie haben nun Ihre ganz persönlichen Leichtigkeitstankstellen ausfindig gemacht. Darüber hinaus gibt es aber auch noch einige Übungen, die ich Ihnen zusätzlich empfehlen würde, da ihre Wirksamkeit wissenschaftlich bestätigt ist. Dabei geht es um die bereits in den anderen Kapiteln beschriebenen Leichtigkeitsfaktoren, wie Dankbarkeit, Atementspannung, Natur und Bewegung, und die mentalen Konzepte, wie akzeptieren, loslassen, vergeben, innere Ordnung schaffen, Perspektive erweitern, Blockaden erkennen und lösen. Um Dankbarkeit bewusster zu leben, können Sie folgende kleine Übung einplanen:

Übung 24: Momente voller Dankbarkeit
(Zeitinvestition: mehrere Minuten am Tag)

Nehmen Sie zehn kleine Kieselsteine, wahlweise können es auch Erbsen sein. Sie können die zehn Steinchen in Ihre Hosentasche stecken und während des Tages bewusst auf alle schönen Momente achten sowie auf Personen und Erlebnisse, die für Sie einen Wert haben und zu einem kostbaren kleinen Moment werden.

Nehmen Sie dann ein Steinchen aus der Tasche und legen Sie es an der Stelle ab, wo Sie den schönen Moment wahrgenommen haben. Nehmen Sie kurz ein paar ruhige langsame Atemzüge und spüren Sie dem besonderen Moment nach. Nehmen Sie bewusst wahr, wie dankbar Sie sich fühlen für diesen kostbaren Moment in Ihrem Leben. Für jedes lautlose Dankeschön können Sie einen Kieselstein loslassen und sich damit Schritt für Schritt auch symbolisch von Schwerem trennen.

Abends können Sie in einer kurzen Kontemplation – also einer mentalen Reflexion Ihres Tages – vor allem diese Momente wieder aufgreifen und durchleben. Erinnern Sie sich dann Kiesel für Kiesel an die kostbaren Momente volle Dankbarkeit! Wie Sie dies in Ihr Abendritual genau einbauen können, erfahren Sie in Abschnitt 5.3.

Achtsam wie in Zeitlupe den Atem genießen

Auch das bewusste Atmen ist eine wahre Leichtigkeitstankstelle. In Abschnitt 4.2 haben Sie gelernt, wie sich Ihr gesamter Organismus in wenigen tiefen Atemzügen in den Ruhemodus versetzen lässt. Lenken Sie also so oft wie möglich Ihre Aufmerksamkeit auf den Atem! Bei Stress atmet der Körper schnell und flach. Mit ein paar wenigen tiefen, langsamen Atemzügen können sie dem Stress entgegenwirken, das vegetative Nervensystem beruhigen und wieder im Hier und Jetzt ankommen. Schließen Sie einen Moment die Augen und beobachten Sie Ihren Atem! Dann verändern Sie Ihre Atmung, indem Sie wie in Zeitlupe atmen. Lächeln Sie sich innerlich zu, bis Sie erste Entspannungsreaktionen bemerken. Sie können auch innerlich langsam von 1 bis 4 zählen und wie in Zeitlupe ein-atmen, dann einen kurzen Moment die Atmung anhalten und dann wieder genüsslich auf 8 zählen und aus-atmen.

Vielleicht können Sie irgendwo eine kleine Erinnerung platzieren, um sich so oft wie möglich über den Tag verteilt daran zu erinnern, bewusst und langsam zu atmen. Sie könnten zum Beispiel in Ihrem Handy einen Weckeralarm für bewusstes Atmen einstellen oder sich einen kleinen blauen Punkt auf die Hand malen, der Sie ab sofort an ein paar ruhige Atemzüge erinnern könnte. Wie wäre es mit einem Notizzettel an Ihrem Bett oder Badezimmerspiegel oder ein ganz anderes Symbol, welches Sie mit einer kurzen Atemleichtigkeitstankstelle verbinden könnten? Diese Technik nennt man in der Hypnotherapie »Ankern«, und es geht darum, ein Symbol, also einen bestimmten Reiz, mit einer Reaktion zu koppeln, so dass die Handlung möglichst automatisch aktiviert werden kann. In einer hypnosystemischen Sitzung kann man diverse Anker natürlich noch viel wirksamer entwickeln und aktivieren, je nachdem, welchen Auftrag der Klient dem Coach gibt und was er gerne erreichen möchte.

Naturaufenthalte und Bewegung als Leichtigkeitselexier

Ein Aufenthalt in der Natur und körperliche Bewegung wirken allgemein immer wie ein Leichtigkeitselexier. Aber manchmal haben wir einfach keine Zeit für lange Ausflüge in den Wald. Dann ist eine Kurzintervention von Vorteil, denn es reicht oftmals schon aus, einen »mentalen Ausflug« in die Natur zu unternehmen, z. B. mit entsprechenden Naturgeräuschen vom Band, wie Vogelstimmen, Meeresrauschen oder Entspannungsmusik. Sie können sich für einen Moment auch einfach intensiv vorstellen, Sie würden einen Waldspaziergang oder eine Wandertour durch die Bergwelt machen oder ein entspannendes Bad im See nehmen (Abb. 5-1).

Abb. 5-1 Natur schnuppern

Studien belegen, dass Menschen, die an Depressionen leiden, ihre Gemütslage durch regelmäßigen Sport verbessern können. Die Psychoneuroimmunologie bestätigt die enge Wechselwirkung zwischen Körper und Gemütszustand: Ist der Körper gesund, haben wir auch ein positiveres Lebensgefühl. Sport ist außerdem das beste Gehirntraining, denn er sorgt für eine bessere Vernetzung der verschiedenen Bereiche des Gehirns, fördert die Durchblutung und steigert das Gefühl der Selbstwirksamkeit. Bauen Sie also täglich mindestens eine halbe Stunde Bewegung oder Sport in Ihren Tagesablauf ein, z.B. Stretching, Seilspringen, Yoga, Treppensteigen, Fahrradfahren oder Spaziergänge statt Fahrstuhl- und Autofahrten!

Gesunde, lebendige Nahrung für Körper und Geist

Der lateinische Spruch »Mens sana in corpore sano« erinnert uns daran, wie wichtig ein gesunder Körper ist. Mit diesem achtsam und liebevoll umzugehen, ist eine weitere wichtige Leichtigkeitstankstelle. Wie Sie bereits in Kapitel 3 und 4 erfahren haben, stellen bestimmte Informationen nicht nur tiefgreifende Suggestionen für unser Unterbewusstsein dar, sondern können auch Nahrung für unseren Geist sein. Deshalb ist es Ihre Aufgabe, ab nun achtsam auszuwählen, mit was genau Sie sich selbst füttern und welche Suggestionen Sie in Ihr Computersystem Unterbewusstsein eingeben wollen. Welche Fernsehprogramme, Computerspiele oder Nachrichtenmagazine haben welche Wirkung auf Ihr Unterbewusstsein? Ohne nun komplett die Realität auszublenden, könnte Sie versuchen, möglichst gesunde, förderliche Impulse als Nahrung für Ihren Geist auszuwählen. So wie Ihr Körper von einer Diät profitiert, kann Ihr Geist sich durch den Verzicht auf Unterhaltungssendungen, blutrünstige Computerspiele und andere virtuelle Horrorszenarien erholen, die entsprechende Suggestionen in Ihr System eingeben würden. Je lebendiger, friedlicher und leichter die Nahrung für Körper und Geist ist, desto besser wird es Ihnen gelingen, vom Überlebensmodus in den Ruhemodus des Bewusstseins zu wechseln und mehr Leichtigkeit zu erfahren.

Den inneren Kampf aufgeben

Leichtigkeit kann nur dort existieren, wo Platz für Schweres ist. Aus Abschnitt 4.4 wissen Sie, dass Widerstand gegen ein negatives Gefühl oder Schmerz den Umgang mit der Situation massiv erschwert. Schmerz plus Widerstand ergibt Leiden. Man kann Schmerzen haben, ohne zu leiden, wenn man den Schmerz als solchen akzeptiert und annimmt. Sobald man aber dagegen Widerstände entwickelt, sich ärgert oder dagegen ankämpft, wird aus dem Schmerz ein kräftezehrendes, schweres Leiden. Keinen Widerstand gegen den Schmerz zu leisten bedeutet, loszulassen und einen neuen, sinnvolleren Umgang mit der Herausforderung zu finden. Geben Sie den Kampf auf, so dass Sie Frieden mit sich und der Situation schließen können. Erlauben Sie sich also, sich auch einmal so richtig schwer fühlen zu dürfen! Sie können Ihr Leben zwar lenken lernen, aber niemals vollständig kontrollieren. Es gibt immer wieder Phasen, die schwer und anstrengend sein können. Je besser es Ihnen gelingt, dies zu akzeptieren, desto eher können Sie das Schwere auch wieder loslassen und in den Zustand der Leichtigkeit zurückkehren.

Welche Seelenteile machen Ihnen das Leben schwer?

Zwei Seelen wohnen, ach! In meiner Brust,
die eine will sich von der anderen trennen:
Die eine hält in derber Liebeslust
Sich an die Welt mit klammernden Organen;
Die andere hebt gewaltsam sich vom Dust
Zu den Gefilden hoher Ahnen.

(Johann Wolfgang von Goethe,
Naturwissenschaftler und Dichter)

In seiner berühmten Tragödie Faust 1, spricht Goethe von zwei inneren Teilen eines Menschen, die ganz unterschiedliche Motive haben können. In der heutigen modernen Psychologie gibt es verschiedene Ansätze, die mit einem komplexen Teile-Modell arbeiten, wie beispielsweise das Modell der inneren Rollen nach Schulz von Thun oder auch das Seiten-Modell nach Gunther Schmidt. Wie auch immer Sie persönlich Ihre inneren »Seelen« bezeichnen möchten, wichtig ist dabei, dass Sie anerkennen, dass es diese inneren Teile von Ihnen gibt und diese oftmals miteinander in Konflikt stehen. Dazu gehören sicher auch innere Teile von Ihnen, die Schwere erzeugen oder in bestimmten Situationen die Dinge schwerer machen, als es eigentlich sein könnte. Hingegen gibt es auch Teile, die Sie in eine angenehme, verspielte Leichtigkeit bringen können.

»Wenn wir hineinhorchen, finden wir Lautgebungen dieser Seelen vor: In Form von inneren Stimmen, die sich zu einem bestimmten Vorfall oder Thema zu Wort melden, die sich miteinander selten einig sind und die alles daransetze, auf unsere Kommunikation und unser Handeln Einfluss zu nehmen«, so der Psychologieprofessor Friedemann Schulz von Thun. Und obwohl ein solcher innerer »zerstrittener Haufen« sehr lästig und quälend sein kann, führt Schulz von Thun weiter aus, handele es dabei sich nicht um eine Geisteskrankheit, sondern um eine normale und wünschenswerte innere Pluralität (Schulz von Thun 2001).

Die inneren Teile und das Steuer-Ich

Es gibt diverse innere Teile, die sich in verschiedenen Situationen unterschiedlich äußern können und auch ganz verschiedene Gefühlszustände erzeugen. In Abb. 5-2 sehen Sie die verschiedenen Teile, wie etwa das innere Kind, den Angsthasen, den Ärger, den inneren Kritiker, den Mut und die Fürsorge. Das bewusste Selbst, oder auch »Steuer-Ich«, sollte alle diese Teile respektvoll und würdigend behandeln, auch wenn es einige Teile und deren Motivation zunächst nicht verstehen kann.

Alle diese Teile, auch die vermeintlich negativen oder schwierigen, haben ihre Berechtigung. Man spricht in der Hypnosystemik von einer positiven Absicht, die alle Teile verfolgen, wobei manchmal die ursprüngliche Absicht zeitlich in der Vergangenheit verortet werden kann. Zum aktuellen Zeitpunkt bemerkt man vielleicht, dass bestimmte Teile sich nicht mehr sinnvoll verhalten beziehungsweise sogar Konflikte erzeugen können. Die alten Lösungsversu-

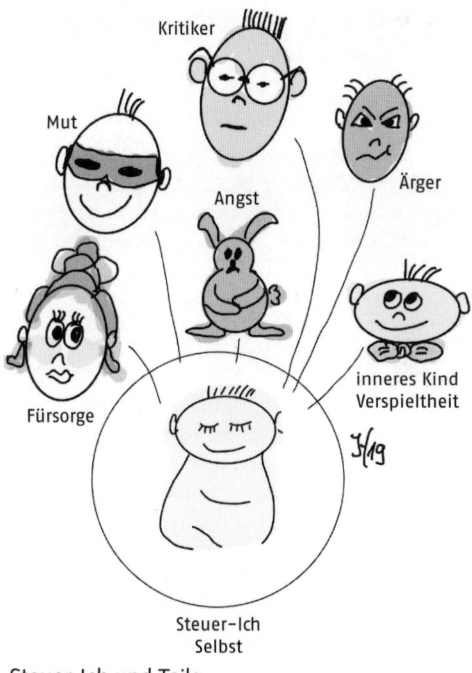

Abb. 5-2 Steuer-Ich und Teile

che und Kompensationsmechanismen von damals funktionieren heute nicht mehr, da sich die Umgebungsfaktoren verändert haben und der Mensch sich weiterentwickelt hat. Gerade schwierige Teile, wie etwa innere Blockaden und Symptome, die viel Aufmerksamkeit und Energie fordern, oder Ihnen das Leben schwer machen, sollten unbedingt gemeinsam mit einem entsprechend ausgebildeten systemischen Therapeuten oder Coach angeschaut werden.

In der folgenden Übung geht es zunächst um Akzeptanz und Würdigung Ihrer verschiedenen Teile, insbesondere auch derjenigen, die bisher Schwere in Ihr Leben gebracht haben. Machen Sie sich also nun Ihre verschiedenen Teile bewusst und freunden Sie sich mit den vermeintlich negativen, Schwere erzeugenden Teilen an, statt diese zu bekämpfen oder zu verdrängen.

Übung 25: Innere Teile kennenlernen
(Zeitinvestition: 15 Minuten)

Welche Seiten kennen Sie von sich in bestimmten Situationen? Welche inneren Teile zeigen sich beispielsweise bei Gefahr, bei Stress oder Konflikten mit bestimmten Personen. Zeichnen Sie Ihre »innere Bühne« mit den verschiedenen Teilen, die Sie bei sich entdecken konnten!

1. Welche Seiten kennen Sie von sich in alltäglichen Situationen und Herausforderungen?
2. Welche Teile zeigen sich in Krisensituationen?
3. Welche Teile erleben Sie in Konflikten mit bestimmten Personen?
4. In welchen Situationen zeigen sich vielleicht noch ganz andere Teile, wie beispielsweise Mut, Kritiker, Angsthase, innerer Held und so weiter?
5. Welche Teile bringen Sie in die Leichtigkeit?
6. Welche Teile verbinden Sie eher mit Schwere?
7. Wie können Sie mit Ihren inneren Teilen Frieden schließen und ein inneres Team formen, das sich zu Ihrem Wohle gemeinsam stärken kann?

Die eigenen Seiten akzeptieren und würdigen

Auch der gelassene, wertschätzende Umgang mit Ihren »negativen« Seiten ist eine wahre Leichtigkeitstankstelle. Ein positiver, akzeptierender Umgang mit diesen Teilen, wie auch insgesamt mit schweren Ereignissen, Rückschlägen oder Krisen, ist – wie in den vorherigen Kapiteln ausführlich beschrieben – eine wesentliche Grundvoraussetzung für persönliche Ausgeglichenheit und Leichtigkeit. Gleichzeitig ist es von Vorteil, sich auch bestimmte Muster oder innere Blockaden einzugestehen und diese aufzulösen. Beschäftigen Sie sich unbedingt mit den Teilen, die Sie davon abhalten die Dinge zu tun, die Ihnen wirklich Freude bereiten. Welche positive Absicht steckt vielleicht hinter diesen Teilen?

Dieser selbstreflektorische Prozess, die eigenen Sabotagemuster und Blockaden zu beleuchten, ist ein lebenslanger Weg, der Sie Schritt für Schritt immer authentischer werden lässt. Auch die professionelle Begleitung durch einen systemischen Therapeuten oder Coach kann zu einer echten Leichtigkeitstankstelle werden, da Sie lernen, innere Konflikte und Blockaden aufzulösen, und so inneren Frieden zu erlangen.

Tägliche Meditationsübung »Magie der Leichtigkeit«

Wie Sie in Abschnitt 4.2 erfahren haben, ist Meditation ein Grundbaustein für Leichtigkeit. Ein Leichtigkeitstraining würde ohne sie nicht funktionieren. Meine Empfehlung: Lernen Sie, wie auf Knopfdruck den inneren Ruhemodus mithilfe von Meditation einzuschalten. Hierzu können Sie ganz verschiedene Techniken wählen. Vielleicht eignet sich für Sie Bewegungsmeditation besser als Stillemeditation? Möglicherweise meditierten Sie bereits oder haben Erfahrung mit kontemplativen Übungen?

Als gute Anleitung, um sicher in den Ruhemodus und von dort mit Leichtigkeit weiter in den Schöpfermodus zu gelangen, eignen sich auch die beiden geführten Meditationen auf der Begleit-CD »Magie der Leichtigkeit«. Der Vorteil ist, dass Sie einfach entspannen können und sich nicht auf eine spezielle Übung konzentrieren müssen. Die Meditation »Leichtigkeit leben« auf der CD stärkt Ihre inneren Wurzeln und Ihr psychisches Immunsystem, was insbesondere in Krisenzeiten von Bedeutung ist. Sie lernen, wie ein Baum tief verwurzelt im Leben zu stehen, die Stürme des Lebens zu akzeptieren, sie auszuhalten und dann Schweres loszulassen. Beide Meditationen basieren auf hochwirksamen Hypnoseformeln, die direkt das mächtige Unterbewusstsein ansprechen und auf Leichtigkeit ausrichten. Je öfter Sie die Meditationen hören, desto intensiver kann sich die Wirkung auf unterbewusster Ebene entfalten. Probieren Sie es einfach aus, und vielleicht wird dies sogar Ihre Lieblingstankstelle werden, um sich täglich wieder aufs Neue mit dem Ozean der Möglichkeiten zu verbinden.

5.2 Leichtigkeitstagebuch (Letabu) führen

Selbstkontrolle führt zu Selbstachtung
und Selbstachtung zum Mut.

(Thukydides, ca. 460–398 v. Chr., antiker Historiker)

Ihr Letabu als kleiner Begleiter

Der Erfolg Ihres Trainingsprogrammes steigt mit der Stärke Ihrer Trainingsstruktur und einer systematischen Begleitung. Da ich nicht als Personal-Trainer zu Ihnen nach Hause kommen kann, um dafür zu sorgen, dass Sie am Ball bleiben und Ihre Übungen durchführen, werde ich Ihnen einen anderen kleinen Begleiter zur Seite stellen. Darf ich vorstellen: Ihr Letabu – Ihr kleines Leichtigkeitstagebuch – wird Sie von heute an coachen, Ihnen Struktur und auch ein wenig Selbstkontrolle vermitteln. Es kann Ihren Prozess aber nur dann optimal begleiten, wenn Sie Ihre Einträge ehrlich und regelmäßig durchführen (Abb. 5-3). Auch wenn dies zunächst vielleicht nach etwas Aufwand oder Arbeit aussieht, so kann Ihr Letabu ein treuer Gefährte für Ihren Veränderungsprozess werden.

Neue Gewohnheiten zu schaffen bedeutet vor allem, sich zu überwinden und wiederholt Veränderungen in Ihrem Alltag einzubauen. Dieser Veränderungserfolg wird sogar messbar, wenn Sie regelmäßig Ihre Übungen und Er-

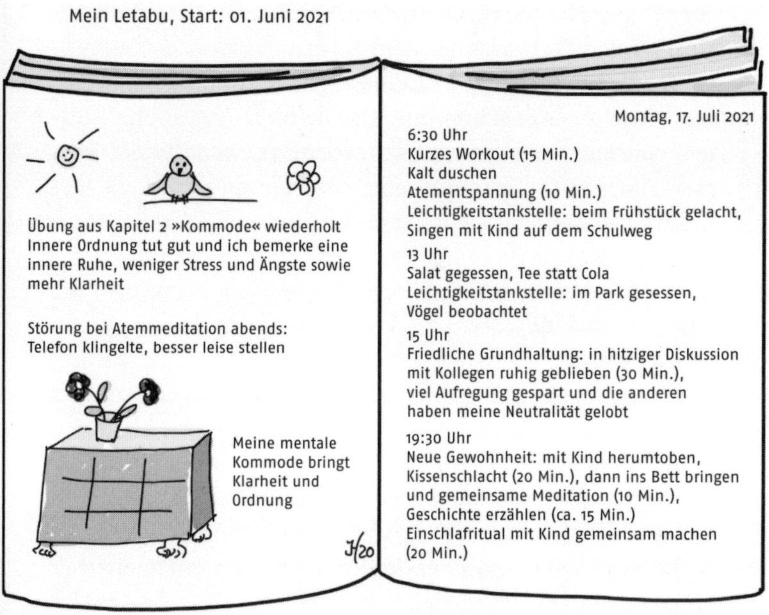

Abb. 5-3 Letabu

gebnisse in das Letabu eintragen. Es erhöht die Wirksamkeit der Übungen, wenn diese systematisch über den Tag verteilt werden. Und auch wenn Sie einmal ein Motivationstief spüren, wird Ihr Letabu Sie motivieren, dranzubleiben und Sie für eine erledigte Übung, die Sie abhaken dürfen, mit Endorphinen belohnen. Regelmäßiges Tun verändert alte Gewohnheiten, deswegen erhöht diese Form der Aktivität langfristig auch Selbstwirksamkeit und Durchhaltevermögen.

So führen Sie Ihr Letabu systematisch

Zunächst ist die Auswahl des Tagebuches wichtig, und ich empfehle Ihnen ein schlichtes DIN-A5- oder auch DIN-A4-Format mit etwa 150 Seiten. Ein Buch aus Papier hat andere haptische Qualitäten, als wenn Sie Ihr Tagebuch per Computer oder mit einer App führen. Es existiert materiell, liegt vielleicht neben Ihrem Bett oder auf Ihrem Schreibtisch und erzeugt schon durch seine bloße physische Existenz eine gewisse Aufmerksamkeit. Verwenden Sie eine ganze Seite pro Tag und unterteilen Sie diese in verschiedene Bereiche, etwa für das Morgenritual, die Mittagsmeditation oder das Einschlafritual. Lassen Sie immer genügend freien Platz für spätere Anmerkungen, so dass Sie jederzeit rückblickend noch Ideen und Gedanken ergänzen könnten.

Oben rechts sollten Sie das Datum eintragen, so dass auf jeder folgenden Seite ein neuer Tageseintrag beginnen kann. Es ist sinnvoll, mit den Zeitangaben anzufangen und dann die Übung zu notieren, die Dauer Ihrer Übung und eventuell Notizen zu besonderen kleinen Erfolgen oder Störungen. Unten und auf der linken Seite können Sie Ihre Ergebnisse und Antworten eintragen. Auch die Ergebnisse der Übungen aus Kapitel 2 bis 4, die Sie noch einmal durchlaufen möchten, haben hier Platz. Machen Sie durch diese regelmäßigen Einträge vor allem Ihren persönlichen Prozess sichtbar! So können Sie Ihre Entwicklung reflektieren, eigene Stärken und Schwachstellen besser erkennen und sich insgesamt selbstwirksam motivieren lernen. Auch kleine Skizzen oder Bilder aus Zeitschriften können in Ihre Aufzeichnungen integriert werden. Gestalten Sie Ihr Letabu nach Ihren persönlichen Vorlieben und genießen Sie den Prozess und dessen visuelle Reflexion! Ihr Letabu kann so zu einem wertvollen und kompetenten Begleiter werden, der Sie auf Ihrem Weg in die Leichtigkeit in Anbindung an den Ozean der Möglichkeiten unterstützen wird.

5.3 Ein wirksames Einschlafritual gestalten

Das Unterbewusstsein vor dem Einschlafen neu ausrichten

Sie haben nun Ihre persönlich wirksamen Leichtigkeitstankstellen gefunden und auch einen Überblick über die allgemeinen, psychologisch wirksamen Möglichkeiten zum Aktivieren von Leichtigkeit bekommen. Eine weitere hochwirksame Technik zur positiven Selbstbeeinflussung und Lenkung Ihres Unterbewusstseins in diesen stärkenden, perspektivenerweiternden Zustand ist die Gestaltung eines Einschlafrituals.

Am wirksamsten und am nachhaltigsten arbeitet das Unterbewusstsein in der Nacht, wenn man schläft. Im Schlafzustand ist die Arbeit des Normalbewusstseins eingestellt, so dass die Arbeit des Unterbewusstseins seinen Raum einnimmt. Am empfänglichsten für die Aufnahme von Suggestionen ist man deshalb in der Zeit knapp vor dem Einschlafen, aber auch sofort nach dem Aufwachen, wenn man sich noch in einer Art Halbschlaf befindet.

Diese zwei Zeitpunkte sind am günstigsten, das Unterbewusstsein ist am empfänglichsten, denn in der Gedankenreihe, in der man einschläft, arbeitet das Unterbewusstsein weiter. Es ist also wichtig, immer mit friedvollen und harmonischen Gedanken einzuschlafen. Was wünschen Sie sich für morgen oder in der näheren Zukunft? Stellen Sie sich den morgigen Tag vor, wie er mit noch mehr Leichtigkeit ablaufen würde. Welche positiven Gedanken würden Ihnen guttun? Welche Ereignisse sollten mit mehr Leichtigkeit stattfinden?

Stellen Sie so in Ihrem inneren Kopfkino einen kleinen Filmausschnitt zusammen, der Ihnen die Anbindung an den Ozean der Möglichkeiten erlaubt und Sie auch mit Ihren Herzenswünschen in Kontakt bringt. Wiederholen Sie diesen Film gedanklich immer wieder und beobachten Sie, wie sich dabei Ihr innerer Gefühlszustand verbessert! Der vor Ihrer inneren geistigen Kamera gedrehte Film steht unter dem Motto: »Mein morgiger Tag könnte ein Tag mit mehr Leichtigkeit werden, in Anbindung an den Ozean der Möglichkeiten, in dem ich … verändere in meinem Denken und Verhalten.« Probieren Sie es einfach aus und denken Sie daran, dass Sie auch Fehler machen dürfen.

Einschlafritual zur suggestiven Beeinflussung des Unterbewusstseins

Nehmen Sie sich vor dem Einschlafen also ab heute mindestens 10 Minuten Zeit, um den Tag Revue passieren zu lassen und sich dabei innerlich zu ordnen! Dies hilft Ihnen, zur Ruhe zu kommen und einfach besser einzuschlafen. Im nächsten Schritt richten Sie dann Ihr Unterbewusstsein auf neue Möglichkeiten und mehr Leichtigkeit aus, indem Sie kurze Filmsequenzen vor Ihrem inneren Auge imaginieren. Sie können sich dazu ins Bett setzen und Ihr Tagebuch zur

Hand nehmen, um sich Notizen zu machen, oder auch einfach die Übungen mit geschlossenen Augen liegend im Bett durchlaufen. Vielleicht ist es zunächst einfacher, beim Einstieg in das Einschlafritual diese Schritte in der systematischen Reihenfolge durchzuführen, indem Sie die unten stehende Kurzanleitung verwenden und Ihre Antworten und Ergebnisse in Stichworten in Ihr Tagebuch notieren. Im Laufe der Zeit werden Sie sich die Übungsabfolge dann besser einprägen, und das Einschlafritual wird automatisierter ablaufen. Folgende Kurzanleitung können Sie jeden Abend nutzen:

Übung 26: Einschlafritual (Zeitinvestition: 15 Minuten)

Teil 1: Kontemplation »kurze Tagesrückschau«

Entspannen Sie sich durch einige tiefe und langsame Atemzüge, genauso, wie Sie es in Abschnitt 4.2 gelernt haben! Nach einigen Atemzügen werden Sie bemerken, dass Sie in der Haltung des inneren Beobachters ankommen. Ein so fokussierter, achtsamer Geist ist gegenwärtig, gesammelt und gleichmütig. Beginnen Sie nun, Ihren Tagesablauf gedanklich vor Ihrem inneren Auge durchzugehen! Reflektieren Sie dabei Ihr Verhalten, Ihre Gedanken und Gefühle und fragen Sie sich, ob es möglicherweise etwas gibt, das Sie noch verändern könnten, um mehr Leichtigkeit und Lebensfreude zu erfahren! Welche kleinen Veränderungen in Ihrem Tagesablauf würden Ihnen guttun?

Teil 2: Allgemeiner Leichtigkeitslevel

Nun sollen Sie Ihren heutigen allgemeinen Leichtigkeitslevel beurteilen. Dabei soll es aber keinesfalls um Leistung gehen, sondern um Kontemplation und Reflexion Ihres Verhaltens, Ihres Bewusstseinszustandes und Möglichkeiten, sich noch besser mit dem Ozean der Möglichkeiten zu verbinden. Auf einer Skala von 1 bis 10: Wie hoch ist heute Ihr subjektiv gefühlter Level an Lebensleichtigkeit gewesen?

0 |—————————|—————————| 10 (höchste Leichtigkeit)

Teil 3: Belastende Konflikte sortieren

Nun geht es im dritten Schritt der Kontemplation noch einmal kurz um mögliche Schwierigkeiten. Welche Probleme, Themen oder Konflikte haben Sie heute vielleicht belastet? Sortieren Sie innerlich die schweren Gedanken, besonders solche, die wie mentale Hamsterräder Ihre gesamte Aufmerksamkeit bannen! Notieren Sie die aktuellen Themen, die Sie momentan beschäftigen, nur in Stichworten oder Überschriften in Ihrem Tagebuch, ohne an dieser Stelle mehr in die Tiefe zu gehen. Es reicht, diese auf Papier erfasst zu haben, so dass Sie sie gleich entspannt loslassen können, um sich morgen weiter damit zu beschäftigen.

Meine Themen, Gedankenhamsterräder oder Konflikte:

1. ______________________________

2. ______________________________

3. ______________________________

Selbstverständlich müssen Sie nicht zwingend drei oder mehr Themen finden, manchmal kann uns auch nur ein wichtiges Thema so beschäftigen, dass unser Unterbewusstsein auch nachts daran nagen würde, wenn wir es nicht aufgeschrieben hätten. Im Tagebuch geben wir dem Thema einen guten Platz, wo es auf uns warten kann, ohne uns nachts zu stören.

Teil 4: Momente von Leichtigkeit und Dankbarkeit

Zählen Sie bitte mindestens drei schöne Leichtigkeitsmomente auf, die Sie heute erlebt haben (gerne auch mehr)! Beispielsweise Vogelgezwitscher am Morgen, ein Lächeln im Bus, kleine Erfolgserlebnisse, Katze gestreichelt, schöner Sonnenuntergang, Leichtigkeitstankstelle ausprobiert etc.

Drei Momente voller Leichtigkeit:

1. ______________________________

2. ______________________________

3. ______________________________

Wenn wir tiefe Dankbarkeit fühlen, wird der Neurotransmitter Dopamin ausgeschüttet, der zu den Glückshormonen zählt und auch für den Belohnungseffekt sorgt. Überlegen Sie sich nun kurz, wofür Sie heute dankbar sein könnten, und nennen Sie mindestens drei Ereignisse, Personen oder Dinge, die Sie erlebt haben, als Momente der Dankbarkeit:

Drei Momente voller Dankbarkeit:

1. ______________________________

2. ______________________________

3. ______________________________

Teil 5: Filmszene als mentales Ritual mit Tiefenwirkung
Rituale sind die kraftvollsten Symbole und genau die Sprache, die das mächtige Unterbewusstsein am besten versteht. Ein Ritual liefert dem Unterbewusstsein ein kraftvolles Bild, das zu einem mentalen Muster wird und schließlich auch in der Außenwelt Form annehmen kann. »Ein bisschen mehr Rituale würden die Psychotherapie wieder attraktiver machen«, meint auch der Psychologe und Hochschuldozent, Peter Krummenacher (2017). Rituale seien sinnstiftend, schafften Bedeutung und erhöhten das Wirkpotenzial. Eine innerlich vorgestellte kurze Filmszene, beispielsweise ein Ausschnitt des morgigen Tages mit mehr Leichtigkeit, bietet als wirkungsvolles Ritual dem Unterbewusstsein eine hochwirksame Suggestion. Diese wird verstärkt, wenn wir die Filmszene mit allen Sinnen durchspielen, also sehen, hören, riechen und fühlen. Durch diese intensive Vorstellung auf allen Sinneskanälen entsteht ein Konzert voller Impulse, die das eigene Unterbewusstsein lenken.

Mit dieser Filmszene können Sie dann angenehm in den Schlaf hinübergleiten. Man kann jede Wunschvorstellung einbeziehen, ob es den eigenen Körper betrifft, bestimmte Projekte, die eigene Persönlichkeit oder Beziehungen. Füllen Sie die Vorstellung der Filmszene mit Leichtigkeit, Freude und Dankbarkeit! Fühlen Sie, wie dieses Bild bereits Realität wird! Dankbarkeit ist ein besonders starkes Gefühl, das Ihrem Unterbewusstsein suggeriert, dass das Ergebnis bereits vollbracht wäre. Begeben Sie sich vollständig in Ihre Vorstellung und baden Sie in dem Gefühl für etwa 5 Minuten, so als ob Sie einen Akku an der Ladestelle auftanken würden! Auf diese Weise lädt Ihr Unterbewusstsein die Suggestion quasi vollständig als Programmeingabe

Abb. 5-4 Den Moment genießen

herunter und kann dann ganz automatisch mit der Umsetzung beginnen. Danach können Sie das Bild oder die Filmszene und alle Gefühle dazu einfach loslassen und mit dankbarem Vertrauen in Ihr geniales Unterbewusstsein in einen erholsamen Schlaf hinübergleiten. Lernen Sie, diesen Moment des Einschlafens, des Loslassens von allen Problemen und Gedanken zu genießen (Abb. 5-4).

5.4 Ein persönliches Trainingsprogramm entwickeln

Im Folgenden stelle ich Ihnen nun eine Auswahl verschiedener Übungen vor, die nachhaltig wirksam mehr Leichtigkeit aktivieren können. Sie können die Übungen nach Ihrem Gusto zusammenstellen, je nachdem, wie viel Zeit und Aufmerksamkeit Sie Ihrem Leichtigkeitstraining schenken wollen, beziehungsweise in welcher Intensität Sie entsprechende Veränderungen wünschen. Ich empfehle Ihnen aber, neben den bereits in Abschnitt 5.1 beschriebenen Leichtigkeitstankstellen und dem in Abschnitt 5.3 erläuterten Einschlafritual noch mindestens drei weitere Übungen in Ihren Alltag einzubauen. Weil jede Form von Ritual mächtige Suggestionen auf Ebene des Unterbewusstseins darstellt, sind praktische Übungen das Mittel der Wahl, um echte Veränderungen bewirken zu können.

Übung 27: Leichtigkeitstankstellen aktivieren

Ziel: Leichtigkeit in verschiedenen Situationen des Alltags aktivieren

Zeitinvestition: Täglich dreimal 1 Minute, z.B. einmal morgens, mittags und abends

Technik: Bauen Sie mehrmals am Tag Ihre persönlichen Leichtigkeitstankstellen in Ihrem Alltag ein! Sie können verschiedene Anker in Ihrem Umfeld platzieren, beispielsweise einen Punkt auf dem Badezimmerspiegel, der Sie an Ihre morgendliche und abendliche Leichtigkeitstankstelle erinnert, einen Screenshot auf dem Handy oder einen kleinen Gegenstand, eine Karte oder ein Schlüsselwort auf Ihrem Schreibtisch. Probieren Sie es aus und experimentieren Sie nach Lust und Laune!

Übung 28: Ruhemodus einschalten

Ziel: den inneren Beobachter aktivieren, sich innerlich dissoziieren von Stress oder dem Überlebensmodus

Zeitinvestition: Täglich zunächst zweimal 5 Minuten, dann jeden Tag eine Minute verlängern bis auf 25 Minuten

Technik: Nutzen Sie eine für Sie geeignete Entspannungsübung, um in Ihre innere Ruhe und Balance zu finden! Sie haben verschiedene Techniken in Abschnitt 4.2 erlernt und können frei wählen, welche für Sie am besten passt. Selbstverständlich können Sie Formen der Aktivmeditation wählen oder andere Meditationstechniken, die Sie bereits kennen und praktizieren. Als wirksame Atementspannung nehmen Sie einige langsame Atemzüge, um bewusst im Hier und Jetzt anzukommen. Selbstverständlich können Sie zu Beginn auch mit der Anleitung der CD »Magie der Leichtigkeit« arbeiten. Ich empfehle Ihnen, zusätzlich noch mehrere Momente des kurzen »Denk-Detox« in Ihren Alltag einzubauen, die Sie über den Tag verteilen können (Übung 16).

Übung 29: Einschlafritual
Ziel: Gewahrwerden des Erlebten, innere Ordnung und Ausrichten des Unterbewusstseins
Zeitinvestition: 10 bis 15 Minuten als Abendritual
Technik: regelmäßiges Ritual zum Einschlafen, Notieren der Ergebnisse im Übungstagebuch, genaue Beschreibung der Schritte des Einschlafrituals s. Abschnitt 5.3 (Übung 26)

Übung 30: Willenskraft stärken
Ziel: Erfahrung und Stärkung Ihrer Willenskraft und des Selbst-Bewusstseins
Zeitinvestition: 1 Tag pro Woche oder täglich als kleine Übung
Technik: Auf gewisse Genüsse Ihres Lebens verzichten, die Ihnen zur lieben Gewohnheit geworden sind und die Sie schmerzlich vermissen werden. Überwinden Sie sich und erkennen Sie Ihre wahre Willenskraft, die über Gedanken, Gefühle und Triebe erhaben ist! Reflektieren Sie die Macht Ihres eigenen Selbst-Bewusstseins, wie in Kapitel 4 erläutert (Abb. 4-7)!
Eine gute Übung zur Stärkung der eigenen Willenskraft ist es, morgens kalt zu duschen oder auch ein tägliches kleines Workout (Bewegung/Sport) zur körperlichen Aktivierung durchzuführen. Machen Sie sich dabei immer wieder klar, dass Ihr Wille und Ihr Selbst-Bewusstsein über den Trieben und Gefühlen steht und Ihr wahres Selbst in der Lage ist, Ihr Unterbewusstsein, Ihre Automatismen zu lenken! Lernen Sie diese Macht zu kultivieren, indem Sie bewusst Übungen durchführen, in denen Sie lernen, sich zu überwinden!

Übung 31: Nicht nur denken, sondern handeln

Ziel: positive Routinen im Alltag einplanen, ins Tun kommen – stärkste Suggestion für das Unterbewusstsein einsetzen lernen

Zeitinvestition: einmal pro Woche 1 Tag oder täglich mindestens 30 Minuten aktiv handeln

Technik: regelmäßig die Dinge auch umsetzen und ganz praktisch angehen, Sport und Bewegung einbauen für mindestens 15 bis 30 Minuten täglich, sich langsam steigern, beispielsweise Yoga, Tai Chi, Pilates, Seilspringen, Sandsack-Boxen, Liegestützen, Spazierengehen, den Weg zum Bäcker einfach zu Fuß oder mit dem Fahrrad einplanen, mit Absicht einmal Umwege oder neue Wege gehen, so viel bewegen wie möglich und dabei immer wieder neue Handlungsroutinen planen, Neues wagen, das Sie aus alten Gewohnheiten in neue Denk- und Handlungsmuster bringt.

Wagen Sie es auch, sich zu verändern, beispielsweise neue Aufgaben zu übernehmen oder Ihren Standpunkt dort nachdrücklich zu vertreten, wo Sie bisher stets ängstlich ausgewichen sind! Es geht auch darum, Ihren Mut zu stärken und sich Aufgaben zu suchen, die Sie vielleicht bisher vermieden haben.

Übung 32: Friedliche Grundhaltung und Schweigen

Ziel: Erfahrung des friedvollen Schweigens, die eigene Perspektive durch Zuhören erweitern

Zeitinvestition: mindestens einmal pro Woche 1 Tag, oder täglich mindestens 1 Stunde

Technik: Versuchen Sie insbesondere in solchen Situationen friedlich zu schweigen, in denen Sie sich normalerweise in hitzige Diskussionen verstrickt hätten! In allen Situationen, in denen Sie bisher diskutiert oder provoziert hätten, dürfen Sie jetzt einfach nur präsent sein und schweigen. Es geht in dieser Übung hauptsächlich darum, zu lernen, präsent im Moment zu sein und aktiv zuzuhören, nachzufragen, ohne zu bewerten.

Da wir in unserer Gesellschaft gelernt haben, dauernd unsere persönliche Meinung kundzutun, zu werten und emotionale Urteile zu fällen, meistens im Sinne eines einfachen Schwarz-Weiß-Schemas beziehungsweise nach den Kriterien »richtig« oder »falsch«, wird Ihnen diese Übung des inneren Stillhaltens und Neutralbleibens zunächst vielleicht nicht so leichtfallen. Es kann eine große

Herausforderung sein, mit dieser schlechten Gewohnheit zu brechen, alles sofort in geistige Schubladen ablegen zu wollen. Halten Sie also ab jetzt das Zuhören aus, Sie dürfen nachfragen und versuchen, sich ganz in die Denkposition Ihres Gegenübers einzufühlen und dabei Ihre Sichtweise zu erweitern! Das aktive Zuhören und Nichtwerten ist im hypnosystemischen Coaching die entscheidende Grundhaltung, um eine friedliche Kommunikationsbasis zu garantieren. Statt sich in hitzige Diskussionen zu verlieren und lautstark die eigene Meinung kundzutun, üben Sie nun, sich mit Ihrer Meinung zurückzuhalten, man könnte diese Übung sogar als eine Anti-Ego-Übung bezeichnen (Abb. 5-5)! Beim Zuhören und Beobachten der anderen werden Ihnen in typischen Kommunikationssituationen auch die klassischen Denkfehler auffallen, die wir in Abschnitt 3.4 thematisiert haben. Rudolf Steiner sagte in einem seiner Vorträge einmal: »Diejenigen, welche in der Erkenntnis einiges erlangt haben, wissen, daß sie nicht dem eigensinnigen persönlichen Urteil, sondern dem ruhigen Hinhorchen und Verarbeiten alles verdanken.«

Abb. 5-5 Friedliche Grundhaltung

Übung 33: Rekapitulation der Übungen aus Kap 2 bis 4
Ziel: Verinnerlichung der Übungen, Erschließung tieferer Ebenen des eigenen Mindsets
Zeitinvestition: täglich je eine Übung für ca. 10 bis 20 Minuten
Technik: Wiederholung der einzelnen Übungen aus Kapitel 2 bis 4: innere Ordnung schaffen, Mindset überarbeiten, Bewusstseinsebenen erweitern, Meditation und Ruhemodus einschalten lernen. Sie könnten sich beispielsweise jeden Tag eine Übung vornehmen, um ein gutes Fundament für die Leichtigkeit zu schaffen und es auch dauerhaft zu erhalten.

Übung 34: Prinzip der kleinen Schritte
Ziel: Jeden Tag etwas leichter werden, Prinzip der kleinen Schritte
Zeitinvestition: Lassen Sie sich Zeit für Ihren Veränderungsprozess!
Technik: Manchmal kann eine langsame Veränderung schnellere Erfolge bringen, und wenn Sie sich weniger Druck machen, dann gelingen die Veränderungen oftmals mit mehr Leichtigkeit. Ganz praktisch meint dieses Prinzip der kleinen Schritte auch, Geduld mit sich und seiner Transformation zu haben. Beispielsweise könnten Sie sich vornehmen, insgesamt gesünder zu leben, etwa mehr Wasser zu trinken, weniger Ungesundes und Schweres zu essen, oder Ihre Ernährung systematisch auf leichtere und vitale Kost umzustellen, also mehr Gemüse und Obst zu sich zu nehmen statt Fleisch und denaturierter Nahrung, wie Sie als Industriefertigessen überall in den Supermärkten und Fastfoodketten erhältlich ist.
Genuss ist selbstverständlich wichtig und kann ein kleines Leichtigkeitselexier sein, aber auch hier macht die Menge das Gift. Anstatt also von heute auf morgen alles auf einmal ändern zu wollen, empfehle ich Ihnen, das Prinzip der kleinen Schritte auf ganz verschiedene Lebensbereiche anwenden zu lernen. Ob Sie die Ernährung umstellen, mehr Bewegung in den Alltag einbauen oder sich etwas Schädliches abgewöhnen wollen, manchmal gelingt dies mit dem sanften Prinzip der kleinen Schritte viel leichter. Denken Sie daran, dass eine echte Transformation manchmal eine gewisse Zeit benötigt! Statt beispielsweise an einem einzigen Tag eine Nulldiät und noch ein umfangreiches Sportprogramm zu

beginnen, könnten Sie z. B. 70 Prozent Ihrer normalen Portionen essen und mit kleinen Übungen einsteigen, um sich dann später zu steigern, wenn die Gewohnheit bereits im Unterbewusstsein verankert ist.

Übung 35: Zu sich selbst stehen

Ziel: auf sich selbst hören und nicht die Meinung anderen als Suggestion aufsaugen

Zeitinvestition: jeden Tag ca. 15 Minuten

Technik: Wie oft sagen uns andere, dass das, was wir vorhaben oder gerne tun möchten, nicht geht. Ich selbst habe damals, als ich im Jahre 2001 mein erstes Buch schreiben wollte, nur verständnislose demotivierende Kommentare von meiner Umgebung geerntet. Wie gut, dass ich nicht auf die Meinung der anderen gehört habe. So habe ich meiner inneren Stimme vertraut und kann mittlerweile auf einige Veröffentlichungen zurückschauen und damit viele Menschen unterstützen, Ihre Krisen und Schwierigkeiten zu lösen.

Oftmals bekommen wir von der Umgebung leider bremsendes Feedback, wenn wir vorhaben, etwas zu verändern, oder besondere Ziele verfolgen. Dies liegt daran, dass die meisten Menschen selbst so blockiert sind, dass sie ihre inneren Befürchtungen und Sorgen auf denjenigen projizieren, der eine Veränderung wagt. Die kritischen Stimmen von außen sind ja auch völlig in Ordnung, solange man die Blockade der anderen nicht übernimmt und als Suggestion in seinem eigenen Unterbewusstsein platziert. Aktivieren Sie Ihr Schöpferpotenzial, indem Sie zunächst durch den Ruhemodus zu Ihrer inneren Kraft und Mitte finden! Für den entscheidenden Schritt der Dekonditionierung von Glaubenssystemen empfehle ich Ihnen, die folgenden Schritte intensiv zu reflektieren und täglich etwa 15 Minuten Zeit dafür einzuplanen:

1. Sich Konditionierungen und falsche Glaubenssätze bewusst machen (Übung 10–13)
2. Bewusst dekonditionieren durch Informationen, Recherchen zum Thema und Schaffen einer erweiterten Perspektive
3. Innere Neuausrichtung: wissen statt glauben, sinnvolle Gewohnheiten etablieren und diese im Unterbewusstsein verankern, Selbstsuggestionen platzieren

4. Neue Gewohnheiten im Alltag durch aktives Tun kultivieren, einen höheren Bewusstseinszustand stärken durch regelmäßige Meditationspraxis und Einschalten des Ruhemodus, das Unterbewusstsein lenken, mithilfe eines Tagebuches Nachlässigkeiten verringern und das eigene Durchhaltevermögen stärken

Stellen Sie sich bitte nun Ihren täglichen Übungsplan so zusammen, dass er Ihren Alltag möglichst gut strukturiert und eine Ordnung für mehr Leichtigkeit repräsentiert! Ohne sich gleich zu sehr zu überfordern, können Sie mit kleinen Übungen entsprechend des Prinzips der kleinen Schritte beginnen und sich dann systematisch steigern. Wichtig dabei ist das strukturierte Vorgehen, das Sie mit Ihren täglichen Tagebucheinträgen kontrollieren können.

Viel Spaß und Erfolg auf Ihrer persönlichen Reise zu mehr Leichtigkeit und Lebensfreude wünscht Ihnen

Ihre Ina Hullmann

Literaturverzeichnis

Bücher und Fachmagazine

Abrams, D, Dalai Lama & Tutu, D (2016) Das Buch der Freude. München: Lotos.

Alexander, E (2015) Vermessung der Ewigkeit: 7 fundamentale Erkenntnisse über das Leben nach dem Tod. München: Ansata

Alexander, E (2016) Blick in die Ewigkeit: Die faszinierende Nahtoderfahrung eines Neurochirurgen. München: Heyne.

Alexander, E (2018) Tore ins unendliche Bewusstsein, die Grenzen der Realität überwinden. München: Ansata.

Bandura, A (1997). Self-efficacy: The exercise of control. New York: W.H. Freeman and Company.

Bergner, T (2013) Endlich ausgebrannt – die etwas andere Burnout-Prophylaxe. Stuttgart: Schattauer.

Bernays, E (1928) Propaganda. New York: H. Livereight.

Blasche, G, Szabo, B, Wagner-Menghin, M, Ekmekcioglu, C, Gollner, E (2018). Comparison of rest-break interventions during a mentally demanding task. Stress and Health 34(5): 629–638.

Bohm, D (2018) Die implizite Ordnung – Grundlagen eines ganzheitlichen Weltbildes. Amerang: Crotona.

Broers, D (2018) Metamorphose der Menschheit – Teil 3 der Trilogie. West Kirby UK: Dieter Broers Verlag Ltd.

Campbell, T (2018) My Big Toe – Meine große Theorie von allem. Buch 1 – Entdeckung. independently published.

Capra, F (2012) Das Tao der Physik – die Konvergenz von westlicher Wissenschaft und östlicher Philosophie. München: O.W.Barth.

Dilts RB & Bonissone G (1999) Zukunftstechniken zur Leistungssteigerung und für das Management von Veränderungen. Paderborn: Junfermann.

Dispenza, J (2015) Ein neues Ich – wie Sie Ihre gewohnte Persönlichkeit in vier Wochen wandeln können. Isen: Koha, Burgrain.

Dorsch, F (2014) Lexikon der Psychologie (17.Aufl.). Bern: Hans Huber.

Ehrenreich, B (2009) Bright-sided: How the Relentless Promotion

of Positive Thinking Has Undermined America. London: Picador.
Görnitz, T & Görnitz B (2016) Von der Quantenphysik zum Bewusstsein. Kosmos, Geist und Materie. Heidelberg: Springer.
Härle, D (2018) Trauma und Coaching – Trauma-Signale erkennen und professionell Handeln. Paderborn: Junfermann.
Hain, P (2012) Entlassung auf Bewährung. In: Wild B (Hrsg). Humor in Psychiatrie und Psychotherapie. Neurobiologie – Methoden – Praxis (185-196). Stuttgart: Schattauer.
Hangartner, D (2007) Hirnforschung – wie der Geist den Körper beeinflusst. Tibet und Buddhismus 1/2007
Hanson, R (2014) Selbstgesteuerte Neuroplastizität – Der achtsame Weg, das Gehirn zu verändern. Freiburg: Arbor.
Hawkins, D R (2005) Das All-sehende Auge – The Eye of the I. Bad Endorf: Sheema Medien.
Hawkins, D R (2010) Die Ebenen des Bewusstseins – von der Kraft, die wir ausstrahlen. Kirchzarten: VAZ.
Heisenberg, W (1989) Ordnung der Wirklichkeit, Originalausgabe. München: Piper.
Hill, N (2006) Denke nach und werde reich – Die Erfolgsgesetze. Kreuzlingen/München: Ariston (1. Aufl. 1937).
Holmes, T L (2014) Reisen in die Innenwelt – Systemische Arbeit mit Persönlichkeitsanteilen. München: Kösel.
Jänke, L (2013) Nicht immer sind die Gene schuld – Wie Erfahrungen unser Gehirn beeinflussen. Dossier Neuroplastizität, Psychoscope 4/2013
Jung, C G (2013) Kleines Lexikon der Analytischen Psychologie – Definitionen, Edition C G Jung. Ostfildern: Patmos.
Kasten, K (2007) Einführung Neuropsychologie (PsychoMed compact, Band 2862). Stuttgart: UTB.
Kesey K (1982). Einer flog über das Kuckucksnest. Hamburg: Rowohlt. Koenig, H. (2012) Handbook of Religion and Health. Oxford University Press.
König, M (2011) Das Urwort – die Physik Gottes. Berlin: Skorpion.
Kracht, C & Niermann, I (2006) Der Geist von Amerika, Fleisch als Metapher und die Wiederkehr des John Frum: Die Entstehung der Cargo-Religion auf Tanna Island, Vanuatu. In: New Wave. Köln: Kiepenheuer & Witsch.
Langewitz, W (2011) Placebo – Nocebo. München: Urban & Fischer.
Le Bon, G (2019) Psychologie der Massen. Independently published

Lyubomirsky, S (2018) Glücklich sein – warum Sie es in der Hand haben, glücklich zu leben. Frankfurt a. M.: Campus.
Menning, H (2015) Das psychische Immunsystem – Schutzschild der Seele. Göttingen: Hogrefe.
Metzner, M S (2013) Achtsamkeit und Humor – Das Immunsystem des Geistes (2. Aufl.) Stuttgart: Schattauer.
Münchhausen, M (2006) Entrümpeln mit dem inneren Schweinehund. München: Gräfe und Unzer.
Neubrand, S & Dietrich, D (2016) Sich selbst begegnen und stärken – Hypnosystemische Trancereisen zu den eigenen inneren Anteilen. Göttingen: Vandenhoeck und Ruprecht.
Pattakos, A (2011) Gefangene unserer Gedanken – Viktor Frankls 7 Prinzipien, die Leben und Arbeit Sinn geben. Wien: Linde.
Peichl, J (2012) Hypno-analytische Teilearbeit: Ego-State-Therapie mit inneren Selbstanteilen. Stuttgart: Klett-Cotta.
Peterson, C & Seligmann, M E P (Hrsg.) (2004) The Values in action (VIA). Cincinnati, OH: Classification of Strength.
Pfeifer, W et al. (1999) Etymologisches Wörterbuch des Deutschen. München: dtv.
Planck, M (1944) Vortrag in Florenz, Archiv zur Geschichte der Max-Planck-Gesellschaft, Abt. Va, Rep. 11 Planck, Nr. 1797
Revensdorf, D & Peter, B (2015) Hypnose on Psychotherapie, Psychosomatik und Medizin – Manual für die Praxis. Berlin, Heidelberg: Springer.
Ringpoche, S (2013) Das Tibetische Buch vom Leben und Sterben – Ein Schlüssel zum tieferen Verständnis von Leben und Tod. München: Droemer Knaur.
Risi, A (2016) Der radikale Mittelweg, Überwindung von Atheismus und Monotheismus. Rottenburg: Kopp.
Rubenstein, E (2018) Magie – das Vermächtnis der Rosenkreuzer. Leipzig: Bohmeier.
Rubenstein, E (2019) Der Baum des Lebens – Kabbala der Unsterblichkeit. Leipzig: Bohmeier.
Schandry, R (2011) Biologische Psychologie (3. Aufl.). Weinheim: Beltz.
Schulz von Thun, F (2001) Miteinander reden – Kommunikationspsychologie für Führungskräfte. Hamburg: Rowohlt.
Seelig, C (Hrsg.) (2005) Albert Einstein. Mein Weltbild. Ulm: Ullstein.
Seligmann, M (2005) Der Der Glücks-Faktor: Warum Optimisten länger leben. Köln: Bastei Lübbe.

Sheldrake, R (2012) Der Wissenschaftswahn: Warum der Materialismus ausgedient hat. München: Droemer.
Sheldrake, R (2018) Die Wiederentdeckung der Spiritualität: 7 Praktiken im Fokus der Wissenschaft. München: O. W. Barth.
Six, B & Schäfer, B (1985) Einstellungsänderung. Stuttgart: Kohlhammer.
Sogyal Rinpoche (2013) Das Tibetische Buch vom Leben und Sterben – Ein Schlüssel zum tieferen Verständnis von Leben und Tod. München: Knaur.
Steinbauer F (1971) Melanesische Cargo-Kulte. Neureligiöse Heilsbewegungen in der Südsee. München: Delp'sche Verlagsbuchhandlung.
Steiner, R (1918) Wie erlangt man Erkenntnisse aus den höheren Welten? Kindle-Ausgabe.
Thiel, A (2015) Humor – Das Lächeln des Henkers. Thun: Werd und Weber.
Trageser, W & von Münchhausen, M (2000) NLP-Kartei Practitioner Set. Paderborn: Junfermann.
Trenkle, B (1994) Ha-Handbuch der Psychotherapie, Witze ganz im Ernst. Heidelberg: Carl Auer.
Uexküll (2010) Psychosomatische Medizin – Theoretische Modelle und klinische Praxis, Kap 41. (7. Aufl.). München: Urban & Fischer.
Valenstein, E S (1980) The psychosurgery debate. San Francisco: Freeman & Co.
Warnke, U (2017) Quantenphilosophie und Spiritualität – wie unser Wille Gesundheit und Wohlbefinden steuert. München: Goldmann.
Warnke, U (2019) Die Öffnung des 3. Auges – Quantenphilosophie unseres Jenseits-Moduls. München: Goldmann.
Warnke, U (2020) Quantenphilosophie und Interwelt – der Zugang zur verborgenen Essenz des menschlichen Wesens. München: Goldmann.
Weber, A (2008) Biokapital. Die Versöhnung von Ökonomie, Natur und Menschlichkeit. Berlin: Berlin Verlag.
Wise, A (2017) Awakened Mind Training – Ein Hirnwellen-Trainingsprogramm: Ein Praxisbuch für Kreativität, Gesundheit und Erfolg. Petersberg: Via Nova.
Wöss, F S (2017) Innehalten, Zen üben, Atem holen, Kraft schöpfen. München: Kösel.

Websites, Onlineartikel, Interviews und Filme

9 Rules Sanskrit
http://www.enlightened-consciousness.com/the-9-rules-for-being-human-according-to-ancient-sanskrit/ (Zugriff am 15.07.2020)

Aigner, F (2017): Esoterischer Unfug mit der Welt der Quanten, Profil.at am 10.05.2017
https://www.profil.at/wissenschaft/esoterischer-unfug-welt-quanten-8127117 (Zugriff am 15.07.2020)

ARD-Dokumentation: Ein Leben im Zeichen des Zen
https://www.yogiworld.info/was-ist-zen-buddhismus/?cn-reloaded=1 (Zugriff am 15.07.2020)

Berühmte Zitate
https://beruhmte-zitate.de
https://beruhmte-zitate.de/community/ (Zugriff am 15.07.2020)

Blasche, G et al. (2018) Erholung als Maßnahme der Prävention arbeitsbedingter Ermüdung.
https://www.blasche.at/fileadmin/docs/Publikationen/Erholung_als_Maßnahme_der_Prävention_PIOe_01_02-19.pdf (Zugriff am 15.07.2020)

Bonelli, R (2019) Narzissmus erkennen – Narzissten erheben Anspruch auf alles und jeden, Vortrag
https://youtu.be/nwAwBfykIwA (Zugriff am 15.07.2020)

Bonneval, H (2017) Rudolf Steiner und das Neue Denken, Interview
https://www.youtube.com/watch?v=3TPYb2Dtdtc (Zugriff am 15.07.2020)

Davidson, R (2019) Center Healthy Minds Website:
https://centerhealthyminds.org/feature/neuroplasticity und https://centerhealthyminds.org/science (Zugriff am 15.07.2020)

Doepke M & Brozda M (2009) Meditation ist wichtig für die geistige Gesundheit, Interview mit R. Davidson in Netzwerk Ethik heute
https://ethik-heute.org/meditation-ist-wichtig-fuer-die-geistige-gesundheit/ (Zugriff am 15.07.2020)

Eismann, E (2015) In der Ruhe liegt die Kraft, dasGehirn.info
https://www.dasgehirn.info/grundlagen/netzwerke/der-ruhe-liegt-die-kraft (Zugriff am 15.07.2020)

Frankl, V (1987) Die Sinnfrage in der Technologischen Gesellschaft, Original-Vortrag, Teleakademie SWF Baden-Baden https://www.tele-akademie.de/begleit/video_ta171008.php (Zugriff am 15.07.2020)

Frankl, V (2017) Und trotzdem Ja zum Leben sagen, Interview ORF, YouTube 20.04.2017 https://www.youtube.com/watch?v=TFVCS6q5uIo (Zugriff am 15.07.2020)

Frankl, V (2019) Leben braucht Sinn, ein Porträt aus dem Jahre 1976, auf YouTube 2019 https://youtu.be/QpStQdCieEo, (Zugriffsdatum 23.02.2020)

Gelitz, C (2018) Alphawellen fördern kreatives Denken – Bestimmte Hirnwellen im rechten Schläfenlappen unterdrücken gewöhnliche Assoziationen https://www.spektrum.de/news/alphawellen-foerdern-kreatives-denken/1613178 (Zugriff am 15.07.2020)

Hölzel, B et al. (2011) How Does Mindfulness Meditation Work? Proposing Mechanisms of Action from a Conceptual and Neural Perspective. Psychological Science https://ftp.science.ru.nl/CSI/CompMath.Found/BrittaHolzel_LWS.pdf (Zugriff am 15.07.2020)

Hölzel, B et al. (2012) Mindfulness practice leads to increases in regional brain gray matter density. PMC US National Library of Medicine National Institutes of Health https://www.ncbi.nlm.nih.gov/pmc/articles/PMC3004979/ (Zugriff am 15.07.2020)

Kappeler, B: Wer sich auf Sekundärnachrichten verlässt, ist selber schuld, Interview, https://www.nzz.ch/feuilleton/beat-kappeler-wer-sich-auf-sekundaernachrichten-verlaesst-ist-selber-schuld-ld.1513684?reduced=true (Zugriff am 15.07.2020)

Krummenacher, P (2017) Es steckt viel Spezifisches im Unspezifischen, Interview mit IEF Magazin zum Thema Placeboforschung. https://www.ief-zh.ch/Service/Blog/Peter-Krummenacher (Zugriff am 15.07.2020)

Leyh, A (2011) Regisseur im Gehirn. Wiege der Kultur – der Frontallappen, dasGehirn.info https://www.dasgehirn.info/grundlagen/anatomie/der-frontallappen (Zugriff 15.07.2020)

Luders, E et al. (2012) Corpus callosum bei Meditation https://www.ncbi.nlm.nih.gov/pubmed/22374478 (Zugriff am 15.07.2020)

Lutz, A et al. (2004) Long-term meditators self-induce high-amplitude gamma synchrony during mental practice. Proceedings of the National Academy of Sciences of the United States of

America https://www.pnas.org/content/101/46/16369 (Zugriff am 15.07.2020)
Mausfeld, R: Interview mit Weltnetz TV, veröffentlicht am 09.07.2019 https://www.youtube.com/watch?v=nEA-0NXhpfc (Zugriff am 15.07.2020)
Moseley, J et al., Baylor School of Medicine (2002) A Controlled Trial of Arthroscopic Surgery for Osteoarthritis of the Knee, New England Journal of Medicine https://www.nejm.org/doi/full/10.1056/NEJMoa013259 (Zugriff am 15.07.2020)
Pinter, H (2005) Mit Hilfe der Sprache hält man das Denken in Schach, Nobelvorlesung: Kunst, Wahrheit und Politik http://www.antikriegsforum-heidelberg.de/literatur/nobelpreisrede_pinter.html (Zugriff am 15.07.2020)
Planck, M (2015) Die Aufgabe der Wissenschaft, Vortrag, Originalton, NWDR 1947. online gestellt auf YouTube 2015 https://www.youtube.com/watch?v=ruELrqu11jY (Zugriff am 15.07.2020)
Proyer, R (2017) Interview mit Deutsche Hochschulzeitung https://www.duz.de/beitrag/!/id/419/mit-mehr-leichtigkeit (Zugriff am 15.07.2020)
Sheldrake, R: https://www.sheldrake.org/deutsch/morphische-felder (Zugriff am 15.07.2020)
Schulte, B (2015): Harvard neuroscientists: meditation not only reduces stress, here's how it changes your brain, Homepage Harvard Medical School https://hms.harvard.edu/news/harvard-neuroscientist-meditation-not-only-reduces-stress-heres-how-changes-your-brain (Zugriff am 15.07.2020)
Sheikh, K, Kreativität. Wo nehmen Künstler ihre lebhafte Fantasie her? – Wenn sich Kunstschaffende eine fiktive Welt ausdenken, ist bei ihnen ein neuronales Netzwerk aktiv, das sich bei anderen Menschen meist nur beim Ruhen und Tagträumen regt https://www.spektrum.de/news/wo-nehmen-kuenstler-ihre-lebhafte-fantasie-her/1648656 (Zugriff am 15.07.2020)
Stangel, W (2020) Neuroplastizität, Online Lexikon für Psychologie & Pädagogik, https://lexikon.stangl.eu/1166/neuroplastizitaet/ (Zugriff am 15.07.2020)
Truskott A (2015) Experiment confirms quantum theory weirdness, Newsroom Homepage Australian National University

https://www.anu.edu.au/news/all-news/experiment-confirms-quantum-theory-weirdness (Zugriff am 15.07.2020)
Warnke, U (2019) Quantenphilosophie und Spiritualität, veröffentlicht von via Mundi, https://www.youtube.com/watch?v=KNrYumIZcRc (Zugriff am 15.07.2020)
Warnke, U (2019) Spiritualität ist Teil der Wissenschaft, Vortrag, veröffentlicht auf YouTube https://youtu.be/KqQV_aeZRvw (Zugriff am 15.07.2020)
Warnke, U (2007) Der Spin als zentrale Schaltstelle von Aufbau und Funktion des Organismus, veröffentlicht auf YouTube 2009 https://youtu.be/7B4sHjQx2OY (Zugriff am 15.07.2020)
Watkins, E et al. (2009) Depressive Rumination: Investigating Mechanisms to Improve Cognitive Behavioural Treatments, National Library of Medicine https://www.ncbi.nlm.nih.gov/pmc/articles/PMC3357968/ (Zugriff am 15.07.2020)

Weiterführende Literatur

Begley, S (2009) Neue Gedanken, neues Gehirn – Die Wissenschaft der Neuroplastizität beweist, wie unser Bewusstsein das Gehirn verändert. München: Arkana.
Bernhardt, J A (1985) Humor in der Psychotherapie. Weinheim: Beltz.
Bulwer-Lytton, E (2012) Zanoni (Erstveröffentlichung 1858) Bernward Schneider. Hildesheim: Benu. Kindle-Ausgabe.
Coleman, D (2005) Dialog mit dem Dalai Lama. Wie wir destruktive Emotionen überwinden können. München: dtv.
Coleman, D & Davidson, R. (2018) The Science of Meditation: How to Change Your Brain, Mind and Body. London: Penguin Life.
Dorsch, F (1991) Psychologisches Wörterbuch. Bern: Hans Huber.
Farrelly, F & Brandsma, J (1985) Provokative Therapie. Berlin: Springer.
Frankl, V (2017) Wer ein Warum zu leben hat – Lebenssinn und Resilienz. Weinheim: Beltz.
Hain, P (1996) Humor als therapeutische Intervention. In: Peter, B & Kraiker, C (Hrsg.) Hypnose und Kognition (251–256) Band 13 (1 + 2). München: M.E.G. Stiftung.
Hain, P (2001) Das Geheimnis therapeutischer Wirkung. Heidelberg: Carl Auer. (2012 als eBook erschienen).

Hain, P (2011) Entlassung auf Bewährung. In: Wild, B, (Hrsg.) Humor in Psychiatrie und Psychotherapie. Stuttgart: Schattauer.
Hain, P (2011) Kampf, Krampf und Lösung in Beratung und Coaching. Humorvolle Bilder und Metaphern im hypnosystemischen Ansatz. In: Leeb W & Trenkle B (Hrsg.) Der Realitätenkellner (S. 290–302). Heidelberg: Carl Auer.
Hain, P (2014): Humor in der systemischen Therapie. In: Levold, T. & Wirsching, M. (Hrsg.) Systemische Therapie und Beratung. Heidelberg: Carl Auer.
Hüther, G (2009) Gehirnforschung für Kinder – Felix und Celine entdeckt das Gehirn. München: Kösel.
Hullmann, I (2016) Mentale Stärke – Mit Selbstcoaching die eigene Power entfalten, CD. Stuttgart: Schattauer.
Hullmann, I (2017) How to coach – Mit Leichtigkeit Coaching lernen (2. Aufl.). Stuttgart: Schattauer.
Hullmann, I (2017) Coach Dich doch selber! – Mit Leichtigkeit mentale Superkräfte entfalten. Stuttgart: Schattauer.
Hullmann, I (2020) Magie der Leichtigkeit – Meditationen für innere Ruhe, Stabilität und Lebensfreude, CD. Stuttgart: Schattauer.
Ludwiger, von I (2006): Das neue Weltbild des Physikers Burkhard Heim, Newark: Hörbuch Audible.
Poraj, A (2016) Ent-Täuschung – eine besondere Einführung ins Zen. München: Kösel.
Poraj, A (2019) Im Hier und Jetzt. Freiburg: Herder.
Prior, M (2009) MiniMax-Interventionen. Heidelberg: Carl Auer.
Proyer, R (2011) Learning & Individual Differences, Journal of Psychology and Education 21 (4): 463–467.
Schiepek, G (2013) Das Gehirn in Psychotherapie. Psychische und neuronale Selbstorganisation im therapeutischen Prozess. In: Spitzer, M & Bertram, W (Hrsg.) Hirnforschung für Neu(ro)gierige. Stuttgart: Schattauer.
Schrödinger, E (1951) Was ist Leben? Die lebende Zelle mit den Augen des Physikers betrachtet. Epilog: Determinismus und Willensfreiheit. München: Piper (1989), online-media.uni-marburg.de.
Titze, M, Eschenröder, C & Salameh, W (1994) Therapeutischer Humor – ein Überblick. Integrative Therapie 3: 200–234.